beck'sche reihe

b sr

Selbst kluge Menschen machen immer wieder dumme Fehler.
Warum eigentlich?
Warum wird für 320 Millionen Dollar eine Marssonde ins All geschickt, die verglüht, weil das eine Softwaremodul mit dem metrischen und das andere mit dem angloamerikanischen Maßsystem rechnet? Und warum würfeln viele Menschen für hohe Zahlen besonders schwungvoll?
Oft sind für diese Denkfehler Denkmuster verantwortlich, die über Jahrmillionen in der Evolution erfolgreich waren. Leider taugen sie nicht für neue, moderne Anforderungen, insbesondere in der Wissenschaft.
Dennoch gibt es Mittel und Wege, wie sich solche Fehler rasch entdecken und sogar vermeiden lassen. Mit vielen anschaulichen und unglaublichen Beispielen aus Alltag und Wissenschaft erklären die Autoren, wie menschliches Denken funktioniert und warum und wo es anfällig für Fehler ist.

Ulrich Frey, geb. 1975, promovierte über kognitive Fehler in der Wissenschaft; er arbeitet als Wissenschaftler an der Universität Gießen.

Johannes Frey, geb. 1976, promovierte über Erzähltheorie; er lebt als freier Autor in Erlangen.

Ulrich Frey / Johannes Frey

Fallstricke _____

Die häufigsten Denkfehler in Alltag und Wissenschaft

Verlag C. H. Beck

Für unsere Eltern

Mit 20 Abbildungen im Text

Originalausgabe

© Verlag C. H. Beck oHG, München 2009
Gesamtherstellung: Druckerei C. H. Beck, Nördlingen
Umschlagentwurf: malsyteufel, willich
Umschlagabbildung: Jussi Steudle
Printed in Germany
ISBN 978 3 406 59113 6

www.beck.de

Inhalt

Kapitel 1 Irren ist menschlich — 7
1 Die Evolution unseres Gehirns — 15
2 Wie Kinder denken — 22
3 Unsere Denkmuster: Funktion oder Fehler? — 26

Kapitel 2 «Alles neu? Ich weiß Bescheid!» – Informationsgewinn in unbekannter Umgebung — 33
1 Rahmen- und Ankereffekt — 34
2 Fallstudie 1 (Medizin): Der Rahmeneffekt bei Ärzten — 42
3 Was würde Darwin dazu sagen? Eine evolutionäre Erklärung der Fehlerfamilie — 45

Kapitel 3 Komplexe Probleme – einfache Lösungen — 51
1 «Das ist kinderleicht!» – Unser Umgang mit komplexen Systemen — 54
2 Arten der Entscheidungsfindung — 64
3 Fallstudie 2 (Ökologie): Die Einführung neuer Arten — 77
4 Fallstudie 3 (Ökologie): «Wir haben es doch nur gut gemeint!» – Die Bewirtschaftung der *Blue-Mountains*-Wälder — 91
5 Was würde Darwin dazu sagen? Eine evolutionäre Erklärung der Fehlerfamilie — 101

Kapitel 4 Lieber schnell und falsch als gar nicht – Handlungsfähigkeit durch Kohärenz — 105
1 Hartnäckigkeit der ersten Hypothese und Beharren auf Überzeugungen — 107
2 Fehlendes Bemühen um Falsifikation — 113
3 Ignorieren widersprechender Belege und Blindheit gegenüber eigenen Fehlern — 120

4 Verfälschende Erwartungshaltung 125
5 Fallstudie 4 (Psychologie): Dumm gelaufen –
   160 Jahre Intelligenzmessung 128
6 Fallstudie 5 (Physik): Die heiße Jagd auf die kalte Fusion 144
7 Was würde Darwin dazu sagen? Eine evolutionäre Erklärung
   der Fehlerfamilie 151

Kapitel 5 Strukturen: Unser Gehirn ordnet die Welt 157
1 Regelmäßigkeiten und Muster 158
2 Abhängigkeiten und Zusammenhänge 168
3 Fallstudie 6 (Medizin): Nur an Fehlern mangelte es nie –
   Die Entdeckungsgeschichte der Mangelkrankheiten 178
4 Was würde Darwin dazu sagen? Eine evolutionäre Erklärung
   der Fehlerfamilie 196

Kapitel 6 Was nun? Fazit und Ausblick 203
1 Was lernen wir daraus? 204
2 «Ein jeder kehr' vor seiner Tür ...» 206
3 Fallstudie 7 (Technik): «Lassen Sie uns nur machen!» –
   Der Super-GAU von Tschernobyl 213
4 «Das hätte nicht sein müssen ...» – Wie man Fehler
   vermeiden kann 219

Anhang 225
Anmerkungen 226
Weiterführende Literatur 232
Literaturverzeichnis 233
Bildnachweis 240

_____ Kapitel 1

Irren ist menschlich

Fehler aller Art unterlaufen uns immer wieder. In der Wissenschaft, im Alltag, heute, morgen, Ihnen genauso wie Ihrem Nachbarn, Ihrem Arzt oder einem Nobelpreisträger. In den Nachrichten wird von großen und kostspieligen, vor allem aber von dummen und vermeidbaren Fehlern berichtet. Da wurde ein Parkhaus mit Stellflächen für Wohnmobile errichtet – aber die Einfahrt ist zu niedrig. Da wurde 1999 eine Marssonde (der Mars Climate Orbiter) für 320 Millionen Dollar gebaut – aber leider rechnete das eine Softwaremodul mit dem metrischen, das andere mit dem angloamerikanischen Maßsystem, was dazu führte, dass die Umlaufbahn 170 Kilometer zu niedrig angesetzt war und die Sonde sang- und klanglos verglühte.

Da fragt man sich: Wie kann es sein, dass so viele schlaue Menschen so «dumme» Fehler machen? Fehler, die ganz unnötig sind und die viel Geld kosten. Genau solche Fehler sind das Thema dieses Buches. Denn Fehlerforschung ist ein faszinierendes Feld.

Fehler geschehen natürlich aus vielen Gründen, aber ein gewichtiger, bedeutender Teil davon geht auf das Konto von Denkfehlern. Denn so wie Ihr Auto die eine oder andere Macke hat, aber im Großen und Ganzen recht ordentlich fährt, so verhält es sich auch mit dem Denken. Im Prinzip funktioniert es prima, manchmal aber hakt es. Hierbei fällt auf, dass wir Menschen ganz bestimmten Problemen immer mit denselben (fehlerhaften) Lösungsstrategien begegnen. Um besser verständlich zu machen, was wir damit meinen, fangen wir mit einem eindrucksvollen Beispiel aus dem Alltag an.

Wir wollen zwar nicht hoffen, dass Sie krank sind, beginnen aber in einem Krankenhaus. Stellen Sie sich vor, Sie sitzen nach einer Reihe langwieriger Untersuchungen bei Ihrem behandelnden Arzt, der Ihnen eröffnet, dass Sie einen bösartigen Tumor in Ihrem Gehirn haben. Eine Behandlung ist unumgänglich, die Frage ist nur,

Irren ist menschlich

welche. Es gibt, das wissen Sie, im Prinzip zwei Möglichkeiten: Bestrahlung oder chirurgischer Eingriff. Der beratende Radiologe hat Ihrem Arzt sein Gutachten schon vorgelegt, und der rät nun zu einer Bestrahlung:

«Aber selbstverständlich kann ich Ihnen diese Therapie empfehlen. Das Gamma-Knife ist ein vollkommen neuartiges Verfahren, eine Entwicklung der modernsten Hightechwissenschaft. Es garantiert, dass acht von zehn Patienten überleben. Durch die Bestrahlung werden mehr als 90% der umgebenden Gehirnzellen erhalten und bleiben nahezu voll funktionstüchtig.

Im Gegensatz dazu ist der operative Eingriff ein eher veraltetes Mittel. Ihre Schädeldecke muss angebohrt und aufgesägt werden, die Narbe tragen Sie dann bis an Ihr Lebensende. Das Infektionsrisiko ist beträchtlich. Bei immerhin 6% der Patienten kommt es zu einer Entzündung im Operationsbereich. Und zu denen wollen Sie ja wohl nicht gehören. Die angeblich klinisch reine Umgebung ist leider ein Märchen. 6%! Würden Sie denn in Ihr Auto steigen, wenn Sie bei 100 Fahrten sechs Unfälle hätten? Sie verstehen, was ich meine, nicht wahr?

Der große Nachteil einer Operation ist außerdem, dass die Chirurgen Ihr Gewebe zur Seite schieben müssen, um überhaupt bis zum Tumor zu gelangen. Die Bestrahlung hingegen hat genau justierte Röntgenstrahlen, die den Tumor millimetergenau an der Stelle zerstrahlen, an der er auch sitzt.

Und das ist genau das, was Sie wollen. Es gibt eigentlich nichts, das dagegen spricht. Nun überlegen Sie sich das Ganze und besprechen es zu Hause. In einer Woche vereinbaren wir dann einen weiteren Termin.»

Das klingt eigentlich ganz überzeugend, denken Sie. Dennoch folgen Sie dem Rat des Arztes und bereden die Angelegenheit erst einmal mit Ihrer Familie. Eine Woche später hat auch der beratende Chirurg sein Gutachten vorgelegt. Darin steht:

«Ich muss dringend von einer Bestrahlungstherapie abraten. Das Verfahren ist kaum zwei Jahre alt und damit so gut wie nicht erprobt. Langzeitwirkungen sind noch nicht bekannt. Trotz neuester wissenschaftlicher Erkenntnisse verläuft die Therapie bei zwei von zehn Patienten tödlich. Und wenn Sie nicht sterben, dann trägt Ihr Gehirn schwere Schäden davon: Knapp 10% der umliegenden Zellen sind nach der Bestrahlung abgestorben.

Die chirurgische Operation hingegen hat sich über die Jahre bewährt. Wir öffnen und schließen die Schädeldecke in klinisch reiner Umgebung. Das ist sehr sicher: 94 von 100 Patienten haben keinerlei Beschwerden. Man kann also sagen, das Risiko einer möglichen Infektion ist minimal.

Der große Vorteil ist, dass wir mit dem Messer viel präziser an die betroffene Stelle kommen. Wir können das Gewebe zur Seite schieben und das Messer genau dort ansetzen, wo der Tumor sitzt. Natürlich bleibt eine Narbe zurück. Das ist vielleicht nicht besonders hübsch, aber immer noch besser als die Verletzungen des Gewebes durch die Röntgenstrahlen. Die Kollegen von der Bestrahlung nennen das «abtöten», aber das Gamma-Knife zerstört auf seinem Weg zum Tumor knapp 10% der umliegenden Zellen. Und das ist nicht das, was Sie wollen.

Wir hingegen können das Gewebe herausnehmen, das ist viel besser. Denn wenn der Tumor erst einmal in unseren Händen ist, können wir ihn auch untersuchen. Das Präparat aus Hirngewebe gibt uns oft entscheidende Aufschlüsse über den Tumor selbst und eine eventuell weitere notwendige Behandlung. Das sind Informationen, die mit der Bestrahlung verloren gehen. Und das können wir uns nicht leisten.»

Da Sie offenbar einen etwas verwirrten Gesichtsausdruck machen, schiebt Ihr behandelnder Arzt nach: «Nun überlegen Sie sich das Ganze noch einmal!»

Und nun? Für welche Behandlung entscheiden Sie sich? Bestrahlung oder Operation? Und warum? Ohne dass wir eine der beiden Therapien unseres teilweise fiktiven Beispiels empfehlen wollen,

Irren ist menschlich

ist Ihnen bei den beiden Schilderungen sicherlich eines aufgefallen: Ein und derselbe Sachverhalt wird lediglich auf zwei verschiedene Arten dargestellt. «Knapp 10% zerstört» und «Über 90% bleiben erhalten» ist logisch gesehen das Gleiche. «9 von 10 überleben» oder «1 von 10 sterben» ist dasselbe, aber es klingt und wirkt doch ganz anders.

Und da es so anders klingt, lassen wir Menschen uns in unserer Entscheidung davon auch lenken.

Solche eigentlich verblüffend einfach zu durchschauenden Fehler beeinflussen jeden: Experten, Ärzte, die eine lange Ausbildung durchlaufen haben, Wissenschaftler aller Fachbereiche und natürlich auch Laien. Das wurde vielfach in Experimenten nachgewiesen.[1] Bei dem geschilderten Fall handelt es sich um ein Experiment, das nicht mit Patienten, sondern mit Ärzten durchgeführt wurde. Leider mit genau dem Resultat, dass auch sie den betreffenden Denkfehler zeigten. Die Ärzte empfehlen eine Therapie, bei der 8 von 10 überleben, und raten von ihr ab, wenn sie erfahren, dass 20% dabei sterben.[2] Und das ist ein Fehler. Ihre Empfehlung müsste bei beiden Formulierungen die Gleiche sein. Hören Sie also bei Ihrem nächsten Arztbesuch genau hin, und fragen Sie kritisch nach, denn «Halbgötter in Weiß» gibt es nicht!

Diese und andere Denkfallen und Denkfehler wollen wir in diesem Buch beschreiben. Es geht hier nicht um die Lichtblicke und Durchbrüche in Wissenschaft und Alltag, sondern um die Irrtümer und Sackgassen, die über eine eigene, faszinierende Strahlkraft verfügen. Irrtümer und Fehler lassen sich oftmals nicht allein auf die Zeitumstände zurückführen, sondern ebenso auf die Art und Weise, wie wir Menschen denken. Wir werden Ihnen Beispiele aus der Wissenschaft der vergangenen Jahrhunderte geben und an Situationen aus dem Alltag erklären, wie menschliches Denken funktioniert. Sie werden verstehen, wie man Fehler, die man immer wieder macht, schnell entdecken und vielleicht sogar vermeiden kann. Wir werden Ihnen zeigen, dass Genies und brillante Wissenschaftler manchmal die gleichen Fehler wie Sie selbst machen – weil sie auch Menschen sind.

Und Menschen verhalten sich nach bestimmten Mustern und denken in bestimmten Bahnen.

Dabei ist es egal, ob es sich um ein triviales Problem im Haushalt oder um eine komplexe wissenschaftliche Theorie handelt. Wenn Sie fünfmal hintereinander mit derselben Methode *erfolglos* versuchen, einen eingesaugten Stift aus dem Staubsauger zu entfernen (wir sprechen hier aus eigener Erfahrung), dann spricht das für ein Denkmuster, das aus irgendwelchen Gründen nicht funktioniert. Nicht viel anders verhält es sich aber bei der später von uns beschriebenen Neueinführung von Tierarten in bestehende Ökosysteme. Anstatt der ihr vom Menschen zugedachten Beute sucht sich die hinzugekommene Tierart nämlich oft eine ganz andere aus. Wenn man nun zur Behebung des entstandenen Schadens nacheinander sage und schreibe zwölf weitere Arten mit der gleichen Zielsetzung und ähnlich verheerenden Folgen neu einführt, dann kann man durchaus von einem Muster fehlerhafter Lösungsversuche sprechen.

Wir zeigen diese Denkmuster, in die Menschen nahezu unrettbar immer wieder verfallen, anhand von Beispielen aus Ökologie, Physik, Psychologie und Medizin. Und wir geben Ihnen dabei die Gelegenheit, die entsprechenden psychologischen Tests, die die gefundenen Ergebnisse bestätigen, zum Teil selbst durchzuführen.

Weil wir Menschen Teil der Evolution sind, haben sich über die Jahrmillionen bestimmte Denkvorgänge und -strukturen für unseren Alltag als die besten erwiesen. Wir werden Ihnen detailliert zeigen, warum das so ist und warum diese Strukturen in anderen Situationen versagen. In diesen Fällen sprechen wir von Fehlern, die weder peinlich noch verwunderlich sind. Denn es liegt auf der Hand, dass der Mensch heute in Labor und Büro nicht mehr jene körperlichen Fähigkeiten benötigt, die ihm in der Savanne von Vorteil waren, etwa besonders gute Fernsicht oder außergewöhnliche Ausdauer. Und auch wenn man in den Vorstandsetagen größerer Unternehmen noch immer gelegentlich ein Brüllen hört, so ist es doch nicht mehr das eines Löwen. Und nur an dessen Brüllen in der Savanne hat sich der Mensch evolutionär angepasst.

Das Gleiche gilt für unsere Denkmuster und -strukturen.

Zwischen den strengen methodischen Anforderungen heutiger Wissenschaft und denjenigen Mechanismen, die für ganz andere evolutive Ziele entstanden sind, gibt es Diskrepanzen, die beschrieben und erläutert werden. Unsere Darstellung liefert nicht nur eine Beschreibung, sondern auch eine Erklärung der Fehler und Verzerrungen. Dazu ordnen wir die Fehler in Familien ein, um die Muster, denen sie folgen, herauszustellen.

Wir sprechen von Fehlern, nicht von Irrtümern. Das hat seinen Grund: Irrtümer setzen Wahrheit voraus, Fehler hingegen verfehlen ein Ziel. Ich *irre* mich, wenn ich behaupte, die deutsche Fußballmannschaft sei 2008 Europameister geworden, denn Millionen Menschen können bezeugen, dass Spanien das Endspiel gewonnen hat. Es ist hingegen ein kognitiver Fehler, wenn ich die Gesamtzahl der Tore während der laufenden Bundesligasaison schätzen soll, diese Schätzung auf Basis der ersten beiden Spieltage vornehme und dann die tatsächliche Anzahl unterschätze. Das falsche Ergebnis kommt in diesem Fall durch ein gut untersuchtes Denkmuster zustande, das man Ankereffekt nennt. Ich verfehle das Ziel der Schätzung der richtigen Anzahl durch eine fehlerhafte Herangehensweise, begehe einen kognitiven Fehler.

Diese Unterscheidung ist wichtig, da der Fehler von heute der Fortschritt von morgen sein kann. Aus diesem Grund wählen wir nur Beispiele, die aus mehreren Gründen mit großer Sicherheit als Fehler gelten dürfen.

Dieses methodische Problem (Fehler oder Fortschritt?) lässt sich gut anhand des Beispiels der Mangelkrankheiten erklären, auf das wir später noch näher zu sprechen kommen werden: Hier können sich Wissenschaftler nicht nur auf vorhandene, moderne Theorien stützen, sondern auch auf chemische Strukturaufklärung, synthetische Herstellung von Vitaminen, einen molekularbiologischen Auflösungsgrad bis zur Molekülebene und Tausende kontrollierte Experimente zu anderen Mangelkrankheiten. All dies ergibt ein klares, seit siebzig Jahren unverändertes Bild. Es ist extrem unwahrscheinlich, dass diese sich gegenseitig stützenden Belege allesamt fehlerhaft sind.

Über solche Belege hinaus, die jeweils im konkreten Fall genannt werden, gibt es weitere, eindeutige Hinweise, die einen Fehler in der Wissenschaft als solchen unmissverständlich kennzeichnen: Widerrufe der Forscher selbst, Nachweise fehlerhafter Arbeit durch andere Forscher oder Nichtreproduzierbarkeit über sehr lange Zeit. Hinzu kommen Umstände, die auf Fehler hinweisen: unvollständige Dokumentation, mangelnde Neutralität oder Objektivität in der Berichterstattung, Zirkelschlüsse in der Argumentation, Verstoß gegen die innere und äußere Widerspruchsfreiheit in der Theorie, fehlende Prüfbarkeit oder fehlender Testerfolg.[3] Wiederholbarkeit, Kontrollversuche, zufällig ausgewählte Stichproben und statistische Überprüfungen sind hier die wichtigsten Maßnahmen, um Fehler aufzufangen. Einige Disziplinen haben zusätzlich fachspezifische Methoden. Bekannt sind etwa Doppelblindversuche und Placebos in Psychologie, Biologie und Medizin.

Wir wollen an dieser Stelle auch darauf hinweisen, dass die Motivation der Wissenschaftler, ihre Begeisterung und ihr Engagement in diesem Zusammenhang nicht behandelt werden. Ein sehr starker Glaube an die eigene Theorie kann sich positiv auswirken (etwa wie bei Einstein oder Galilei), muss es aber nicht. Im schlimmsten Fall wird auf der eigenen Theorie beharrt, obwohl längst alles dagegen spricht. Aber auch das Gegenteil – überzogene methodische Strenge – kann kontraproduktiv wirken. Neue, kreative Methoden führen oft zu überraschenden Erfolgen.[4]

Uns geht es im Folgenden darum, wie wir Menschen Probleme lösen und welche Fehler und Schwächen wir dabei zeigen. Dazu müssen wir uns mit dem Denken selbst beschäftigen. Wir müssen verstehen, wie unsere kognitiven Fähigkeiten entstanden sind und wie sie sich entwickelt haben.

1 Die Evolution unseres Gehirns

Menschen unterliegen wie alle Lebewesen auf der Erde der Evolution. Das gilt nicht nur für unsere Finger, Nieren oder Augen, sondern ebenso für unser Gehirn und unsere Kognition. Wenn man schlecht sieht, kann man sich eine Brille kaufen – die Augen bleiben trotzdem kurzsichtig. Das ist beim Denken nicht anders; man kann Hilfsmittel wie etwa Statistik heranziehen, die grundsätzliche Intuition bleibt gleich. Wenn im Folgenden von Kognition die Rede ist, dann ist die Gesamtheit aus Wahrnehmung, Erkennen, Vorstellen, Wissen, Denken, Kommunikation und Handlungsplanung gemeint.

Evolution bedeutet vor allem Anpassung an bestimmte Anforderungen. Unser Denken hat sich über die Jahrmillionen verschiedenen Anforderungen angepasst und löst viele Probleme einwandfrei. Anscheinend hat sich für uns Menschen gerade das Denken als evolutionärer Vorteil gegenüber anderen Arten erwiesen. Wir bevölkern diese Welt von Alaska bis Neuseeland nicht deshalb, weil wir unglaublich scharfe Zähne oder schnelle Beine haben, sondern weil unser Gehirn enorm leistungsstark und flexibel ist. Es liegt also nahe, dass sich in den Millionen Jahren unserer Evolution bestimmte Denkweisen als besonders geeignet erwiesen haben, wenn es darum ging, Probleme zu lösen.

Wird es jedoch vor Probleme gestellt, an die sich seine Strukturen und Mechanismen nicht angepasst haben, dann ergeht es dem Gehirn wie einem Birkenspanner, der aufgrund seiner weißen Grundfärbung mit schwarzer Zeichnung im Geäst einer Birke zwar besonders gut getarnt ist, aber sehr deutlich sichtbar wird, sobald er sich auf einer rußig-schwarzen Wand niederlässt. Die Tarnung (die Problemlösung) funktioniert dann nicht mehr. Ist dann noch ein hungriger Vogel in der Nähe, könnte es sein, dass dies der letzte Versuch des Schmetterlings war, ein Problem zu lösen. Problemlösungsmethoden wie Tarnung funktionieren immer nur in einem bestimmten Kontext, einer bestimmten Umwelt. Und manchmal benutzen wir unser Gehirn eben zu Zwecken, für die es ursprünglich nicht gedacht und entwickelt war (z. B. Wissenschaft). So kann es zu Fehlern kommen.

So wie Finger, Nieren oder Augen hat sich auch unser Gehirn an seine Funktion angepasst. Da wir als Spezies Mensch eine weitaus längere Zeit in Steppen und Höhlen als an Schreibtisch und Computer verbracht haben, hat sich unser Denken vor allem an die Probleme unserer Jäger-und-Sammler-Vorfahren angepasst. Die meisten unserer Denkstrukturen haben wir der Savanne und nicht unserem heutigen Dasein zwischen Finanzamt und Reagenzglas zu verdanken.[5]

Etwa vier Millionen Jahren als Jäger und Sammler stehen gerade einmal etwa 400 Jahre moderner Wissenschaft gegenüber: Auf ein Jahr Neuzeit kommen etwa 10 000 Jahre Urzeit (Paläolithikum). Kein Wunder also, dass die Urzeit auch einen größeren Einfluss auf die Gestaltung unseres Denkens hat bzw. hatte.

In den besagten vier Millionen Jahren Urzeit hat sich evolutionär eher derjenige durchgesetzt, der eine unbekannte, aber giftige Pflanze als solche verlässlich erkennen konnte, als ein anderer, der Fliegenpilz und Fingerhut in den Salat mischte. Wer schneller als die anderen begriff, wie man schmackhafte Beeren fand, und geschickt Wild erlegte, hatte auch größere Überlebenschancen. Solche denkerischen Leistungen lassen sich indessen nur schwer nachweisen, da Archäologen bis heute keine «Denkknochen» gefunden haben. Die Zunahme kognitiver Fähigkeiten kann man aber etwa anhand komplexer werdender Kulturpraktiken (z. B. Grabbeigaben) näherungsweise rekonstruieren.

Das fünfteilige Wirbeltiergehirn ist immerhin schon etwa 400 Millionen Jahre alt. Bemerkenswert ist die Vergrößerung des menschlichen Gehirns. Im evolutionären Maßstab ist sie explosionsartig erfolgt. Innerhalb von nur ein bis zwei Millionen Jahren verdreifachte sich das Volumen von etwa 500 auf 1400 cm^3. Dies führte dazu, dass sich der Mensch, sowohl was das absolute als auch was das relative Gewicht seines Gehirns anbelangt, im Verhältnis zum Körpergewicht in der Spitzengruppe der Tiere befindet. Der sogenannte Enzephalisationsquotient gibt das Verhältnis der tatsächlichen zur erwarteten

Die Evolution unseres Gehirns 17

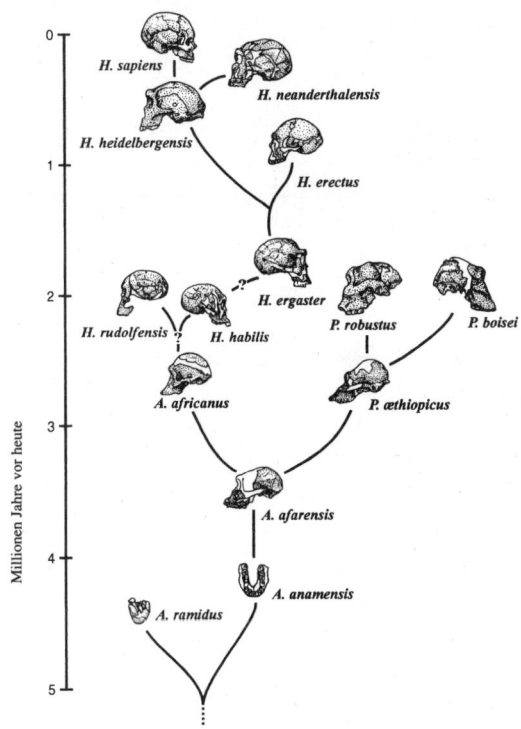

Abb. 1 Möglicher Stammbaum des Menschen

Gehirngröße eines Tieres an. Beim Menschen liegt er bei 7; d. h., das Gehirn ist siebenmal größer, als bei unserer Körpergröße zu erwarten wäre.[6] Das ist umso bemerkenswerter, als innerhalb taxonomischer Klassen (also etwa bei allen Säugetieren) zumeist extrem stabile Gewicht-Gehirn-Verhältnisse über Zeiträume von bis zu 100 Millionen Jahren gewahrt bleiben.[7]

Die Gründe für die rasante Gehirnzunahme sind unklar, doch lassen Größenordnung und Geschwindigkeit des Gehirnumbaus zumindest vermuten, dass ein starker Selektionsdruck auf Größe und Leistung des Gehirns vorhanden war: Vielleicht waren es gestiegene soziale Anforderungen in der Gruppe, die Notwendigkeit der Verständigung bei der Jagd oder der Werkzeuggebrauch, möglicherweise aber auch die sexuelle Auslese und andere Erfordernisse.

Der evolutive Ursprung und die spezielle Anpassung von Verhalten und Kognition lassen sich ebenso wie der Zusammenhang von körperlichen Merkmalen, Verhalten und Denken durchaus nachweisen. So ermöglicht die Entwicklung des aufrechten Gangs, die sich im Skelettumbau zeigt, eine neue Art der Nahrungsbeschaffung: In Jäger-und-Sammler-Völkern ergänzt die unsichere, aber ertragreiche Jagd der Männer die sichere Nahrungsbeschaffung der Frauen, das Sammeln. Diese spezialisierten Verhaltensmuster haben Auswirkungen auf die dafür benötigten geistigen Leistungen: Männer sind im Allgemeinen besser in der räumlichen Orientierung und Navigation, Frauen verfügen über das bessere Ortsgedächtnis.[8] Anders gesagt, andere Nahrungsquellen haben zu Unterschieden bei Frauen und Männern in ihren kognitiven Fähigkeiten geführt. Dieser Unterschied ist auch heute noch feststellbar: Jeder kennt die Witze über Frauen, die nicht einparken können und Landkarten drehen, um sich zu orientieren; und genauso sind Männer oft bass erstaunt, wie schnell Frauen in einem Kaufhaus feststellen können, wo sich welche Ware befindet. Erstaunlich, was ein paar Millionen Jahre Sammeln statt Jagen ausmachen!

An dieser Stelle wollen wir ein noch immer weit verbreitetes Missverständnis aufklären. Man geht heute nicht mehr davon aus, dass Merkmale und Eigenschaften entweder *vererbt* oder *erworben* sind. Ein Organismus erbt nicht einfach Einzelgene für bestimmte Fähigkeiten, sondern auch die Möglichkeit, diese auszubilden. Dies geschieht grundsätzlich nur in Wechselwirkung mit der jeweils sehr spezifischen Umwelt. Umwelt schließt hierbei Natur ebenso wie Kultur mit ein. Man kann also sagen, dass biologische Vorentscheidungen innerhalb vorgegebener Bahnen zu kulturellen Entscheidungen führen. Die Art und Weise, wie sich das jeweils ausprägt, ist dann von zufälligen lokalen Bedingungen abhängig.[9] So ist *jeder Mensch* genetisch darauf vorbereitet, eine Sprache zu erlernen. Es hängt allerdings vom Ort seiner Geburt und seinen Eltern ab, ob diese Sprache nun Englisch, Deutsch oder Chinesisch ist.

Die für diese Zusammenhänge zuständigen Fachleute, Evolutionäre Psychologen, vertreten deshalb in der Regel keine einseitige Position, die nur die vererbten Eigenschaften in Betracht zieht. Im Gegenteil: Wenn man den Zusammenhang von Evolution und Denkfähigkeiten untersucht, berücksichtigt man immer die Tatsache, dass sich vererbte Anlagen erst in ihrer Umwelt entfalten. Der Gegensatz Gene – Umwelt ist also – in dieser Weise formuliert – unbrauchbar.

Trotz der vielfältigen Wechselwirkungen ist jedoch ein beachtlicher Teil unseres Verhaltens und Denkens vererbt: Neben der Erforschung von Erbkrankheiten mit Einfluss auf die Kognition bestätigt dies vor allem die Zwillingsforschung. Sie kennen die Beispiele von Zwillingen, die beide eine Katze mit Namen Agnes und eine unerklärliche Vorliebe für blaue Socken mit Teddybär-Motiven haben, *obwohl* sie getrennt voneinander aufgewachsen sind. Andere Details unterstützen diese Befunde, die gleichwohl mit Vorsicht zu genießen sind. Sehr klar hingegen ist die Beobachtung, dass Zwillinge oft auch in etwa gleich intelligent sind.[10]

Begreift man Denken als ein Produkt unseres Gehirns, das seinerseits der Evolution unterliegt, dann lassen sich eine Passung und ein enger Zusammenhang von Denken und Welt postulieren: «Unser Erkenntnisapparat ist ein Ergebnis der Evolution», schreibt der Philosoph Gerhard Vollmer, Autor einer hervorragenden Einführung in die «Evolutionäre Erkenntnistheorie». Und weiter: «Die subjektiven Erkenntnisstrukturen passen auf die Welt, weil sie sich im Laufe der Evolution in Anpassung an diese reale Welt herausgebildet haben. Und sie stimmen mit den realen Strukturen (teilweise) überein, weil nur eine solche Übereinstimmung das Überleben ermöglichte.»[11]

Eine grundlegende Eigenart der Evolution ist es, nie abgeschlossen zu sein und kein definiertes Ziel zu haben. Jede Anpassung ist ein dynamischer Prozess, weil sich auch die Umwelt stets verändert. So kann das, was in der Vergangenheit nützlich war, in der Gegenwart sinnlos sein. Wenn Sie etwa eine «Gänsehaut» kriegen, dann versucht Ihr Körper, ein nicht mehr vorhandenes Fell zu sträuben. Ein zweites Beispiel ist unser Heißhunger auf fette oder süße Nahrung, die in der Savanne ebenso selten wie wertvoll war. Was früher eine optimale Anpassung darstellte – also so viel davon zu essen wie nur möglich –, hat heute durch das vollständig andere Nahrungsangebot im wahrsten Sinne des Wortes schwerwiegende und negative Konsequenzen wie Übergewicht oder erhöhtes Herzinfarktrisiko.

Darüber hinaus gibt es Anpassungen, die noch nicht optimiert sind. So ist der aufrechte Gang nach all der Zeit im Wasser und auf den Bäumen so etwas wie der letzte Schrei der Evolution und dementsprechend noch unausgereift mit seinen gerade einmal etwa 4,5 Millionen Jahren. Ihm verdanken wir (noch) Rückenschmerzen, Knieprobleme, Schwierigkeiten bei der Geburt oder Kreislaufprobleme.

Auch viele unserer fundamentalen Denkfehler lassen sich aus allgemeinen Prinzipien der Evolutionstheorie ableiten. So gibt es etwa eine *absichtlich* verzerrte Wahrnehmung. Sie hat sich herausgebildet, weil manchmal eben auch ein falsches Abbild der Welt von Vorteil sein kann. Das klingt überraschend und unlogisch. Sie werden aber gleich verstehen, warum das so ist.

Der richtige Umgang mit Gefahren war und ist für das Überleben von elementarer Bedeutung. Am besten fährt man, wenn man Gefahren vermeidet. Aus diesem Grund sind Phobien entstanden. Menschen haben Angst vor Spinnen, Schlangen, tiefen Abgründen, freien Plätzen oder allzu engen Orten (keine Möglichkeit zur Flucht oder zum Verstecken). Der Überlebenszweck von Phobien ist sofort einsichtig. Interessant ist jedoch, dass sie die Welt falsch abbilden; denn nicht jede Spinne, vor der wir zurückschrecken, ist giftig. Die Phobie löst also öfter Alarm aus, als tatsächlich Gefahr droht.

Warum das so ist? Weil die Evolution dem Menschen eine unangenehme Frage stellt: «Aber was, wenn doch? Was, wenn die Spinne doch giftig ist?» Die Kosten von Fehlalarmen, also von Gefahren, die keine sind, sind minimal. Übersehene Gefahren hingegen können den Tod bedeuten. Es gilt: «Better safe than sorry.» Lieber zwanzigmal vor einer Blindschleiche davonlaufen, als einmal von einer Kreuzotter gebissen werden. Dass Frauen von Männern, die zwanzigmal vor einer Blindschleiche davonlaufen, nicht besonders beeindruckt sind, steht auf einem anderen Blatt der Evolution.

Die betreffenden Ängste besitzen erwiesenermaßen eine genetische Grundlage. Das lässt sich daraus ersehen, dass es relativ leicht ist, bei ansonsten verhältnismäßig angstfreien Personen Angst vor jeder Art von Spinnen oder Schlangen hervorzurufen. Für moderne Gefahren wie Autos oder Elektrizität ist das hingegen unmöglich.[12]

Eine andere, genauso verzerrte Wahrnehmung ist ebenfalls unmittelbar plausibel. In Studien findet man, dass Männer – bei einem neutralen Versuchsaufbau – im Verhalten von Frauen mehr sexuelle Intention sehen, als tatsächlich vorhanden ist.[13] Die evolutionäre Erklärung dafür liegt auf der Hand: Männer fragen besser zwanzigmal zu oft als einmal zu wenig. Natürlich könnte es – aus Sicht vieler Frauen – sein, dass sie das Fragen besser gelassen hätten.

Unter Fehler wollen wir also unerwünschte Effekte (z. B. Nebenwirkungen, überholte Nützlichkeit) oder Beschränkungen einer vorteilhaften Anpassung verstehen. Funktion und Zweck der vorteilhaften Anpassung müssen dabei erkennbar sein. Um solche Fehler und ihre Quellen zu entdecken, sind folgende Punkte besonders wichtig:

- Die vorteilhafte Hauptfunktion eines solchen Verhaltensmusters weist eine dazu passende Struktur auf. Optimierungen zielen auf die Hauptfunktion.
- Wenn die Funktion einer Anpassung im Labor getestet wird, dann ist die Testleistung umso besser, je ähnlicher die Testumgebung der realen Welt ist. Das bezeichnet man als ökologische Validität.
- Zwischen verschiedenen Verhaltensmustern kann es zu Zielkonflikten und Kompromissen kommen. Sich widersprechende Anforderungen (z. B. Schnelligkeit und Gründlichkeit) müssen gleichzeitig erfüllt werden.

– Aus Gründen der Ökonomie (z. B. Kapazität) erwarten wir im Denken Heuristiken (Faustregeln) anstelle von Algorithmen (also Verfahren, die garantiert zur richtigen Lösung führen).

Worauf wir hinauswollen, ist Folgendes: Die kognitiven Fehler haben eine Funktion, die aus Sicht der Evolution durchaus sinnvoll ist. Und diesen Sinn wollen wir ergründen. Mit dem amerikanischen Evolutionsbiologen George C. Williams sind wir der Meinung, dass es unserem Verständnis von der Funktionsweise des menschlichen Gehirns sicherlich helfen würde, wenn wir den *Zweck* wüssten, für den es in den langen Jahren der Evolution konstruiert wurde.[14] Einige wichtige Fakten zur Entwicklung unseres Denkens in der Menschheitsgeschichte haben wir gerade kennen gelernt. Komplementär dazu ist es wichtig, die Entwicklung des Denkens bei Kindern zu verstehen.

2 Wie Kinder denken

Die geistige Entwicklung von Kindern vom ersten Schritt und ersten Wort bis hin zu ihren Versuchen, selbst Wissenschaftler zu spielen, ist ein faszinierendes Feld. Für Eltern ist das oft jahrelang der beherrschende Gesprächsstoff, was bei kinderlosen Freunden allerdings genauso oft gähnende Langeweile hervorruft. Die kindliche Entwicklung führt uns zu den Wurzeln vieler Denkmuster. Kinder zeigen uns, wie Erwachsene denken, und sie zeigen uns auch unsere Fehler.

Untersuchungen mit Kindern zeigen etwa, dass einige Gesetze der Physik von allen Kindern intuitiv beherrscht werden.[15] Zu unserem Leidwesen sind Physiklehrer nicht an intuitivem Verständnis, sondern an Formeln und korrekten Berechnungen interessiert. Dennoch legt diese Beobachtung nahe, dass intuitive Physik angeboren ist. Unter intuitiver Physik versteht man bestimmte Erwartungen an die Welt: Objekte verschwinden nicht, Gegenstände fallen, und Flugbahnen sind kontinuierlich.

Das kindliche Verständnis stimmt größtenteils mit den intuitiven Erwartungen der Erwachsenen überein. Fast alles, was wir im Laufe des Lebens lernen, stützt sich auf diese Grundintuitionen. Und das gilt auch für Mathematiklehrer, denn auch diese können innerhalb der halben Sekunde, in der sie einen Ball fangen und in der sich ihre Hand in wunderbarer Weise an die richtige Stelle bewegt, unmöglich die Flugbahn berechnen. Diese Kalkulationen erfolgen also unbewusst.

Diese und ähnliche Untersuchungen sowie die erhebliche motorische Intelligenz schon sehr junger Kinder lassen nur den Schluss zu, dass Menschen mit einem sehr guten physikalischen Verständnis bezüglich des «Rahmens» bzw. der Basisgrößen unserer Welt geboren werden. Kinder können die Bewegungen von Objekten und die wirkenden Kräfte in der Praxis richtig einschätzen. Rollt ein Ball von einem Tisch herunter, erwarten ihn Kinder auf seiner Parabelbahn an der richtigen Stelle und können ihn leicht fangen.

Werden sie aber unmittelbar darauf gebeten, die Ballbahn zu beschreiben oder zu zeichnen, schildern sie dem realen Vorgang eklatant widersprechende (gerade) Fallbahnen. Die Kinder lassen sich nicht belehren und sind bass erstaunt, wenn ihnen die richtige Lösung vorgeführt wird. Überrascht denken viele, der Versuchsleiter habe gemogelt – und das, obwohl sie den Ball ja eben noch gefangen haben! Die Lernresistenz ist dabei enorm, die gleichen Fehler werden erstaunlich oft wiederholt. Selbst bei mehrmaligem Vorführen wird der Vorgang immer noch falsch gezeichnet oder eine Ausrede für die Parabelbahn des Wurfobjekts gesucht.[16] Diese Ergebnisse lassen auf die Erblichkeit der naiven Physikvorstellungen schließen. Übrigens, auch jeder dritte Erwachsene schätzt die Wurfbahn von Objekten aus bewegten Objekten (etwa einem Zug) heraus falsch ein. Selbst bei statischer Versuchsanordnung haben viele Probleme. Was würden Sie sagen?

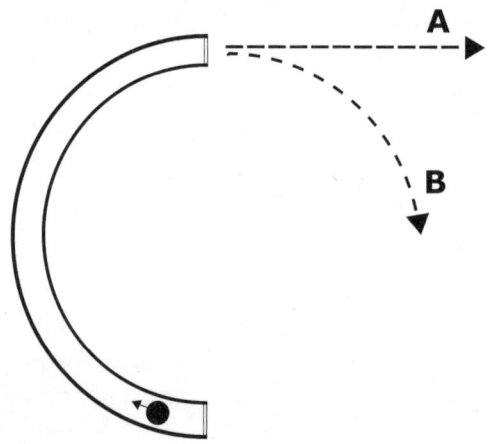

Abb. 2 Ein Ball rollt durch das C-förmige Rohr. Welche Bahn wird er nach Austritt nehmen, A oder B?

Die richtige Antwort lautet: Der Ball nimmt Bahn A.

Eine ähnliche Beobachtung zur Vererbung von Wissen gilt für das Kausalitätsverständnis, das ebenfalls angeboren ist und auch bei Schimpansen nachgewiesen wurde. Gleiche oder ähnliche Verhaltensmuster deuten auf einen erblichen Hintergrund hin. Das menschliche Kausalitätsverständnis beinhaltet vier prinzipielle Regeln.

1. Die Ursache tritt vor der Wirkung auf.
2. Ursache und Wirkung treten regelmäßig gemeinsam auf.
3. Ursache und Wirkung treten in zeitlich-räumlicher Nähe auf.
4. Ursache und Wirkung sind sich ähnlich.[17]

Bei Kindern zeigt sich das Verständnis von Kausalität schon früh (etwa mit sechs Monaten) und stellt eine dominante Strategie des Wissenserwerbs und der Orientierung in der Welt dar. Wir alle kennen das nie enden wollende «Warum?» kleiner Kinder, das in der Entwicklung etwas später auftritt.

Wir halten fest: Der Mensch kommt mit vielen angeborenen Fähigkeiten auf die Welt. Die hohe Entwicklungsgeschwindigkeit lässt darauf schließen, dass die angeborenen Strukturen als Wegweiser dienen und Begrenzungen für das Lernen vorgeben. Entscheidend für die Leistungen der Kinder sind vor allem vertrauter Kontext und Anschaulichkeit. Die kognitiven Fähigkeiten des Menschen entwickeln sich im Laufe der Kindheit aus einfachen Grundstrukturen. Problemlösen und logisches Denken beginnen mit konkreten, einfachen und vertrauten Objekten; Anzahl, Komplexität und Abstraktionsgrad erhöhen sich erst mit der Zeit. Dabei zeigt sich ein fundamentaler Unterschied zwischen Motorik und Kognition. Rückstände im motorischen Lernen (etwa bei Hopi-Kindern, die monatelang angeschnallt, oder äthiopischen Kindern, die lange Zeit eingeschnürt werden) werden in kurzer Zeit aufgeholt. Dagegen gibt es etwa für die Sprachentwicklung entscheidende sensitive Phasen. Wird in diesen Phasen der Lerninhalt nicht erworben, gestaltet sich das spätere Lernen besonders schwierig oder gar unmöglich.

Die bisher besprochenen Fähigkeiten betreffen Altersstufen, in denen Kindern das wissenschaftliche Denken noch abgesprochen wird. Bis zum elften Lebensjahr sind sie definitiv keine «kleinen Wissenschaftler», sie begehen zu viele *Fehler*. Das Ergebnis vieler Studien lautet: Bevor Kinder Hypothesen systematisch testen können, zeigen sich vor allem drei Phänomene: (1) Die Kinder ignorieren Gegenbeweise fast vollständig; (2) sie verlassen sich fast ausschließlich auf Bestätigungen (positive Tests), während sie Falsifikationsversuche (negative Tests) kaum durchführen, und (3) sie geben alte und falsche Hypothesen nur äußerst ungern auf. Zusätzlich schließen sie häufig von nur einem Fall auf die Gesamtheit, und zeitlich nah auftretende Phänomene werden kausal interpretiert.[18] Auf dieselben Fehler werden wir bei Erwachsenen und Wissenschaftlern in bestimmten Fällen in unveränderter Form treffen.

Die besagten Fehler sind in den folgenden Kapiteln 2 bis 5 des Buches in Fehlerfamilien zusammengestellt. In jedem Kapitel werden die Fehler zunächst beschrieben und die experimentellen Belege dafür genannt, bevor jeweils ein oder mehrere Fallbeispiele aus der Wissenschaft demonstrieren, wie sich solche Fehler in der Realität zeigen. Kapitel 6 schließt das Buch mit einem Fazit ab. Hier werden wir auch Hinweise darauf geben, wie man die besprochenen Fehler vermeiden kann.

3 Unsere Denkmuster: Funktion oder Fehler?

Wir wollen nun auf das Janusgesicht vieler Denkmuster eingehen. Einmal funktionieren sie prächtig, ein anderes Mal produzieren sie Fehler über Fehler. Ein Fehler ist dabei die Nichterfüllung einer Anforderung. Unsere Denkleistungen sind sehr eng auf ganz bestimmte Probleme und Kontexte zugeschnitten. Wenn der Kontext nicht stimmt, dann dreht sich unser Denken sozusagen im Leerlauf oder begeht völlig absurde Fehler. Eine gute Veranschaulichung dafür bietet das Beispiel falsch geprägter Gänseküken, auch wenn der Prägungsvorgang selbst natürlich keinen denkerischen Akt darstellt.

Diese Prägung stellt normalerweise eine hervorragende Anpassung dar (Prägung auf das erste Wesen, das das Küken erblickt – üblicherweise die Mutter). Da Konrad Lorenz dieses erste Wesen war, folgten die Küken nicht ihrer Mutter, sondern Konrad Lorenz – ihrer neuen Mutter – auf Schritt, Tritt und Schwimmzug. Nur gut, dass Konrad Lorenz Gänse mochte, schwimmen konnte und (notgedrungen) die Zeit mit den Gänsen als Arbeitszeit betrachten konnte.

Eine sinnvolle Handlung (Erkennen des ersten Wesens als Mutter) wird zu einer fehlerhaften, sobald der Kontext verfehlt ist. Bevor man also eine Denkleistung verlacht oder verdammt, sollte man zuerst klären, für welches Problem in welcher Umwelt sie erbracht wurde und warum sie gerade in der betreffenden Situation nicht funktionierte.

Aus diesem Grund haben wir das menschliche Denken in Alltag und Wissenschaft untersucht und die zwanzig wichtigsten der aufgetretenen, kognitiven Fehler in vier Fehlerfamilien eingeordnet. Es

Unsere Denkmuster: Funktion oder Fehler? 27

Abb. 3 Konrad Lorenz mit seinen Graugänsen

geht uns dabei nicht um bedauerliche Einzelfälle, sondern um wiederkehrende Muster. Uns interessieren die Strukturen und Funktionen dieser Fehler, die vier Familien ergeben:

- Wir stecken die wahrgenommene Welt in Schubladen, um schneller auf neue Informationen reagieren zu können. Das nennen wir *Flexibilität und Informationsgewinn in unbekannter Umgebung.*
- Komplexe Probleme werden radikal vereinfacht und entstellt. Das nennen wir *Schnelligkeit und Einfachheit durch Reduktion.*
- Wir ignorieren alles, was unserem ersten kohärenten Bild eines Problems widerspricht, um auf diese Weise handlungsfähig bleiben zu können. Das nennen wir *Handlungsfähigkeit durch Kohärenz.*
- Dieses erste kohärente Bild entsteht, indem wir von unserer Umwelt regelmäßige Strukturen erwarten und unsere Wahrnehmung entsprechend ordnen. Das nennen wir *Vorstrukturierung durch Regelmäßigkeitserwartung.*

Eine solche Einteilung, die dem Verständnis unserer Fehler dient, ist schon deshalb sinnvoll, weil das Bewusstsein der eigenen Schwächen dazu beiträgt, Ergebnisse zu optimieren, sei es in Straßenverkehr, Haushalt, Unternehmen oder Laboratorium. Das gilt insbesondere für Strategien im Bereich komplexer Systeme, wie etwa dem Management von Ökosystemen. Hier lassen sich angerichtete Schäden oft nicht mehr gutmachen bzw., sie verursachen Kosten in Höhe von mehreren hundert Millionen Euro.

Warum unterlaufen uns solche Fehler? Und wie lassen sie sich vermeiden?

Beide Fragen werden wir noch wiederholt diskutieren, an dieser Stelle wollen wir aber schon eine vorläufige Antwort versuchen: Unser Gehirn ist in Anpassung an andere Problemstellungen entstanden. So ist es beispielsweise schlicht nicht darauf ausgelegt, Netzwerke in der Dimension ganzer Ökosysteme zu überblicken oder gar erfolgreich in sie einzugreifen. Der Umstand, dass wir dennoch der Meinung sind, wir könnten dies, kommt uns sehr teuer zu stehen. Beispiele dafür sind die Versuche zur Erhaltung von Wäldern, die wir in Kapitel 3.4 schildern. Als Ursache der Fehler identifizieren wir die Diskrepanz zwischen früherer Funktion und Anpassung und ihrer jetzigen «Zweckentfremdung» für andere, unpassende Probleme. Eine andere Umwelt erfordert eine andere Anpassung. So wäre eine gesunde Angst vor Autos bei jährlich ca. 5000 Verkehrstoten in Deutschland und 1,2 Millionen weltweit gar nicht verkehrt.[19]

Die zweite Frage ist schwieriger zu beantworten. Zunächst scheint es so, dass sich diese Fehler nur äußerst schwer vermeiden lassen. Einige dieser Fehler werden sogar dann noch gemacht, wenn explizit auf sie hingewiesen wird. Dennoch besteht Hoffnung. Das Wissen um systematisch auftretende Fehler und ihre Struktur erlaubt es manchmal, die richtigen Gegenmaßnahmen einzuleiten. Diese Maßnahmen erschöpfen sich keineswegs darin, «darauf zu achten», denn das funktioniert erwiesenermaßen nicht (immer); besser ist es beispielsweise, «eine zweite Person hinzuzuziehen». Daher auch das Sprichwort «Vertrauen ist gut, Kontrolle ist besser».

Unsere Denkmuster: Funktion oder Fehler?

Allerdings gibt es leider nicht das eine Dutzend Faustregeln, an die Sie sich halten können, um in Zukunft keine Fehler mehr zu machen. Dies liegt vor allem daran, dass es äußerst schwierig ist, eigene kognitive Fehler überhaupt zu bemerken und in der Folge zu vermeiden. Wir konzentrieren uns auf die wichtigsten Fehler für das wissenschaftliche Arbeiten, denn deren Schädigungspotenzial ist mit am größten. Dies umfasst vor allem Hypothesenbildung, Datenaufnahme sowie deren Interpretation. Diese Fehler sind in allgemeinerer Form auch für den Alltag von Bedeutung.[20]

Was Sie von diesem Buch erwarten dürfen, ist Folgendes: Sie werden sich selbst besser begreifen, Sie werden Ihr Verhalten besser durchschauen und somit Irrwege, Sackgassen und systematisch wiederkehrende Fehler schneller erkennen und eventuell auch vermeiden lernen. Und Sie werden schneller und effizienter an Ihr Ziel kommen, weil Sie wissen, warum Sie die Fehler machen, die Sie machen. Anhand der Analyse wird es möglich sein, Strategien zur Vermeidung von Fehlern zu entwickeln. Denn aus Fehlern lernt man, keine Frage. Doch bevor man die Ursachen bekämpfen kann, muss man sie auch kennen und verstehen.

Kognitionspsychologische Untersuchungen beantworten die Frage, *wie* das Denken funktioniert, die Evolutionstheorie, *warum* es so funktioniert. Wir werden zeigen, dass sich individuelle Denkprozesse sowohl untersuchen als auch verallgemeinern lassen. Entscheidend sind jeweils nicht die Individuen, sondern die Denkstrukturen, die allen Menschen gemeinsam sind. Wenn in der Medizin des 16. Jahrhunderts, in der Physik des 18. Jahrhunderts und in der Chemie des 20. Jahrhunderts ein gleiches Denkmuster auftaucht, dann liegt eine evolutionäre Erklärung nahe. Je größer die Unterschiede historischer Gegebenheiten und Disziplinen sind, desto schwieriger wird der Spagat für Erklärungen, die eine Gemeinsamkeit verantwortlich machen – und desto überzeugender ist er, wenn er gelingt. Einer evolutiv-kognitiven Theorie gelingt dieser Spagat.

Wir behaupten nicht, dass die Evolutionsbiologie die Phänomene alleine erklären kann. Wir sind uns aber sicher, dass kognitive Fähigkeiten evolutionstheoretisch erklärbar sind und dass die bislang btrachteten Einflussfaktoren, etwa historische (verfügbare Geräte, Weltsicht) oder soziokulturelle (Karriereabsichten von Wissenschaftlern, die Organisationsstruktur in Instituten, gruppendynamische Prozesse, Machtverhältnisse) der Ergänzung bedürfen. Wenngleich Forscher in einem soziokulturellen Netz von Überzeugungen und Hintergrundannahmen arbeiten, so ist doch die Art, wie sie die Probleme anpacken, stark von den Besonderheiten des menschlichen Denkens geprägt. Problemlösungsstrategien, Umgang mit Hypothesen sowie Entscheidungen werden von kognitiven Mechanismen gesteuert, die zur Lösung biologischer Probleme entwickelt wurden. Für diese zahlreichen alltäglichen Entscheidungen und Begründungen muss die Erklärung auf der Ebene des Denkens liegen.[21]

Ebenso wie die Optik den Brechungsindex des jeweiligen Mediums berücksichtigt, muss der «Verzerrungsindex» von Denkvorgängen mit in Betracht gezogen werden. Gute Wissenschaft erwartet, berücksichtigt und korrigiert Messfehler: Sie sollte auch Denkfehler erwarten, ausfindig machen und beseitigen (Sind Erwartungen in die Messungen eingeflossen? Ist die beobachtete Korrelation real oder eingebildet?). Das Rauschen, das in den Geräten zu finden ist, befindet sich eben auch in unseren Köpfen. Und in dem Sinn, wie Physiker lernen, das Rauschen ihrer Geräte vom Rauschen der untersuchten Welt zu unterscheiden, so müssen auch wir die Störgeräusche in unserem Denken erst begreifen lernen.

Analog zu optischen Täuschungen für den Sehsinn gibt es auch kognitive Täuschungen im Denken. Man muss nur wissen, wo sie lauern. Unsere evolutionär bewährten Denkmuster werden unter bestimmten Voraussetzungen ausgelöst, bleiben aber meistens unbewusst. Sie liegen vielen unserer Entscheidungen und Urteile zugrunde. Wenn wir wissen, wie unser Denken funktioniert, können wir die auftauchenden Fehler schneller beseitigen.

Sie werden sehen, dass kognitionspsychologische Fehler im Wissenschaftsprozess einen ernst zu nehmenden Stolperstein darstellen. Sie werden auch sehen, wie gut im Gegensatz dazu das Denken für unseren Alltag geeignet ist. Wir freuen uns, dass Sie uns auf der abenteuerlichen Reise durch das menschliche Denken mit all seinen spannenden Irrwegen begleiten. Sie werden mit uns überrascht feststellen, dass Menschen verblüffend viele Fehler bei eher einfachen Problemlösungsaufgaben machen; Sie werden die Systematik erkennen, die unabhängig von Epoche, Disziplin oder Person hinter dem jeweiligen Fehler liegt; und Sie werden die Bedeutung des Kontextes für den Erfolg einer Strategie begreifen; es ist nun einmal etwas anderes, ob der betreffende Mensch in der Savanne oder im Labor steht.

_____ Kapitel 2

«Alles neu? Ich weiß Bescheid!» –
Informationsgewinn in unbekannter Umgebung

Das Denkmodul, mit dem wir beginnen wollen, ist wichtig für eine allgemeine Orientierung in unbekannten Umgebungen. Wann immer sich der Mensch in einer ihm fremden Umgebung befindet, greift er auf bestimmte Mechanismen zurück, um möglichst schnell möglichst genaue Informationen über die neue Umgebung zu erhalten.

Im Folgenden stellen wir Ihnen Rahmen- und Ankereffekt vor. Den Rahmeneffekt haben Sie schon ein wenig kennen gelernt: Sie erinnern sich an die beiden Ärzte, die ihnen jeweils in positiver und negativer Formulierung den gleichen Sachverhalt präsentiert haben. Dies wird als Rahmen bezeichnet.

1 Rahmen- und Ankereffekt

Bislang wurden in der Forschung Rahmen- und Ankereffekt als getrennte Phänomene und ausschließlich negativ, als Fehler, betrachtet. Wir wollen sie hingegen einer wenn auch kleinen Fehlerfamilie zuordnen, weil für beide eine starke Abhängigkeit von Umgebungsreizen charakteristisch ist. Der Vorteil solcher Verhaltensweisen, die stark von der jeweiligen Umgebung abhängig sind, liegt auf der Hand: Je stärker man den jeweiligen speziellen Kontext in seine Überlegungen einbezieht, desto angemessener kann man reagieren. Die Auslöseschwelle ist sehr niedrig, die Angleichung an die Umwelt also sehr wichtig.

Es ist vorteilhaft, Hinweise aus der Umwelt zu berücksichtigen und nicht starre Programme ablaufen zu lassen. Während Insekten auf vollständig starre Verhaltensmuster zurückgreifen, zeigen Wirbeltiere Lernverhalten, Primaten einsichtiges Lernen und Menschen Denken. Innerhalb des Prozesses der Evolution der Lebewesen findet die veränderliche Umwelt zunehmend Berücksichtigung für das Verhalten. Dies hat zur Folge, dass auf die jeweilige Situation flexib-

Rahmen- und Ankereffekt

ler und angemessener reagiert wird. Eine Motte kann sich nicht auf eine veränderte Welt einstellen, die statt des vertrauten Mondes tödliche Lampen bietet. Menschen begreifen diesen feinen Unterschied hingegen ohne Schwierigkeiten.

Dennoch zeigen alle Tierarten eine gewisse Sensitivität für die Umwelt und entsprechende Reaktionen. Selbst Einzeller richten sich zum Licht oder nach dem Erdmagnetfeld aus. Was auch immer das Ziel eines bestimmten Organismus ist, er hat in seiner Evolution mit Sicherheit jeweils passende, spezifische Mechanismen entwickelt, um an dieses Ziel zu gelangen. Es ist jedoch sinnlos, hervorragende Mechanismen zu entwickeln, aber nicht zu erkennen, wann welcher Mechanismus aktiviert werden soll. Mit anderen Worten, der Werkzeugkasten muss auch eine Anleitung für die jeweilige Verwendung der Werkzeuge enthalten.

Dementsprechend hat der Mensch die Fähigkeit entwickelt, den Kontext zu bestimmen, für den seine Werkzeuge geeignet sind: Der maximale Nutzen wird nur dann erzielt, wenn Verhaltensweisen genau auf konkrete Einzelprobleme abgestimmt sind und zum richtigen Zeitpunkt erfolgen. Es gibt mehrere Möglichkeiten, den Kontext mit einzubeziehen. Eine davon ist der Rahmeneffekt.

«Präsentation ist alles» – Der Rahmeneffekt

Vom Rahmeneffekt spricht man, wenn zwei logisch äquivalente Formulierungen deutlich unterschiedliche Entscheidungen nach sich ziehen. In unserem medizinischen Beispiel bedeutet das konkret: Patienten entscheiden sich anders, wenn – wie gesehen – ein Arzt von einer 90%ige Überlebenschance spricht, als wenn er auf die 10%ige Sterberate hinweist. Der gleiche Sachverhalt wird einmal positiv, einmal negativ formuliert.

Worauf ist das zurückzuführen?

Menschen neigen bei Gewinnformulierungen zu Sicherheit, bei Verlustformulierungen zu Risiko. Das ist nicht nur beim Arzt und den Folgen von Operationen der Fall, es gilt für alle Entscheidungen. Studien zu diesem Verhalten zeigen ein eindeutiges Ergebnis: Wenn bei einer Krankheit von «Retten» und «Überleben» die Rede ist, wird mehrheitlich die sichere Variante gewählt. Lautet dagegen die Formulierung «Sterben», dann zeigen Versuchspersonen eine Tendenz zum Risiko. Das ist nur logisch, denn man will Gewinne behalten (Sicherheit) und Verluste vermeiden (Risiko). Im ersten Fall folgt das Handeln der Maxime: «Lieber den Spatz in der Hand als die Taube auf dem Dach» oder «Never change a winning team», im zweiten Fall gilt: «Im Abstiegskampf muss man auch etwas wagen» oder «Jetzt ist sowieso alles egal, jetzt kann ich auch etwas Verrücktes ausprobieren!»

Anders gesagt, Menschen ignorieren systematisch die Forderung nach Rationalität und lassen sich beeinflussen. Das ist ein Fehler, denn der Rahmeneffekt verletzt das Äquivalenzprinzip. Die Menge Wasser im Glas verändert sich nicht abhängig davon, ob es als halb voll oder halb leer bezeichnet wird. Was sich aber mit der Formulierung verändert, ist das Verhalten der Menschen. Natürlich lassen auch Sie sich von der Werbung beeinflussen – die Unternehmen investieren ja nicht in Werbung, um Spielfilme zu unterbrechen und Sie damit zu ärgern. Ganz offenbar lohnt sich Werbung – auch bei Ihnen. Vielleicht haben Sie ja die vage Vorstellung, Elektronikgroßmärkte seien billig? Vielleicht geht das ja auf die fortgesetzte Werbung zurück, die Ihnen sagt, der Fernseher koste «nur unglaubliche 899 Euro». Haben Sie den Preis mit dem Angebot eines Einzelhändlers im Internet verglichen? Oder sich doch eher auf die Werbung verlassen? Aldous Huxley hat das in seinem Buch *Schöne neue Welt* treffend auf den Punkt gebracht: «62 400 Wiederholungen ergeben eine Wahrheit.»[1] Auch die Propagandisten des Dritten Reiches wussten: «Man muss eine Lüge nur lange genug wiederholen, dann wird sie zur Wahrheit.»

Die Zahl der Versuche und Studien zu diesem Thema sind Legion. Es gibt kaum noch Zweifel daran, dass der Rahmeneffekt eine Rolle spielt; etwa 30 % der festgestellten Unterschiede lassen sich damit er-

Rahmen- und Ankereffekt 37

klären. In diesem Durchschnittswert sind natürlich wirksamere Formulierungen ebenso enthalten wie weniger wirksame. Sie können davon ausgehen, dass Werbeprofis den Unterschied kennen und dementsprechend die wirksamen Formulierungen verwenden.

Wir können Sie zwar mit der Lektüre dieses Buchs nicht zu Werbeprofis machen, wir können Ihnen aber sagen, was die Stärke einiger Formulierungen ausmacht und worauf Menschen ansprechen – einfach weil unsere Natur das so vorsieht.

Folgende Faktoren sind von Bedeutung:

- Die Manipulation des Ausgangspunktes und die Gegenüberstellung einzelner, klarer Risiken versus risikolosen Optionen (also etwa: Versicherung A schützt sie in 100% der Fälle, Versicherung B nur in 90%).
- Der gewünschte Effekt stellt sich auch dann in stärkerem Maße ein, wenn Versuchspersonen Entscheidungen (Nehme ich A oder B?) statt Einschätzungen (Wie teuer ist A?) treffen müssen.
- Zudem erweist sich der Kontext als ausschlaggebend, der Grad der Wahrscheinlichkeit dagegen nur manchmal.
- Entscheidungssituationen in Gewinnformulierungen rufen zuverlässig Risikoaversion hervor, Verlustformulierungen Risikoneigung. Dabei ist auch die Höhe des Gewinns wichtig.
- Auch die Reihenfolge oder Art der Fragen und Antworten sind bedeutsam.[2] Es macht bereits einen Unterschied für Entscheidungen, ob bestimmte Fragen (etwa beim Arzt) zuerst oder zuletzt gestellt werden! Es ist wahrscheinlich, dass Sie sich in unserem Eingangsbeispiel für die Behandlung des Radiologen entschieden haben – einfach weil er der Erste war, der seine Position dargelegt hat.

Warum ist das so?

Die Forschung gibt hierzu eine Reihe unbefriedigender Erklärungen, von denen jedoch keine zuverlässige Voraussagen für das Verhalten bei bestimmten Versuchsaufbauten machen kann. Teilweise

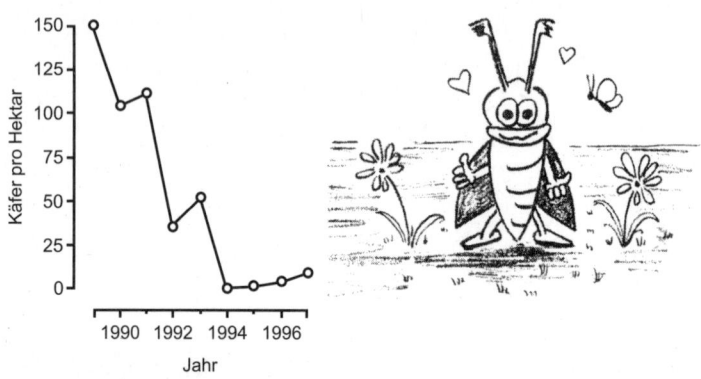

Bestand einer inzwischen seltenen, vom Aussterben bedrohten und völlig frei erfundenen Käferart im Harz

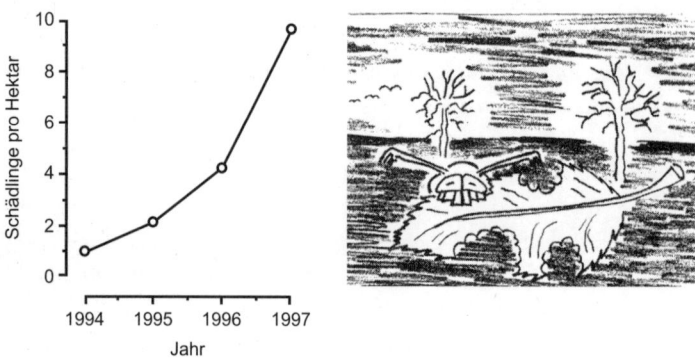

Rasante Entwicklung von Schädlingen im Harz

Abb. 4   Käfervermehrung

stimmen sie auch nicht mit den Daten überein und können sich nur durch den unbestimmbaren Faktor Emotionen retten, dem sie einen variablen und beliebig großen Einfluss zuweisen.

Dies stellt uns nicht zufrieden, zumal der Rahmeneffekt keinesfalls auf Situationen beschränkt ist, in denen es um isolierte Gewinn- und

Rahmen- und Ankereffekt

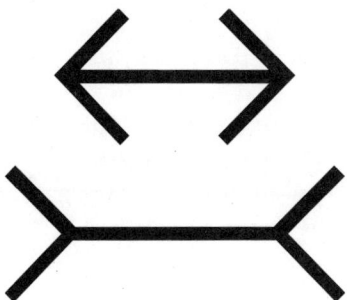

Abb. 5   Müller-Lyer-Täuschung

Verlustbetrachtungen geht, deren Ausgangspunkt manipuliert wird. Die Beeinflussbarkeit zeigt sich sowohl im sprachlichen Bereich als auch bei graphischen Informationen.[3] Die beiden untereinanderstehenden Graphiken in Abbildung 4 zeigen auf beeindruckende Weise, wie wirkungsvoll simple Auslassungen bzw. die Wahl passender Daten sein können (vergleichen Sie die Zeitachsen!).

So lassen sich natürlich auch Versuchsergebnisse in der Pharma-, Medizin- und sonstiger Forschung geschickt als Erfolge darstellen.

Eine weitere Spielart der geschickten «Rahmung» sind optische Täuschungen, wie die in Abbildung 5 dargestellte.

Sie werden wahrscheinlich wissen, dass die beiden horizontalen Linien gleich lang sind. Und trotzdem werden Sie das Gefühl nicht los, die untere wäre doch länger.

Selbst einfachste Manipulationen werden also nicht bemerkt, zeigen aber Wirkung. Wir werden dieses Phänomen erklären, nachdem wir den zweiten Fehler dieser Familie vorgestellt haben: den Ankereffekt.

«Ich bin immer objektiv» – Der Ankereffekt

Sehr deutlich werden die möglichen Manipulationen beim Ankereffekt, bei dem Informationen aus der Umwelt in eine Schätzung eingehen, die ganz offensichtlich nichts mit der Schätzung zu tun haben. Wenn Sie Lehrer sind oder in einer anderen Funktion einer größeren Gruppe gegenüberstehen, können Sie das folgende Experiment selbst nachvollziehen (es geht aber auch mit ein paar Bekannten). Bitten Sie einen Schüler, eine Zahl zwischen 1 und 100 zu nennen, und schreiben Sie diese Zahl an die Tafel. Fragen Sie dann Ihre Klasse, wie groß der prozentuale Anteil der Anzahl der afrikanischen Staaten innerhalb der Organisation der Vereinten Nationen ist. Wiederholen Sie das in einer anderen Klasse. Sie werden feststellen, dass sich die Antworten im Schnitt an dieser zuerst genannten, vollkommen zufälligen Zahl orientieren. Dieses Experiment ist relativ bekannt geworden: Die Gruppe, der die Zahl 10 vorgegeben wurde, entschied sich für einen 25%igen Anteil der afrikanischen Staaten in der UNO; die Vergleichsgruppe, der die Zahl 65 vorgegeben wurde, schätzte den Anteil hingegen auf 45%. Die Antwort der Kontrollgruppe ist im Schnitt also fast doppelt so hoch.[4]

Es ist durchaus beachtlich, dass der Ankereffekt auch dann eintritt, wenn Personen meinen, der Anker habe sie nicht beeinflusst, oder wenn der Anker absurd hoch oder absurd niedrig ist. Eine Studie hat das mit dem geschätzten Mittel der Temperatur in San Francisco nachgewiesen. Hier betrug der Anker, also die vorgegebene Temperatur, 558 Grad Celsius! Man darf annehmen, dass diese Zahl rational verworfen wurde, da eine solche Lufttemperatur nirgendwo auf der Erde auch nur annähernd erreicht wird.[5]

Es zeigt sich stets eine starke Beeinflussbarkeit, vor der auch Experten nicht gefeit sind – vor allem dann, wenn sie schätzen, also intuitiv denken.[6] Die Stärke des Ankereffekts ist gleichwohl nicht beliebig, sondern hängt von einigen Faktoren ab, etwa der Ähnlichkeit des Ankers zur Zielgröße. Wenn Sie also anstelle der Zahl eine Farbe

Rahmen- und Ankereffekt

an die Tafel schreiben, wird das keine Auswirkung haben. Doch egal, wo man prüft, ob bei Richtern (Strafmaß) oder Immobilienmaklern (Häuserpreis), man findet stets eine Beeinflussbarkeit durch Anker. Diese zeigt zudem eine hohe Lernresistenz, das heißt, die Beeinflussbarkeit nimmt nicht ab, wenn etwa finanzielle Anreize für eine genauere Schätzung oder absurd hohe Anker (wie die genannten 558 Grad Celsius) vorgegeben werden.

Auch bei diesem Phänomen stellt sich die Frage, warum Menschen so denken. Und wieder lautet die Antwort: In der passenden Situation, nämlich unter üblichen Umweltbedingungen, hilft uns diese Strategie, Entscheidungen schnell und zuverlässig richtig zu treffen. Der Nutzen besteht darin, Unbekanntes anhand von Bekanntem zuverlässig einordnen zu können. Ein Beispiel: Wenn alle Personen in der Gruppe eine Beerenart gering schätzen, man selbst diese Beeren aber sehr wohlschmeckend findet, dann sammelt man sie doch nicht so häufig oder hat öfter einmal an ihnen etwas auszusetzen. Dies geschieht, ohne dass Sie das selbst wirklich bemerken.

Diesen Effekt gibt es auch auf einer ganz basalen Ebene. So wird bei der Nennung eines Wortes oder einer Aufgabe die entsprechende Hirnregion in erhöhte Bereitschaft versetzt. Ähnliche weitere Reize werden dann schneller und mit geringerem Aufwand mit diesem Reiz in Verbindung gebracht. Wenn man beispielsweise das Wort «Hammer» hört, reagiert man schneller auf das Wort «Schraubendreher» als auf das Wort «Cocktail».

Verändert sich die Umwelt jedoch, wird also der Mechanismus aus dem für ihn vorgesehenen Kontext genommen, dann entstehen Fehler. Die Rolle der Umwelt ist entscheidend für die Frage, ob Urteile und Entscheidungen angemessen sind oder nicht. Die Denkmechanismen funktionieren weiterhin einwandfrei – in der «falschen» Umwelt liegen die Ergebnisse allerdings oft völlig daneben.

Die meisten wissenschaftlichen Erklärungen geben eher die Faszination dieses Fehlers wieder, als dass sie die Ursache wirklich benennen. Auch die Vermutung, dass die Korrektur abgebrochen wird, sobald das Intervall erreicht wird, in dem die Lösung nach Meinung der Person liegt, konnte bisher nicht bestätigt werden. In unserem Beispiel des Anteils afrikanischer Staaten in den Vereinten Nationen hieße das, man würde sich gedanklich von der Zahl 10 bzw. 65 dem (davon unabhängigen) Intervall (25–45%) annähern. Die Antwort müsste dann je nach Anker am unteren bzw. oberen Rand des Intervalls liegen. Doch wie gesagt, diese Vermutung konnte bislang nicht bestätigt werden. Wir wollen deswegen im Weiteren eine evolutionäre Erklärung vertreten.

Und sollten Sie sich fragen, wie viele afrikanische Staaten es denn nun in der UNO gibt, die Antwort lautet: 45 Staaten von 192, also 23,4% (Stand 2008).

2 Fallstudie 1 (Medizin): Der Rahmeneffekt bei Ärzten

So groß das Feld der psychologischen Untersuchungen zum Rahmeneffekt insgesamt ist, so klein ist es im Bereich der Medizin. Wir haben insgesamt nur zwölf Artikel in Fachzeitschriften gefunden, die das Entscheidungsverhalten von Ärzten empirisch untersuchen (wer lässt sich schon gerne Fehler nachweisen?). Wir wollen Ihnen daraus zwei Beispiele zum Rahmeneffekt bei der Wahl von Therapien vorstellen. Wir tun das, weil Sie sehr wahrscheinlich auch irgendwann einmal einem Arzt gegenüberstehen, der Ihnen verschiedene Therapien vorstellt und auf unterschiedliche Risiken hinweist. Und natürlich unterliegen Sie ebenso wie der Arzt dem Ankereffekt.

Die erste Studie wurde 1982 von einer Gruppe amerikanischer Psychologen um Barbara McNeil durchgeführt und gilt als die klassische Studie dieser Art.[7] McNeil untersuchte 238 Patienten, 491 graduierte Studenten und 424 Radiologen, indem sie zwei Behandlungsmethoden für Lungenkrebs (Operation und Bestrahlung) zur Auswahl stellte. Jede Versuchsperson erhielt entweder die positive («90% überleben») oder die negative Formulierung («10% sterben») sowie die anschließende Lebenserwartung. Beide Therapien wurden in beiden Formulierungen präsentiert, so dass sich durch Variation und

Der Rahmeneffekt bei Ärzten

Kontrollen insgesamt 24 Gruppen ergaben, die durchgehend einen großen Rahmeneffekt zeigten:

> «Im Durchschnitt wurde die Bestrahlung der Operation von 42% der Versuchspersonen vorgezogen, wenn die Formulierung ‹10% sterben› gewählt wurde, aber nur von 25% der Versuchspersonen, wenn die Formulierung ‹90% überleben› gewählt wurde.»

Das Fazit der Autoren weist den Rahmeneffekt deutlich als einen Fehler aus:

> «Verwendet man unterschiedliche Formulierungen, um das Ergebnis zu beschreiben, so ist das eine kognitive Illusion. Sie zieht konsistente und große Unterschiede nach sich (25% vs. 42%).»[8]

Das zweite Beispiel ist eine Studie von Sara Banks und ihren Kollegen aus dem Jahr 1995. Zwei verschiedene Videofilme wurden 133 Frauen gezeigt. Während der eine Film die Vorteile einer Mammographie herausstellte, konzentrierte sich der andere auf die Risiken, die eine unterlassene Mammographie mit sich brachte. Ein Jahr später hatten sich 66% jener Frauen, die die «Gefahrenversion» gesehen hatten, einer Mammographie unterzogen, während dies nur 51,5% der «Vorteilsversion» getan hatten. Auch hier zeigt sich ein deutlicher Unterschied. Es ist ganz offensichtlich wirksamer, die Gefahren der Unterlassung zu betonen.[9]

Man kann zwei Schlussfolgerungen aus den erwähnten Untersuchungen ziehen: Zum einen tritt der Rahmeneffekt bei elf der zwölf Studien und bei unterschiedlichsten Bedingungen, Versuchspersonen sowie Formulierungen auf; zum anderen unterliegen Ärzte dem Rahmeneffekt in gleichem Maße wie graduierte Studenten oder Laien. Das heißt, auch Ihr Arzt und Sie selbst sind mit großer Sicherheit davon betroffen, selbst wenn Sie sich, wie die meisten anderen Menschen auch, für objektiv und unbeeinflusst halten.

Man mag sich nun darüber streiten, wie groß der Rahmeneffekt in den einzelnen Fällen tatsächlich ist, seine Existenz aber wird auch von Kritikern bestätigt. Der für unsere Argumentation entscheidende Punkt ist, dass der Rahmeneffekt sich als sehr robuster und häufiger Effekt zeigt. Dies spricht für eine evolutionäre Erklärung. Der Rahmeneffekt ist eine von mehreren möglichen Ausprägungen einer gut entwickelten, häufig vorkommenden und breit angelegten Disposition zur Beeinflussbarkeit des Menschen. Dies zeigt sich in Versuchen mit über 30 000 Testpersonen insbesondere darin, dass ein grundsätzlicher Unterschied zwischen Experten und Laien bezüglich solcher Effekte nicht vorhanden ist.

Der Rahmeneffekt zeigt, dass schon kleinste Unterschiede in der Art, wie Informationen präsentiert werden, deren Bewertung verändern können. Dieser Umstand wird im Alltag nahezu überall ausgenutzt, wo es um Außendarstellungen geht. In Verträgen über Anleihen heißt es «Gesicherte Partizipation an negativen Änderungen des Kurswerts» und nicht «Wenn der Kurs fällt, stecken Sie voll mit drin». Auch die Börse «notiert leichter», der DAX «gibt nach», anstatt «nach unten zu rauschen». Und nicht von ungefähr wird jährlich das Unwort des Jahres gewählt, das den riesigen Unterschied zwischen der euphemistischen Umschreibung und der tatsächlichen Bedeutung eines Wortes hervorhebt: «ethnische Säuberung» statt «Völkermord», «freiwillige Ausreise» für die Abschiebung von Asylbewerbern, «Diätenanpassung» für eine von Politikern selbst bewilligte, kräftige bis schamlose Erhöhung ihrer Bezüge. Auch «Anlageberater» statt «Anlageverkäufer» ist hierfür ein gutes Beispiel. Besonders ist davon natürlich die Werbebranche betroffen, die ja geradezu von schmeichelhaften Umschreibungen lebt.

Auch für die Wissenschaft ist die Aufnahme von Information natürlich entscheidend. Hier will man korrekte, wahre Ergebnisse – und keine «Mal-so-mal-so»-Sichtweisen.

3 Was würde Darwin dazu sagen? Eine evolutionäre Erklärung der Fehlerfamilie

Der Ankereffekt ist experimentell sehr gut belegt, da er zu den wichtigeren Fehlern der kognitiven Fehlerforschung gehört und vielen anderen Denkmustern zugrunde liegt. Wir stufen ihn dagegen als nur eine mögliche Ausprägung einer übergeordneten Tendenz ein. Es handelt sich um einen allgemeinen Effekt der Angleichung, der in vielen Bereichen zum Tragen kommt. Es gibt weitere Fehler dieser Art (Rahmeneffekt, *contrast effect*, *Kuleshov effect*), die ebenfalls zeigen, wie stark unsere Entscheidungen vom Kontext abhängen. Das ist ein starkes Indiz für einen umweltspezifischen Mechanismus, der sich wiederum am besten evolutiv, also über seine Funktion, erklären lässt.

Zu Beginn des Kapitels haben wir bereits darauf hingewiesen, wie sinnvoll und vorteilhaft es ist, sich an der Umwelt auszurichten, um den richtigen Mechanismus zu wählen. So wie der fünfte Gang bei Tempo 120 zu weniger Benzinverbrauch führt als der dritte Gang, so zeigen Menschen (insbesondere Kinder) enorme Leistungssteigerungen bei geeignetem Kontext. Der fünfte Gang wurde für hohe Geschwindigkeiten gemacht und ist dementsprechend auch genau dort am effizientesten. In genau diesem Sinne ist der Ankereffekt funktional: Schätzt man die Wahrscheinlichkeit von Beerenvorkommen in einem Waldstück als gering ein, entdeckt aber bei einer ersten Runde sehr viele Beeren, dann sollte man sich dadurch beeinflussen lassen und in der näheren Umgebung vermehrt suchen.

Diese Beeinflussung durch Umweltreize gilt noch in viel allgemeinerer Form: So ist es beispielsweise effizient, sich der Gruppenmeinung anzupassen und keine völlig abweichende Meinung zu vertreten. Wenn fünfzig Antilopen einer Herde in eine Richtung rennen, dann gibt es sehr wahrscheinlich dafür einen Grund. Für alle anderen Antilopen dieser Herde ist es demnach sinnvoller, erst zu rennen und dann nach der Ursache zu schauen.

Auch Menschen zeigen diesen Herdentrieb. Wenn Sie in einer fremden Großstadt aus einer U-Bahn aussteigen, werden Sie nicht wissen, in welcher Richtung der Ausgang liegt. Sie können nun erst einmal stehen bleiben und alle vorhandenen Schilder lesen oder einfach den anderen folgen (und sich währenddessen orientieren).

Die Beeinflussung durch die Umwelt ist also primär kein Fehler, sondern ein Vorteil, manchmal sogar eine Notwendigkeit. Das entsprechende Verhalten ist relativ gut gegen Fehler abgesichert, denn man beobachtet den Ankereffekt nur, wenn Hinweise sowohl zeitlich und örtlich als auch dimensional zum Problem passen. Erfüllt ein Hinweis eines dieser drei notwendigen Kriterien nicht, so wird er automatisch als nicht relevant vernachlässigt. Wenn Sie im Wald nach Pilzen suchen, dann ist es Ihnen egal, ob neben dem Pilz ein Strauch giftiger oder genießbarer Beeren wächst. Beeren sind etwas dimensional anderes. Wenn Sie aber gleich daneben einen anderen giftigen Pilz erkennen, dann werden Sie noch einmal prüfen, ob Ihr Pilz auch wirklich zu den genießbaren zählt.

Die Beeinflussbarkeit wird also beschränkt und abgesichert. Leider schützt uns das dennoch nicht vor zusammenhanglosen Informationen gleicher Dimension. Diese lassen sich in Versuchen leicht konstruieren, so etwa die an die Tafel geschriebene Zahl bei der Frage nach dem Anteil afrikanischer Staaten in der UNO. Auch hier gilt wieder: Manche Laborsituationen, die heute getestet werden, kommen im realen Leben einfach nicht vor. Das erklärt zwanglos, warum wir diese Fehler in einer künstlichen Umgebung begehen: Eine zusätzliche Absicherung war evolutiv nie nötig, weil irreführende Kombinationen schlicht nicht vorkamen. Ähnliche Informationen waren relevant, weil sie eben ähnlich waren. Waren sie es nicht, hatten sie auch keine Bedeutung für diese Entscheidung. Genauso wenig gab es Grund oder Anlass, einen Appetitzügler für Zucker zu entwickeln, da man sich nur alle heilige Zeiten eine halbe Honigwabe mit dem ganzen Stamm teilen konnte.

Was würde Darwin dazu sagen?

Wir haben für jedes Denkmuster eine Art Programm rekonstruiert, nach dem unser Denken abläuft. In diesem Fall könnte es in etwa so lauten:

1. **Ziel:** Benutze Hinweise aus der Umwelt, um dich zu orientieren. Stelle dich damit auf die jeweilige Situation ein. Vermeide dadurch die schlimmsten und kostspieligsten Fehler.
2. **Suche:** Benutze nur die bereits gegebenen Hinweise, suche nicht aktiv nach neuen Informationen. Benutze alle gegebenen Hinweise, wenn sie die Kriterien von Punkt 3 erfüllen.
3. **Bewertung der Hinweise:** Zeitlich-räumliche Nähe und Ähnlichkeit sind notwendige Kriterien für die Nützlichkeit von Hinweisen. Nutze konkrete Vorgaben als starke Richtlinie und Orientierungshilfe. Befolge die Struktur der Vorgaben.
4. **Ende:** Beende die Suche bei erfolgreicher Annäherung an die Zielvorgabe. Gibt es für Angleichungen keine Anhaltspunkte, senke die Anforderungen an die Spezifität der Hinweise und beginne bei 1. Ist überhaupt kein Hinweis brauchbar, fahre mit einem allgemeineren Standardmechanismus fort.

Auf diese Weise erklären sich die entstehenden Fehler auch sehr gut als Nebenprodukte von Anpassungen. Ganz alltägliche Beispiele für den Ankereffekt sind Wettkämpfe oder Partnerwahl: Der Vergleich mit Konkurrenten wird anhand von Ankern (den vorher begegneten Konkurrenten) abgeschätzt. Dieser Mechanismus erklärt auch, warum sich heute viele Menschen (vor allem Frauen) unattraktiv oder zu dick fühlen – kein Wunder, da Fernsehen, Illustrierte und Kataloge uns die ganze Zeit mit den Schönsten der Welt, den schlanken Supermodels konfrontieren. Im direkten Vergleich dazu erlebt sich jede normal gut aussehende Frau plötzlich als nicht mehr schön und begehrenswert.

Gut zu einer funktionalen Erklärung des Rahmeneffekts passt auch, dass für Gewinnberechnung und Verlustbegrenzung zwei unterschiedliche Denkmuster verwendet werden. Diese Trennung (Gewinn- und Verlustberechnung) zeigt, dass es sich um zwei ganz unterschiedliche Aufgaben handelt. In komplexen realen Situationen werden Gewinn- und Verlustzuteilung durch viele unvorhersehbare Faktoren verzögert, beschleunigt, vervielfacht, verringert oder fallen gar ganz aus – zwei Spezialwerkzeuge sind hier anscheinend nötig. Mit der richtigen Säge oder dem passenden Schraubenschlüssel lässt sich die Arbeit eben viel leichter erledigen als mit einem Provisorium. Der einzige Nachteil ist der größere Werkzeugkasten: Im Falle des Gehirns (mit seinen vielen Denkwerkzeugen) zeigt sich, dass es tatsächlich enorm kostspielig für den Organismus ist. Der Energiebedarf des Gehirns beträgt 87 % der aufgenommenen Gesamtenergie bei Neugeborenen und immerhin noch 20 % bei Erwachsenen.[10] Das Ganze ist aber eben auch enorm gewinnbringend. Wenn Sie schon einmal einen Festmeter Holz mit der falschen Säge zerkleinert haben, wissen Sie, wovon wir sprechen.

Vorteil des *Ankereffekts* ist, dass er die Größenordnung, nach der man sich richtet, bereits vorgibt. Angleichungen von Schätzungen an die Zielgröße schrumpfen damit auf eine simple Überschlagsrechnung. Der *Rahmeneffekt* wiederum macht es unnötig, Alternativen zu berücksichtigen, da meist der Kontext des Problems das Problem selbst definiert (Gewinn oder Verlust). Wenn Ihre Aktien seit einem Jahr nur fallen, überlegen Sie ja auch nicht, was Sie mit einem möglichen Gewinn kaufen könnten.

Wie bei allen evolutionären Merkmalen sind bei den beschriebenen Mechanismen keine optimalen Anpassungen zu erwarten. Versuche im Labor können die beschriebenen Fehler relativ leicht provozieren, etwa über die zufällig erzeugte Zahl an der Tafel. Das passt sehr gut zu unserer Theorie, die vor allem den Kontext für immer wieder auftretende Fehler verantwortlich macht. Laboraufgaben sind meist künstlich und bilden eine Umwelt ab, auf die sich der Mensch in der Evolution nicht eingestellt hat, ja nicht angepasst haben kann. Aus diesem Grund führen derartige Experimente immer wieder zu teilweise absurden Ergebnissen.

Zwar können nicht alle Fehler in wissenschaftshistorischen Fallbeispielen auf evolutionär bedingte kognitive Fehler zurückgeführt werden, diese Perspektive sollte bei solchen Untersuchungen aber immer berücksichtigt werden.

_____ Kapitel 3

**Komplexe Probleme –
einfache Lösungen**

Im vorigen Kapitel ging es um präzise Werkzeuge für spezifische Probleme; zwar steht der Rahmeneffekt stellvertretend für allgemeine Kontextabhängigkeit, doch der Ankereffekt zeigt sich nur in sehr speziellen Situationen. Nun wollen wir Ihnen zeigen, dass der Mensch auch über sehr allgemeine und einfache Strategien verfügt, um teilweise sehr komplexe Probleme zu lösen. Manchmal klappt das, oft geht es aber auch daneben.

Die Welt ist nicht einfach – und das meinen wir ganz wörtlich. Wenn wir uns in ihr bewegen wollen, ist es unmöglich, alle oder auch nur die meisten Informationen zu berücksichtigen, die für unser Handeln relevant sind. Gleichzeitig sehen wir aber, dass alle Lebewesen sich in der Welt bewegen und handeln können, dass sie sich also etwas haben einfallen lassen, um mit diesem Umstand zurechtzukommen. Alles muss vergleichsweise schnell gehen. Dementsprechend gibt es ein ganzes Bündel von Maßnahmen, um mit dem Informationsüberfluss umgehen zu können: etwa starke Filterung von Reizen, Reduktion von Informationen und Vereinfachung auf allen Ebenen.

Da man nicht alle Informationen verarbeiten kann, geht man Kompromisse ein und ignoriert viele. Wenn Sie eine Fußballmannschaft trainieren, dann können Sie unmöglich auf alle Eigenschaften und Stärken jedes einzelnen Spielers (Schnelligkeit, Technik, Übersicht) oder seine jeweilige Tagesform (Essen, Schlaf, Freundin, Familie, Motivation) eingehen oder diese Faktoren gar während des Spiels ins Verhältnis zum Gegenspieler und dem Zusammenspiel der einzelnen Mannschaftsteile (wer kann mit wem) setzen. Wenn Sie der Trainer sind, dann berücksichtigen Sie die (Ihrer Meinung nach) wichtigsten einzelnen Faktoren und ihre vermuteten Auswirkungen auf das Spiel. Den Rest lassen Sie weg und hoffen, dass Sie nichts Wichtiges übersehen haben.

Diese starke Tendenz zur Vereinfachung und zur Verringerung des Aufwands nennen wir nach ihrer positiven Hauptfunktion *Schnellig-*

Komplexe Probleme – einfache Lösungen

keit und Einfachheit durch Reduktion. Probleme werden auf wenige zentrale Ursachen reduziert und mit einfachen Methoden gelöst. In unserem Beispiel heißt das, Sie als Trainer wechseln bei einem Rückstand einfach einen weiteren Stürmer ein. Es ist Ihnen natürlich bewusst, dass Sie mit dem dritten Stürmer das eigene Mittelfeld und damit den Spielaufbau schwächen, nehmen das aber in Kauf. Die weiteren Folgen (mehr Angriffschancen für den Gegner, keine Manndeckung des gegnerischen Spielmachers mehr usw.) werden Sie wahrscheinlich nur sehr kurz bedenken und dann zurückstellen, weil das alles zu kompliziert ist und Sie ja handeln müssen – Ihre Mannschaft liegt schließlich 0:2 zurück. Was wir damit sagen wollen: Schon ein simples Fußballspiel ist so komplex, dass man nicht alle Auswirkungen einer Veränderung verstehen und jedes Ergebnis voraussagen könnte. Der Trainer weiß nur, dass die bisherigen Überlegungen nicht funktioniert haben, denn sonst läge seine Mannschaft nicht im Rückstand. Irgendetwas muss er ändern. Ob die Strategie aufgeht, ist wiederum von vielen Faktoren abhängig und schwer vorhersehbar – sonst wäre es ja auch relativ einfach, Fußballweltmeister zu werden. Allerdings betrifft die Tendenz zur starken Vereinfachung auch die Position des Trainers, denn im Profifußball werden Niederlagenserien gerne mit nur einem Mittel angegangen: der Entlassung des Trainers.

Auch einfach erscheinende Systeme sind also möglicherweise komplex. Die Wissenschaft von komplexen Systemen heißt Komplexitätsforschung. Sie wird uns im Weiteren beschäftigen, da Menschen auf komplexe Systeme (also auf fast alles in der Welt) mit einigen fehlerbehafteten Standardstrategien reagieren. Die Geschichte der Wissenschaft zeigt immer wieder, dass Forscher meist auch dann von sehr einfachen Mechanismen ausgehen, wenn sie mit neuen Gebieten in Kontakt kommen. Erst im Laufe der Zeit stellt sich heraus, dass fast alle vereinfachenden Annahmen falsch sind. So wissen wir mittlerweile, dass große Teile der so genannten «Schrott-DNS» (die man für unnütz hielt, weil sie «abgeschaltet» ist) durchaus wichtige Aufgaben erfüllen; und auch die zu Anfang extrem optimistischen Vorhersagen über den Zeitpunkt der Einsetzbarkeit von Kernfusion mussten recht bald stark relativiert werden, da sich einige «triviale» Probleme als recht komplex entpuppten.

1 «Das ist kinderleicht!» – Unser Umgang mit komplexen Systemen

Die Kennzeichen eines komplexen Systems sind:

- sehr viele einzelne Merkmale,
    - deren Eigenleben nicht zugänglich ist,
    - die sich dynamisch und selbstständig weiterentwickeln und
    - sich gegenseitig beeinflussen;
- Zeitverzögerungen bei Eingriffen in das System;
- der (vergebliche) Versuch des Steuernden, gleichzeitig auf mehrere Ziele zu optimieren;
- die offenen Kriterien der Zielerfüllung.[1]

Beispiele für komplexe Systeme sind das globale Kreditvergabesystem der Banken, die Steuerung eines Kernkraftwerks, das Training einer Fußballmannschaft oder auch die Planung eines Autokaufs. Neben objektiven Kennzeichen hat Komplexität auch einen subjektiven Faktor. Ein Beispiel dafür ist eine Schachstellung. Nehmen wir an, sowohl ein Schachgroßmeister als auch ein Laie betrachten das Brett. Der Meister sieht das Matt auf einen Blick, während ein Laie sich noch zehn Minuten später ratlos fragt, welcher Zug jetzt der beste wäre. Die Komplexität liegt demnach auch in Umwelt und Betrachter, nicht nur in den Methoden. Im Gegenteil: Methoden sind geradezu darauf ausgelegt, Komplexität zu reduzieren. Sie leisten dies durch Zusammenfassung, selektive Aufmerksamkeit oder Hypothesenbildung. Jedes (gelungene) Tortendiagramm ist ein Beispiel dafür, wie sich viele schwer zu überblickende Daten auf einen Blick verständlich zusammenfassen lassen.

«Das ist kinderleicht!»

Wir nehmen an, dass sich aus der Untersuchung komplexer Systeme bekannte Fehler gut auf wissenschaftliches Arbeiten übertragen lassen, da Tätigkeit wie Gegenstände des Forschens viele Merkmale komplexer Systeme aufweisen. So sind Anfangs- und Endzustand (Ist und Soll) ebenso wie die Methoden häufig unscharf definiert oder sogar unbekannt. Rückmeldungen geschehen oft zeitverzögert oder fehlen ganz; Kenntnisse über zu erforschende neue Systeme sind schon per Definition unvollständig oder sogar falsch (aus diesem Grund wird ja geforscht); und Wechselwirkungen zwischen Systemteilen sind fast immer unbekannt. Erschwerend kommen die beträchtliche Zahl der Merkmale sowie Intransparenz und Dynamik der Einzelaspekte hinzu.

Wie gehen Menschen nun mit komplexen Systemen um, welche Strategien wenden sie dabei an, und wie erfolgreich sind sie damit? Wir stützen uns in diesem Zusammenhang hauptsächlich auf die Arbeiten von Dietrich Dörner, der Computersimulationen komplexer Systeme in vielen Varianten analysiert hat.[2] Diese Simulationen sind theoretisch, weisen aber große strukturelle Ähnlichkeiten mit realen Geschehnissen auf; so muss man etwa als Bürgermeister eine virtuelle Stadt managen.

Sie ahnen gewiss schon, was die entsprechenden Untersuchungen belegt haben: Versuchspersonen haben mit komplexen Systemen ganz allgemein große Schwierigkeiten. Im Prinzip ergeben sich drei problematische Gruppen von Verhaltensweisen:

- Das System wird auf allen Ebenen radikal vereinfacht.
- Der Umgang mit Zeit wird nur mangelhaft beherrscht: Voraussagen von Trends in die Zukunft liegen fast immer daneben, Fernwirkungen werden nicht bedacht, und zeitverzögerte Wirkungen sind kaum zu beherrschen.
- Die Probleme werden oft nicht erkannt, die Methodik wird unpassend gewählt.

Es liegt auf der Hand, dass diese Fehler zu katastrophalen Ergebnissen führen können. Das sehen wir uns nun genauer an.

Unzulässige Vereinfachungen

Menschen lösen Probleme oft linear: Ein Punkt nach dem anderen wird abgearbeitet. Doch was bei Aktenbergen bestens funktioniert, ist bei komplexen Systemen leider fehl am Platz. Es ist schlicht falsch, ein System als eine Ansammlung unverbundener Einzelprobleme zu betrachten. Wir geben ein Beispiel: In einer Simulation Dörners lautet das Ziel, die finanzielle Situation eines fiktiven afrikanischen Stammes zu verbessern. Die Versuchspersonen reagieren prompt, indem sie mehr Rinder züchten lassen.

> «Und um mehr Rinder zu haben, muß man die Vegetationsfläche vergrößern, und zu diesem Zweck muß man Brunnen bohren. Damit ist das Problem gelöst! (Daß man sich mit dieser Problemlösung einige andere *schafft*, ist vielen Versuchspersonen nicht klar.)»[3]

Es werden weder Rückkopplungen noch Wechsel- oder Nebenwirkungen bedacht. In obigem Beispiel erschöpft sich das Grundwasser rasch durch zu viele Brunnen; das Gras verdorrt, es kommt zu einem Massensterben der Rinder und dadurch zu einer Hungerkatastrophe für die Menschen. Glücklicherweise war das nur eine Simulation. Die Versuchspersonen können also auf «Neues Spiel» klicken und das Ganze noch einmal probieren. Leider ist die Simulation einer echten Situation in der Entwicklungshilfe nachgestellt: In der Sahelzone führte die medizinische Entwicklungshilfe zu einem Bevölkerungswachstum durch geringere Säuglingssterblichkeit. Die technische Entwicklungshilfe bohrte Tiefwasserbrunnen, und die Bekämpfung der Tse-Tse-Fliege führte zu einem Rinderboom. Alles zusammen ergab keineswegs Wohlstand, sondern ein Desaster: Die Tiefwasserbrunnen, der Ackerbau der vielen Menschen und die Überweidung durch die Rinder ließen das Grundwasser plötzlich dramatisch absinken – eine Dürrekatastrophe war die Folge.[4] Die Grafik verdeutlicht ansatzweise die Komplexität dieses Systems.

«Das ist kinderleicht!» 57

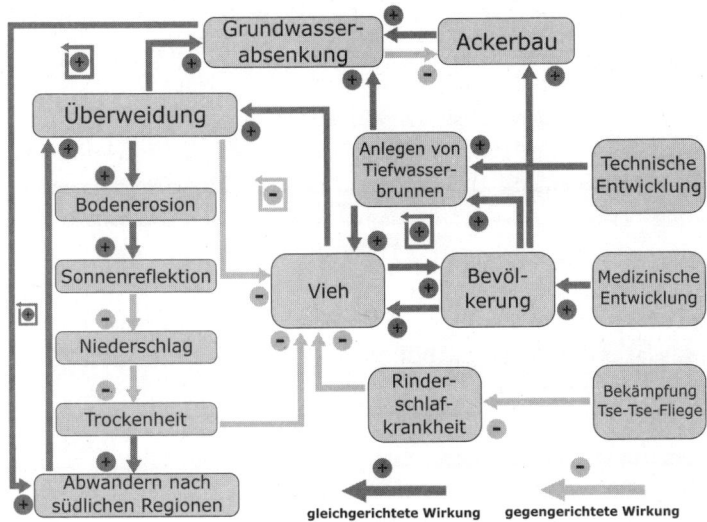

Abb. 6   Komplexe Kreisläufe

Zusätzlich zu den gewollten Hauptwirkungen entstehen auch unerwünschte Nebenwirkungen. So könnte durch das Absinken des Grundwassers eine Insektenart ihren Lebensraum verlieren und davon wiederum ein anderer Schädling betroffen sein. Viele unerwünschte Nebenwirkungen einer Handlung sind denkbar, aber extrem schwer vorherzusehen. Ein weiteres reales Beispiel dafür und für lineares Problemlösen zeigt eine aktuelle Studie der Macquarie-Insel in der Subantarktis.[5] Dort verursachten die 1878 eingeführten Kaninchen (wie in Australien) große Vegetationsschäden. Deshalb beschloss man 1968, die Kaninchenplage über einen Virus einzudämmen. Innerhalb weniger Jahre reduzierte man so die einst 130 000 Kaninchen auf nur 20 000. Die Vegetation erholte sich, und man beendete die Maßnahme 2006. So weit, so gut. Doch bereits 1985 wurde klar, dass man als begleitende Maßnahme die 1828 eingeführten Katzen töten musste, da diese auf Vögel als Beute umsteigen würden. Von

1985 bis 2000 wurden daher etwa 120 bis 200 Katzen jährlich getötet – bis es keine mehr gab. Daraufhin vermehrten sich die Kaninchen wieder in so starkem Maß, dass die Vegetation in einer Weise aus dem Gleichgewicht geraten ist, dass nun andere Neuankömmlinge, nämlich Pflanzen, Fuß fassen können. Fotos der Macquarie-Insel zeigen eine fast komplette Umstrukturierung der Pflanzenzusammensetzung – mit Verlust vieler einheimischer Arten. Diese Eingriffe zeigen sowohl lineares menschliches Handeln in Reinkultur als auch deren Auswirkungen in der Natur als vielschichtige Wirkungskaskaden. Es ändern sich Bodenzusammensetzung, Flora und Fauna, Tunnelsysteme zerstören die Nistplätze einheimischer Vögel, und vieles andere mehr.

Abseits der Simulationen sind aus Geschichte und Politik leider weitere zahlreiche Beispiele bekannt, die das Scheitern des Menschen angesichts komplexer Zusammenhänge dokumentieren. Wir nennen hier nur den Bau des Assuan-Staudamms in Ägypten (Erosion, Mangel an Nilschlamm, verringerte Fischereierträge, Ausbreitung von Bilharziose usw.) oder die Fehlplanung in der Entwicklungshilfe im Okawangodelta in Botswana. Weitere Beispiele (*Blue-Mountains*-Waldmanagement, Nilbarsche im Viktoriasee) finden Sie in unseren Fallstudien.

Die Experimente zeigen immer wieder das gleiche Verhalten der Versuchspersonen. Auch wenn diese das System als komplex begreifen, erschöpfen sich ihre besten Versuche darin, alles auf *eine einzige* Ursache zurückzuführen. Von dieser einen Ursache hängt in der Folge alles andere ab, und zwar linear. Diese Vereinfachung aber ist falsch.

Die betreffenden Maßnahmen sind Ihnen vielfach aus dem täglichen Leben bekannt. Als die ungekrönten Könige der Vereinfachung greifen wir Gesundheitsapostel und Politiker heraus. Oft werden alle Gesundheitsprobleme auf eine grundlegende Unterscheidung zurückgeführt: Die Bruker-Kost trennt *nur* in tote und lebendige Lebensmittel, die Hay'sche Trennkost unterscheidet *nur* zwischen saurer und basischer Nahrung usw. Auch die Wirksamkeit einiger

Therapien ist verblüffend: So helfen Farbtherapie, Mora- und Multicom-Therapie gegen alles, genauso wie Eigenbluttherapie oder Eigenurin. Die Biochemie nach Schüssler führt alle Krankheiten unisono auf Störungen des Mineralstoffhaushalts zurück. Man fühlt sich bei diesen Allheilmitteln schnell an Quacksalber erinnert.[6]

In der Politik wird ebenfalls reichlich mit plakativen Parolen hantiert: Wenn nur erst die Arbeitslosigkeit besiegt ist, verschwinden in der Folge auch alle anderen Probleme. Oder: Die Lohnnebenkosten müssen gesenkt werden, dann ist der Standort Deutschland gerettet. Oder: Niedrige Steuern machen alle Bürger glücklich. Doch das Gegenteil könnte genauso richtig sein: Mit mehr Steuereinnahmen könnten auch mehr Kindergärten, Schulen und Straßen gebaut und unterhalten werden – das macht schließlich auch «glücklich». Doch genau diese einseitige Betrachtungs- und Denkweise ist typisch menschlich.

Neben der strikten Vereinfachung fallen zwei weitere Tendenzen auf. Zunächst einmal nimmt die Menge der Information, die während der Lösung des Problems aufgenommen wird, bei allen Versuchspersonen ab. Gute Problemlöser erfragen zwar mehr und detailliertere Informationen und kontrollieren die Auswirkungen ihrer Aktionen häufiger, aber mit der Zeit vernachlässigen auch sie diese Aktivität. Nach einiger Zeit glauben wir über ausreichend Wissen und die geeigneten Methoden zu verfügen, um die richtigen Entscheidungen treffen zu können. Während die Zahl der Entscheidungen stark ansteigt, fällt die Zahl der Reflexionen und Fragen stark ab.

Der zweite Aspekt betrifft die geringe Analyse der Folgen eigener Handlungen. Da ohnehin nur sehr wenig kontrolliert wird, stehen für solche Analysen selten überhaupt Daten zur Verfügung. Wie Dörner etwas spaßhaft formuliert: «Aus Fehlern lernen? Das muss nicht sein!»[7] Selbst wenn Anzahl und Dosierung der Maßnahmen, die das System kontrollieren, deutlich ansteigen, bleiben Korrekturen häufig aus. Auch das ist ein Zeichen dafür, dass Menschen komplexe Systeme oft stark vereinfachen.

Was sich bei der Bekanntschaft mit Löwen und Leoparden als hilfreich und sinnvoll erwiesen hat (der Löwe ist gefährlich, ergo sind es ähnliche Raubtiere wie etwa der Leopard vermutlich auch), wird in komplexen Systemen schnell zum Fehler. Aus einem oder wenigen Fällen wird auf andere oder gar alle geschlossen.

Der Schlüssel, welches Verhalten wann sinnvoll ist, liegt einmal mehr in der Umwelt – es kommt ganz auf den Kontext an. In komplexen Systemen ist Übergeneralisierung deshalb fatal, weil die Analysen wesentliche Bedingungen und Einschränkungen unbeachtet lassen. Aus der richtigen Aussage «Wenn man kurz vor der Urlaubszeit in gezielte Werbung für Fremdenverkehr investiert, kann man eine bestehende kleine Nachfrage erfolgreich aktivieren» wird so die falsche Aussage «Fremdenverkehrsförderung bringt immer was!».[8] «Viel hilft viel» stimmt eben oft nicht, sondern: «Gezieltes, kontextspezifisches Handeln hilft viel.»

Schwächen im Umgang mit Zeit

Das zweite Problemfeld betrifft den Umgang mit Zeit. Im Vergleich zu räumlichen Aufgaben haben Menschen bei zeitlichen Problemen erheblich größere Schwierigkeiten. Falls Sie in einem etwas älteren Haus oder im Dachgeschoss leben und dort duschen, der Warmwasserbehälter Ihres Hauses sich aber im Keller befindet, dann dauert es einige Zeit, bis Veränderungen am Temperaturregler greifen. Wenn Sie keine Erfahrungswerte besitzen, die Sie mit Verbrühungen und eiskalten Duschen morgens um sechs Uhr schmerzvoll erworben haben, dann ist es extrem schwierig, das Wasser auf angenehme Temperatur einzuregeln.

Da uns als Ausgangsbasis stets Altes und Vertrautes dient, kommt es trotz veränderter Fakten oft zu Fehlschlüssen und Fehleinschätzungen zukünftiger Entwicklungen. Ein eindrucksvolles Beispiel dafür sind die katastrophal endenden Kavallerieattacken gegen Maschinengewehre zu Beginn des Ersten Weltkriegs. Es waren alle Fakten bekannt, das Resultat somit «eigentlich» voraussehbar. Letztlich wurde jedoch einmal mehr eine altbekannte, aber nicht mehr passende Struktur (Kavallerie ist der Infanterie überlegen) neu zugewiesen.[9] Das gilt übrigens auch für die Lehren, die aus dem Ersten Weltkrieg für den Zweiten gezogen wurden. Die Franzosen bauten die als unüberwindlich geltende Maginot-Linie. Der spätere General Manstein entwarf einen Plan, nach dem diese Linie einfach umgangen und weit hinter der Front «liegen gelassen» werden sollte. Die Deutschen nannten Plan und General verrückt und versetzten Manstein. Franzosen wie Deutsche wandten also alte Lehren an; tatsächlich jedoch funktionierte dieser Plan, der auf schnellen Vorstößen basierte, so hervorragend, dass ihn die Propaganda der Nationalsozialisten Hitler selbst zuschrieb, was nicht unwesentlich den Irrglauben an sein «militärisches Genie» (auch bei ihm selbst) hervorrief.

Auch in der Wissenschaft tritt dieses Problem zutage. So untersuchte der junge niederländische Zoologe Tijs Goldschmidt um 1980 die Artenvielfalt der Buntbarsche im Viktoriasee. Zur selben Zeit rottete der dort neu eingeführte Nilbarsch eine Barschart nach der anderen aus. Nach eigener Aussage bemerkte Goldschmidt *erst nach vier Jahren*, was unmittelbar vor seinen Augen geschah:

> «[...] es dauerte – im nachhinein gesehen – erstaunlich lange, bis mir klar wurde, daß Arten verschwanden.»[10]

Vier volle Jahre sind eine lange Zeit dafür, dass ein Experte vor Ort mit genau diesem Aufgabengebiet und dieser Aufgabenstellung die Katastrophe erkennt! Es gibt weitere Beispiele dieser Art, die alle eines belegen: Selbst extreme Schwankungen im Zeitverlauf werden von uns nicht wahrgenommen.

Eine weitere wichtige Schwäche im Umgang mit zeitlichen Vorgängen ist die *Nichtbeachtung von Fern- und Nebenwirkungen*. Sie entsteht unter anderem durch die Behandlung von Netzen als Einzelsystemen. Unmittelbare Wirkungen werden zwar noch einkalkuliert,

Wirkungskaskaden, positive Rückkoppelungen oder gar mehrere Wirkungen aber nicht mehr.

Methodische Schwächen

Ein dritter Bereich umfasst Schwächen bei Problemwahl und Lösungsmethoden und ist nicht auf komplexe Systeme beschränkt. Immer wieder lässt sich feststellen, dass Menschen sich nicht mit den wichtigsten Problemen beschäftigen, sondern die zu lösenden Probleme nach Reiz, Auffälligkeit und eigener Kompetenz auswählen. Für einen Bauingenieur ist ein Problem meist von baulicher Natur, ein Elektriker sucht zunächst eine elektrische Lösung. Interessanterweise nehmen Menschen die Aufgabenstellung auch in dieser Art und Weise wahr. Befragt man Versuchspersonen nach dem zentralen Problem eines Systems, nennen sie zumeist den eigenen Kompetenzbereich. Dementsprechend werden fachfremde Probleme auch oft mit Methoden des eigenen Fachs behandelt.

Bei der Wahl der Lösungsmethoden ergibt sich ein ähnliches Bild: Praktisch alle Versuchspersonen griffen sowohl inhaltlich als auch methodisch zu den gleichen Lösungsansätzen. Stets wird zum Ziel hin, kaum einmal vom Ziel rückwärts geplant. Auch gröbere, früher einmal erfolgreiche Strategien werden gerne wieder angewendet, ohne die individuellen Merkmale der Situation zu berücksichtigen. Dörner nennt dies die Holzhammermethode:

> «[Die Versuchspersonen] bedienten sich beim Problemlösen einer Standardprozedur, [...] eine situationsspezifische, aktive Steuerung der internen Prozesse scheint nicht vorzukommen.»[11]

Die gravierendsten Fehler im Hinblick auf gute Resultate sind mangelnde Kontrolle, falsche Prioritäten und ungenügende Strukturierung. Idealerweise sollte man das komplexe System angemessen zerlegen und die entstandenen Probleme ihrer Wichtigkeit nach bearbeiten und lösen. Tatsächlich wird oft das nächstbeste Problem – zumeist das prominenteste, wenn auch nicht das wichtigste – in Angriff genommen. Von dort aus beginnt man sich durch die Folgeprobleme «durchzuwursteln». Nicht selten gerät dabei das eigentliche Ziel aus den Augen.

Erschwerend kommt hinzu, dass Menschen sich von bestimmten, oft wiederholten Mechanismen nicht lösen können. Bei einigen Versuchen trat eine starre, funktionale Gebundenheit auf: Ein Werkzeug wird nur als Werkzeug gesehen, ein Behälter nur als Behälter. Dass man einen Hammer auch als Gewicht oder einen Eimer als tragendes Element verwenden kann, wird oft nicht erkannt.

In der Regel werden die genannten Schwächen auf Beschränkungen der Denkkapazität (insbesondere Geschwindigkeit) und des Gedächtnisses zurückgeführt. Aus diesem Grund benutzen wir Menschen Strategien, die den kognitiven Aufwand durch radikale Vereinfachung reduzieren. Wir beschränken uns auf wenige Probleme, lassen Wechselwirkungen, Rückkopplungen, Mehrfach- und Fernwirkungen außer Acht und wenden lediglich allgemeine Regeln an, ohne zu überlegen, ob sie auf die konkrete Situation passen. Wir werden dieses Verhalten auf evolutionäre Dispositionen zurückführen und kommen darauf in Abschnitt 3.6 zurück.

Sowohl im Alltag als auch in der Wissenschaft sind wir ständig mit komplexen Systemen konfrontiert. Gerade hier wäre ein besseres Verständnis der menschlichen Fehleranfälligkeit von hohem Wert. Der Staatshaushalt betrifft uns alle, genauso wie die Sicherheit der Kernkraftwerke oder die globalen Anstrengungen, gegen den Klimawandel vorzugehen.

Die Verhaltensweisen von Versuchspersonen bleiben über zahlreiche Untersuchungen und Varianten hinweg sehr ähnlich, so dass ein relativ zuverlässiges Bild unserer Fehler entsteht. Die konventionellen Lösungsansätze des Menschen sind gut beschreibbar. Und diesen wollen wir uns nun zuwenden.

2 Arten der Entscheidungsfindung

Die ideale Entscheidung trifft man erst, nachdem man *sämtliche* Aspekte eines Problems in Betracht gezogen und gegeneinander abgewogen hat. Man verfügt über lückenlose Informationen sowie genügend Zeit und ist außerdem in der Lage, alle Aspekte gleichzeitig zu bedenken. Diesen Idealfall gibt es im Alltag nicht, auch wenn einige Forschungsprojekte diese Bedingungen herbeizuführen versuchen. Der Staat stellt einer Vielzahl von Planern und Spezialisten Geld und Zeit in nahezu unbegrenzter Menge zur Verfügung, weil ein extrem wichtiges Ziel erreicht werden soll: Der Bau der Atombombe oder die Landung auf dem Mond sind zwei Beispiele für diesen seltenen Fall.

Doch wie gesagt, im Alltag kommt diese Situation nicht vor. Und so verwundert es wenig, dass sich Lebewesen im Lauf der Evolution darauf eingestellt und Methoden dafür entwickelt haben, bei begrenzter Zeit und Kapazität Entscheidungen treffen zu können, auch wenn die Informationen unvollständig sind. Diese Lösungsverfahren müssen Kompromisse zwischen Aufwand und Ergebnisqualität eingehen und dennoch akzeptabel gut funktionieren. Diese Verfahren nennt man Heuristiken; den Gegenbegriff dazu Algorithmus. Ein Algorithmus kommt immer und garantiert zur optimalen Lösung, weil er das Problem vollständig durchläuft und ohne Beschränkungen arbeitet. Die Definition für Heuristiken hingegen lautet folgendermaßen:

> «Eine Heuristik ist ein zur Lösung eines Problems verwendetes Verfahren, das nicht garantieren kann, die exakte Lösung zu finden. Heuristische Verfahren nützen häufig die sehr spezielle Struktur von Problemen aus, damit sie zu effizienten Verfahren werden und somit im Gegensatz zu exakten Verfahren schnell zulässige Lösungen finden. […] Das Ergebnis einer Heuristik kann allerdings deutlich schlechter sein als das Ergebnis eines exakten Algorithmus.»[12]

Arten der Entscheidungsfindung

Die entscheidenden Wörter sind hier «nicht exakt» und «schnell». Im Folgenden wollen wir zeigen, dass das menschliche Denken in Heuristiken organisiert ist. Das ist nicht verwunderlich, denn keinem Menschen stehen unbegrenzt Zeit oder Kapazität zur Verfügung. Ebenso selbstverständlich folgt daraus, dass die Kompromisse, die in diesen Bereichen notwendigerweise eingegangen werden, Fehler nach sich ziehen.

Für uns Menschen ist es schon deshalb nicht möglich, alle zur Verfügung stehenden Informationen zu verarbeiten, weil wir bereits eine unbewusste Vorauswahl treffen. Von den ohnehin stark selektierten Sinnesreizen kommen nur etwa 1% zur Verarbeitung, noch viel weniger werden tatsächlich verwendet und gespeichert.[13] Diese kompromisslose Vereinfachung ist notwendig, weil die meisten in der Umgebung vorhandenen Informationen für den jeweiligen Zweck völlig bedeutungslos sind. Deshalb dauert ein Spaziergang mit einem kleinen Kind zum Bäcker um die Ecke auch gerne mal eine halbe Stunde – für das Kind ist eben noch alles wichtig.

Bei Heuristiken sind vor allem zwei Aspekte wichtig: ihre Kosten und ihre Genauigkeit. Wie viel Aufwand muss ich betreiben, um zu einem möglichst guten Ergebnis zu gelangen? Und wann lohnt sich ein zusätzlicher Aufwand, der das Ergebnis (merklich) verbessert?

Bevor man eine Entscheidung trifft, geht man die einzelnen Alternativen durch. Je wichtiger eine Entscheidung ist, desto länger denkt man über sie nach. Ein Jäger der Steinzeit überlegte genau, welche Beute er jagen wollte. Er entschied sich je nach Jagdaufwand und Ertrag. Wenn Sie heute ein Auto kaufen, entscheiden Sie sich ebenfalls, indem Sie mehrere Eigenschaften gegeneinander abwägen: Preis, Qualität, Ausstattung, gefahrene Kilometer usw. Diese Eigenschaften sortieren Sie so, dass das wichtigste Kriterium für Sie die Kaufentscheidung auch am meisten beeinflusst.

Leider können auch wir Ihnen nicht erklären, wie Ihre Denkprozesse beim Autokauf genau ablaufen. Wir können Ihnen aber anhand dieses Beispiels einige wichtige Heuristiken vorstellen:

Joachim und Julia wollen sich ein neues Auto kaufen. Doch ihre Vorstellungen und Überlegungen unterscheiden sich. Joachim ist Autofreak. Wenn er sich ein Auto kauft, dann muss es auch das richtige sein. Joachim nimmt sich viel Zeit für eine solche Entscheidung. Der Wohnzimmertisch ist übersät mit Prospekten, Zeitschriften und Ausdrucken aus dem Internet. Vor sich hat er eine Liste liegen, in die er nun fein säuberlich alle Eigenschaften einträgt. Auto A verbraucht zehn Liter auf 100 km, Auto B hingegen nur sieben; Auto A hat 7 Jahre Garantie, Auto B nur 5. Als er gerade die Ausstattung vergleicht, unterbricht ihn seine Frau.

«Joachim, es ist mir egal, wie groß der Kofferraum ist, ich will einfach nur das sicherste Auto. Punkt. Mehr interessiert mich nicht.»

So kann man doch keine Entscheidung treffen, denkt Joachim, nimmt aber den Punkt Sicherheit noch einmal explizit in die Liste mit auf. Während Julia mit ihrer Schwester telefoniert, notiert Joachim weitere zwanzig Eigenschaften. Er überlegt kurz, ob er etwas vergessen hat, dann zieht er einen Strich und zählt zusammen. Auto A hat 16-mal die Nase vorn, also eine klare Entscheidung.

Da aber fällt sein Blick auf den Preis. Eigentlich kann er die Punkte nicht gleichwertig behandeln. Das ginge zwar schneller, aber richtig ist es nicht. Auto B verfügt über einen Preisvorteil von immerhin 7000 Euro – was auch die etwas luxuriösere Ausstattung von Auto A nicht wettmachen kann. Joachim geht die Liste also noch einmal durch und markiert die wichtigen Punkte mit einem roten Kringel.

«Sonja sagt auch, dass die Sicherheit das Wichtigste ist», meint Julia, als sie ins Wohnzimmer zurückkommt.

«Das ist doch schon bedacht», murmelt Joachim. «Ich vergleiche ja ohnehin nur die beiden Autos mit den besten Werten in puncto Sicherheit. Aber da unterscheiden sie sich kaum.»

«Dann bin ich für das mit dem geringsten Spritverbrauch.»

«Und das Geld, das wir beim Sprit sparen, stecken wir dann in die Wartung. Nein, nein, so einfach ist das nicht.»

Arten der Entscheidungsfindung

Wir beenden die Szene hier. Theoretisch lässt sich das Verhalten der beiden wie folgt formulieren: Joachim berücksichtigt zunächst alle Eigenschaften gleichwertig. Das ist eine Möglichkeit (Heuristik 1). Noch feiner fällt seine Entscheidung aus, wenn er sie gewichtet, wie er es im zweiten Durchgang mit den roten Kringeln macht (Heuristik 2). Das sind zwei verschiedene Verfahren, um zu einer Entscheidung zu gelangen. Julia hingegen bestimmt nur das wichtigste Attribut und wählt danach aus. Da die Alternativen in diesem Punkt gleichwertig sind, geht sie zur zweitwichtigsten Eigenschaft über. Das ist ein drittes mögliches Verfahren (Heuristik 3). Joachim wusste um Julias Vorliebe und hat im Vorfeld bereits all jene Autos ausgeschieden, die das Sicherheitskriterium nicht erfüllten. Auf diese (vierte) Weise hat sich die Entscheidung sehr schnell auf zwei Autos reduziert (Heuristik 4).

Alle genannten Heuristiken haben ihre Vor- und Nachteile, die entsprechend der Umgebung und den eigenen Ansprüchen zu optimalen bzw. nicht so guten Ergebnissen führen können.[14] Die lexikalischen Varianten, die wir gleich beschreiben werden, bestechen allerdings durch einen hervorragenden Kompromiss zwischen Robustheit, Genauigkeit und Aufwand.

Man unterscheidet Heuristiken unter anderem nach folgenden Merkmalen:

- Können gute Attribute schlechte aufwiegen?
- Benutzen sie die gleiche Menge an Information bei allen Alternativen?
- Werden alle Informationen für eine Gesamtbewertung benutzt?
- Ist die Bewertung quantitativ (rechenintensiv) oder qualitativ (nur eine Ja/Nein-Entscheidung)?
- Wird ein Attribut bei allen Alternativen gesucht oder alle Attribute bei jeweils einer Alternative?

Wir haben vier wichtige Heuristiken vorgestellt (es gibt natürlich noch eine Reihe anderer sowie Variationen und Kombinationen).[15]

Sie decken die grundsätzlichen Möglichkeiten ab, sich zu entscheiden. Doch nun stellt sich die Frage: Welche Heuristik verwenden wir denn? Wie stark hängt unsere intuitive Wahl von der Problemstellung und dem Umweltkontext ab? Und vor allem: Wann treten bei diesen Verfahren Fehler auf?

Wir haben das Beispiel des Autokaufs gewählt. Tatsächlich nehmen wir uns im Alltag nur selten so viel Zeit für eine Entscheidung. Der Kauf eines Autos oder eines Hauses stellt hier die Ausnahme dar. Dementsprechend ist Julias erste Herangehensweise der Normalfall. In Tausenden von Computersimulationen mit verschiedenen Strategien hat sich herausgestellt, dass dieses Verfahren allen anderen Strategien zur Entscheidungsfindung im Verhältnis Genauigkeit zu Aufwand weit überlegen ist. Und dabei ist es egal, wie viele Attribute und Alternativen man angibt, ob man unter Zeitdruck, mit oder ohne vollständige Information handelt, ob negative, positive oder auch ganz unterschiedliche Hinweise bereitgestellt werden. Das Ergebnis bleibt das gleiche: Die beste Strategie ist es, sich nur nach dem wichtigsten Attribut zu entscheiden. Sollten sich die Alternativen darin nicht unterscheiden, so entscheidet man nach dem zweitwichtigsten usw. Diese Heuristik arbeitet selbst bei sehr ähnlichen Attributen mit einer Genauigkeit von etwa 90% und benötigt nur 40% des Aufwands der Variante mit den roten Kringeln, bei der gewichtet werden muss.

Die Strategien von Joachim sind zwar sehr genau, versagen aber bei hohem Zeitdruck. Müsste Joachim innerhalb von einer Minute seine Liste mit zwanzig Punkten erstellen und seine Prioritäten verteilt haben, dann würde er das sicherlich nicht schaffen. Für Julia ist Zeitdruck hingegen kein Problem: Auch unter sehr vielen verschiedenen Autos ist innerhalb einer Minute der Testsieger in puncto Sicherheit zu ermitteln (hier bei gegebener Information).

Es liegt auf der Hand, dass Joachim bei knappen Zeitvorgaben seine Strategie ändern wird. Er sollte sich dann auf die wichtigsten Eigenschaften konzentrieren, denn das größte Problem der quantitativ abwägenden Strategien (sowohl mit Gewichtung als auch ohne) ist der enorm ansteigende Rechenaufwand. Schon bei acht Attributen oder Alternativen ist der Aufwand vier- bis fünfmal so hoch wie bei Julias qualitativ abwägender Strategie. Ihr ist es egal, wie viel sicherer die Autos im Vergleich sind – sie nimmt einfach das sicherste. Punktum. Der Aufwand für Joachim wird zudem exponentiell größer. Da viele Entscheidungen weit mehr als acht zur Unterscheidung geeignete Merkmale umfassen, wird mit diesem Verfahren die menschliche Denk- und Gedächtniskapazität auch schnell überschritten. Und das heißt schlicht: Das ist nicht die Art des Menschen, zu einer Entscheidung zu gelangen.[16]

Die obigen Ausführungen gehen davon aus, dass man das beste Ergebnis bei konstantem Aufwand (also etwa innerhalb von fünf Minuten) erzielen wollte. Optimieren wir auf Aufwand, setzen also die Leistung (das Ergebnis) konstant, dann zeigen auch hier die Studien bei durchweg realen Aufgaben, dass die Julia-Variante im Schnitt 66% weniger Aufwand benötigt als jene von Joachim, die mit Liste und Kringeln arbeitet. Auch die vierte Variante, bei der die Autos nacheinander anhand von Kriterien wie Sicherheit und Spritverbrauch ausscheiden, hat einen deutlich höheren Aufwand als Julias Verfahren des wichtigsten Attributs. Hier bleibt der Aufwand konstant und ist praktisch unabhängig von der Zahl der Attribute, weil die Ein- und Ausschlusskriterien nur einmal festgesetzt werden müssen, z. B. darf das Auto nicht mehr als fünf Liter verbrauchen.

Das wichtigste Merkmal für Heuristiken ist jedoch ihre Verlässlichkeit. Gerade wenn es ums Überleben geht, sobald neue Situationen auftauchen, darf die eingesetzte Strategie auf keinen Fall versagen. Denkheuristiken sind durch negative Selektion auf das Vermeiden der kostenträchtigsten Fehler ausgelegt (*worst-case*-Schutz). Und hierin liegt die besondere Stärke der Heuristik, die über das wichtigste Attribut entscheidet: Man kommt *immer* zu einem relativ guten Ergebnis. Alle anderen Verfahren zeigen entweder bei steigendem Zeitdruck, bei fehlender Information oder einer größeren Anzahl von Merkmalen entscheidende Schwächen. Plötzlich brechen diese Verfahren ein und produzieren schlechte Ergebnisse. Das heißt, bliebe Joachim bei seiner Kringel-Variante, so wäre er nach einer Minute zu *gar keinem* Ergebnis gekommen.

Das aber ist in der freien Wildbahn fatal. Will man sich in der Natur behaupten, kann man sich ein solches Versagen nicht leisten, denn man kann sicher sein, dass es von einem anderen Lebewesen (ob Mensch oder Tier) ausgenutzt wird oder zu tödlichen Fehlern führt. Um kostenträchtige Fehler zu vermeiden, verwendet der Mensch diese robusten Verfahren, die ihre Funktion sehr gut erfüllen. Das aber ist Kennzeichen und Definition einer evolutionären Anpassung. Stellen Sie sich einfach vor, Sie erhalten die Aufgabe, besagte Liste mit zwanzig Merkmalen innerhalb von zwei Minuten anzufertigen. Das ist schlichtweg nicht möglich. Ebenso hilflos werden Sie sein, wenn Sie zwanzig Merkmale gewichten sollen, Ihnen aber nur acht bekannt sind. Sie werden rasch auf eine andere Strategie umsatteln.

Das führt uns zur zentralen Frage dieses Kapitels: Welche Strategien setzen Menschen denn tatsächlich ein, um eine Entscheidung zu treffen? Die einzige uns hierzu bekannte Untersuchung zeigt folgendes Ergebnis: 42 % der Versuchspersonen verwenden Varianten der Strategie «Wichtigstes Attribut» (wie Julia), 25 % die Strategie der «Gewichteten Pros» (höhere Werte im Attributvergleich werden als «Pro» gewertet und addiert), jeweils 3 % die gewichtete bzw. ungewichtete Liste (wie Joachim), und niemand schließt über nicht erreichte Standards aus (in unserem Beispiel: Wenn das Auto nicht sicher genug ist, wird es nicht mehr berücksichtigt). Weitere 24 % der gewählten Strategien konnten nicht eindeutig zugeordnet werden.[17]

Dabei handelt es sich, wie gesagt, um das Ergebnis einer einzigen Studie, so dass die Antwort vorerst noch offenbleiben muss. Wir können uns ihr aber ein wenig nähern. Denn es steht fest, dass Menschen Heuristiken benutzen, die mit unvollständiger Information funktionieren. Dieser Umstand ergibt sich allein schon aus der Tatsache, dass es in unserer Umwelt praktisch keine vollständig erfassbare Situation gibt. Denn wie ließen sich beispielsweise alle wichtigen Variablen einer so simplen Angelegenheit wie dem Schuhkauf erfassen? Sollte die schlimmste Vorstellung darin bestehen, überhaupt keine Schuhe zu kaufen, lautet die Devise: handlungsfähig bleiben und sich entscheiden – für welches Paar auch immer. Schließlich ist es für manch einen unter uns das Schlimmste überhaupt, von einem Einkauf ganz ohne Beute zurückzukommen. So werden manchmal auch Schuhe gekauft, die zu Hause keines Blickes mehr gewürdigt werden – nur um überhaupt eine Entscheidung getroffen zu haben.

Erstaunlich bei diesen Heuristiken sind die durchweg guten Ergebnisse, die sie erzielen. Bei Realweltaufgaben sind sie sogar imstande, Experten zu schlagen.

Eine zweite Teilantwort auf die Frage nach der Strategie der Entscheidungsfindung besteht einmal mehr in einem Verweis auf den Kontext. Welche Heuristik in welcher Situation angewendet wird, ist weitgehend unerforscht; unter steigendem Zeitdruck wechseln Versuchspersonen aber tendenziell zu stärker selektiven und einfacheren Lösungsmethoden. Das ist auch der Fall, wenn die Situation einen spezialisierten Mechanismus nicht zulässt. Wir reagieren mit drei Strategien in folgender Reihenfolge: Zunächst beschleunigen wir die Informationsverarbeitung, dann konzentrieren wir uns auf die wichtigsten Attribute (wir filtern), und schließlich erfolgt der Wechsel zu noch einfacheren Heuristiken. Dabei verhalten sich Menschen extrem flexibel. Zur Lösung unterschiedlicher Probleme verwenden wir eine Vielzahl kombinierbarer Heuristiken. Dieser Wechsel belegt die jeweilige Passung von Struktur und Funktion, so wie wir es von evolutionären Mechanismen erwarten. Die Genauigkeit der Lösung bleibt dabei mit durchschnittlich 70% sehr gut und liegt nahe am Optimum, was das Verhältnis von Genauigkeit zu Aufwand betrifft. Auch das entspricht den Erwartungen einer evolutionären Interpretation.

Entscheidend ist dabei ganz offenbar, dass am Ende überhaupt ein Ergebnis steht. Das Schlimmste ist Handlungsunfähigkeit – etwa wie bei dem berühmten Esel von Buridan, der angeblich verhungerte, weil er sich nicht entscheiden konnte, ob er den Heuhaufen links oder den Heuhaufen rechts von ihm zuerst fressen sollte, da sie dummerweise gleich weit von ihm entfernt waren. In der Evolution haben sich dementsprechend einfache und schnelle Heuristiken durchgesetzt, die auch unter umweltspezifischen, realistischen Bedingungen größtenteils korrekte Ergebnisse liefern.

> «Wenn Menschen Schlussfolgerungen ziehen, müssen sie sich nicht zwischen ‹korrekt› und ‹einfach› entscheiden. Beides ist möglich.»[18]

Und dennoch: So gut die Evolution improvisiert, nicht alles ist perfekt. Denn wo Zeit- und Kapazitätsbeschränkungen sowie unvollständige Informationen auftauchen, sind optimale Lösungen nicht möglich, vor allem da der Mensch generell gewisse Probleme mit Komplexität hat.

Schnelle und einfache Heuristiken reagieren auf Zeitbeschränkungen recht erfolgreich mit Filterung und radikalen Abbruchbedingungen. Sie konzentrieren sich nur auf die wichtigsten Attribute und beachten einen großen Teil der Information überhaupt nicht. Das Ziel ist ein schnelles Ergebnis. Es liegt auf der Hand, dass ein Verfahren, das einen Großteil der Information vernachlässigt, auch anfällig für Fehler ist. Die *Challenger*-Katastrophe von 1986 ist wohl ein Beispiel für diese Art von Entscheidungsfindung unter Zeitdruck. Einen Tag vor dem Start wussten die Ingenieure, dass in vier von acht Fällen die Dichtungsringe bei Kälte gebrochen waren. War also die Kälte der auslösende Parameter? Nein, denn in 50% der Fälle war es ja nicht zu einem Bruch gekommen. Daraufhin verwarfen die Ingenieure diese Hypothese. Sie standen wie gesagt unter großem Zeitdruck: Der nächste Start konnte erst wieder in einigen Monaten stattfinden. Was sie dabei allerdings nicht in Betracht zogen, obwohl die Informationen recherchierbar gewesen wären, war Folgendes: Bei sechzehn früheren Starts bei warmem Wetter waren die Dichtungsringe nur ein einziges Mal gebrochen! Das zeigt, wie stark und schnell eine Suche im Hypothesenraum eingeengt werden kann; ist der erste Test nicht aussagekräftig, wird die Hypothese *noch vor ihrer (relativ einfachen) Gegenprobe* verworfen.

Arten der Entscheidungsfindung

Schnelle und einfache Heuristiken berücksichtigen auch unsere Kapazitätsbeschränkungen. Jedem ist klar, dass man nicht alles gleichzeitig im Kopf behalten kann. Also verwendet man Verfahren, die die verfügbare Information bereits sehr früh gezielt und in starkem Ausmaß verringern. Menschen führen eine Wirkung oft und gerne auf nur eine Ursache zurück.

Auch der Umgang mit unvollständiger Information ist etwas ganz Normales. Schließlich weiß jeder Mensch, dass es ihm nie gelingen kann, *sämtliche* Informationen für eine Entscheidung zusammenzutragen. Also ist er es gewohnt, auf der Basis unvollständiger Informationen zu handeln. Oft genug funktioniert das auch ohne Probleme; manchmal aber beendet man die Suche nach Information eben doch *zu früh*. Dies liegt auch daran, dass Menschen dazu neigen, von einem Fall (oder wenigen Fällen) auf eine allgemeine Regel zu schließen und generell einfache Zusammenhänge zu vermuten. Sehr große, intransparente und komplizierte Systeme werden in ihrer Komplexität *grundsätzlich* unterschätzt, selbst wenn man weiß, *dass* sie komplex sind. Wir werden das in unserem Fallbeispiel genauer sehen. Dort, wie auch in Versuchen, sind durchweg schlechte Leistungen zu beobachten. Versuchspersonen scheitern häufig daran, komplexe Systeme in den Griff zu bekommen, was nicht selten zur Katastrophe führt. Maßnahmen, die für einfache Probleme funktionieren, werden unverändert auf komplexe Systeme übertragen. Ein möglicher Grund für dieses Versagen ist eine fehlende evolutionäre Anpassung. Wirklich komplexe Systeme kamen in den Habitaten der Jäger-und-Sammler-Gruppen extrem selten vor. Anders ausgedrückt: Weil wir seit jeher Beeren suchen und Wild erlegen, aber nicht Finanzen für Gruppen von fünfzig oder hundert Millionen Menschen organisieren, hat die Evolution uns nicht gelehrt, mit komplexen Systemen umzugehen. Wir sind schlicht nicht dafür gemacht – und das ist kein Angriff auf die Finanzminister dieser Welt.

Menschen beherrschen eine Welt *der mittleren Dimensionen*: Diese Welt, mit der wir intuitiv gut umgehen können, fängt bei Millimetern an und hört bei Kilometern auf, schließt Sekunden bis Jahre ein und lässt uns mit Gewichten von Gramm bis Tonnen gut umgehen.[19] Das gilt auch für Komplexität. Systeme mit einigen Variablen sind für uns in der Regel gut durchschaubar und beherrschbar. Alles, was darüber hinausgeht, stellt uns vor massive Verständnisprobleme.

Die Krux liegt nun allerdings darin, dass sehr viele Phänomene der modernen Welt nun einmal komplexer Natur sind, etwa Fragen der Forschung oder Politik, Atomkraftwerke, Umweltprobleme oder globale Wirtschaftssysteme. Wir werden mit Dingen konfrontiert, die wir aufgrund unserer evolutionären Gegebenheiten nicht überschauen können. Eine schöne Formulierung dafür ist der Buchtitel «Mammutjäger in der Metro».

Wirklich problematisch daran ist: Wir glauben trotzdem, wir könnten es! Das heißt, wir sind uns gar nicht dessen bewusst, dass Fehler in diesen Bereichen auf der Tagesordnung stehen. Wir sind uns noch nicht einmal klar darüber, wie fehleranfällig unser Verhalten in diesen Fällen ist. Es ist uns zu selbstverständlich, Entscheidungen zu treffen. Dabei gerät in Vergessenheit, wie wir eigentlich zu unseren Entscheidungen gelangen.

Das ist in der Forschung nicht anders. Es ist in der Tat erstaunlich, wie wenig bislang über die verschiedenen Verfahren unserer Entscheidungsfindung nachgedacht wurde. Der Großteil der Literatur zu Heuristiken kommt aus der Mathematik und Informatik. Hier ist man vor allem daran interessiert, korrekte Ergebnisse zu erzielen. Heuristiken gelten deshalb lediglich als unzuverlässige Ersatzlösungen, die verwendet werden, wenn der Rechenaufwand für Algorithmen allzu groß wird. Heuristische Entscheidungsverfahren kommen in Mathematik und Informatik nur dann zum Einsatz, wenn Zeit, Kapazität oder Information nicht in ausreichender Menge vorhanden sind.

Im Alltag wie auch in der Wissenschaft ist das aber praktisch immer der Fall.

Welche Heuristik für welches Problem gewählt wird, ist demnach bei allen Fragen zu Entscheidungen und Verfahren mit dem Ziel, Probleme zu lösen, *grundlegend*. Trotz dieser Einschränkungen wollen

Arten der Entscheidungsfindung

wir natürlich zu möglichst guten Ergebnissen gelangen. Verhältnismäßig oft gelingt das auch, führt aber zu der erwähnten Überschätzung.

An dieser Stelle enden die meisten Untersuchungen. Man begnügt sich allgemein mit dem Hinweis auf die biologische Natur des Menschen: Wir sind keine Supercomputer und müssen demnach mit begrenzten Ressourcen zurechtkommen. Eine weitere Erklärung scheint nicht notwendig zu sein.

Doch die interessanten Fragen beginnen gerade erst an diesem Punkt. Wie ist die Umweltsituation strukturiert? Welche Probleme müssen gelöst werden, und welche Heuristik steht dafür zur Verfügung? Wird auf Genauigkeit oder Aufwand optimiert? Wie lösen wir unsere Probleme? Und warum hat die Natur unser Gehirn nicht zu einem algorithmisch arbeitenden Supercomputer werden lassen?

Der Sinn dieser Fragen liegt auf der Hand. Entscheidungen sind Teil eines jeden Vorgangs, ob ein Zellforscher nun nach Botenstoffen sucht oder eine Regierung Fördergelder vergibt. Will man fehlerhafte Entscheidungen vermeiden, muss man verstehen, wie diese getroffen werden. Nach den vorherigen Ausführungen dürfen wir folgende Fehler erwarten:

- unzulässige Abkürzungen,
- zu frühe Abbrüche,
- unzulängliche Prüfung von Alternativen,
- Unterschätzung der Komplexität,
- Aufmerksamkeitsfixierung auf prominente Details und
- zu starke Verallgemeinerungen.

Heutzutage gelten wissenschaftliche Normen als Grundlage von Entscheidungen auf allen Ebenen. Sich rational zu entscheiden, ist das Ziel. Nun wollen wir nicht die Rationalität angreifen, aber doch darauf hinweisen, dass die menschlich-evolutionären Verfahren zur Entscheidungsfindung diesseits dieser wissenschaftlichen Normen liegen: Sie berücksichtigen oft nur einen Bruchteil der Daten, reduzieren abgestufte und verwickelte Vorgänge auf einfache Ja-oder-Nein-Entscheidungen, setzen willkürliche Abbruchbedingungen und verwandeln wenige Daten in allgemeine Regeln. Methodisch vorgehendes wissenschaftliches Arbeiten sollte hingegen alle Daten sorgfältig berücksichtigen, um bei logischer Konsistenz zu wiederholbaren Ergebnissen zu gelangen.

Warum aber setzt der Mensch in der Wissenschaft Standards, die eigentlich nicht seiner Natur entsprechen?

Nun, die Standards sind durchaus sinnvoll und klug für das Ziel «sicheres und verlässliches Wissen» gewählt, denn sie optimieren auf Ergebnis, nicht auf Aufwand. Und sie setzen etwas voraus, das für die Lösung komplexer Probleme normalerweise nicht zur Verfügung steht: unbegrenzte Zeit, unbegrenzte Kapazität und vollständig vorhandene Information. Ohne diese Voraussetzungen kommt es – wie gesehen – zu Fehlern; die evolutionäre Erklärung liefert Gründe, warum diese Fehler auftreten und warum sie relativ häufig sind.

Zusammenfassend lässt sich feststellen: Sowohl der Umgang mit Komplexität als auch die Verwendung von Heuristiken sind Reaktionen auf eine Umwelt mit bestimmten Merkmalen: Erstens, unsere Welt ist komplex; sie muss von uns so hergerichtet werden, dass sie sich verarbeiten lässt. Zweitens, in vielen Situationen ist schnelles Handeln notwendig. Drittens, unvollständige oder fehlerhafte Information darf unsere Entscheidungen nicht oder nur so wenig wie möglich beeinträchtigen. Alle diese Anforderungen werden durch die beschriebenen Mechanismen erreicht: Komplizierte Schätzungen werden auf einfache Trends reduziert, Ursachen-Wirkungs-Netze auf eine zentrale Ursache heruntergebrochen, Alternativen nicht untersucht, Maßnahmen nicht kontrolliert, und aus Einzelfällen wird schnell eine allgemeine Regel erzeugt.

Natürlich kann man es bei der Feststellung belassen, dass es sich um Fehler handelt. Wie wir aber gerade gesehen haben, sind diese Mechanismen gleichzeitig auch geeignete Mittel, um unter Zeitdruck sowie bei unvollständiger Information und drastischen Kapazitätsbeschränkungen komplexe Situationen zu meistern. Und das ist auch der Grund, weshalb wir die meisten unserer Entscheidungen auf diese Weise treffen. Heuristiken entsprechen den Anforderungen der Umwelt am besten. Sie funktionieren zuverlässig und erreichen bei relativ geringem Aufwand unter natürlichen Bedingungen die höchste Genauigkeit. Grundsätzlich gilt: Menschen folgen Strategien, die ihre wichtigsten Bedürfnisse befriedigen, auch wenn die Wahl nicht optimal ist.[20]

3 Fallstudie 2 (Ökologie): Die Einführung neuer Arten

In den letzten Jahrzehnten wurden immer wieder neue Tierarten in bestehende Ökosysteme eingeführt. Unabhängig vom politischen System orientierten sich die Verantwortlichen zumeist an den Empfehlungen der beteiligten Gremien oder Komitees, die sich jeweils aus Experten, Gutachtern und Wissenschaftlern von Rang und Namen zusammensetzten. Ob und wie biologische Schädlingsbekämpfung stattfindet, wird also von politisch eher neutralen Menschen bestimmt, deren Entscheidungen in auffälliger Weise immer wieder die gleichen Fehler zeigen und oft verheerende Folgen nach sich ziehen.

Dabei lassen sich zwei Konstanten feststellen: Zum einen sind die Probleme neu eingeführter Tierarten künstlich herbeigeführt, also hausgemacht. Und zum Zweiten steuert man trotz der oft zitierten besten Absichten immer wieder unweigerlich auf die Katastrophe zu. Wie in einer Tragödie von Shakespeare sind am Ende alle tot. Alle, bis auf den neuen Schädling.

Doch beginnen wir mit den guten Vorsätzen; zu den Katastrophen kommt es schnell genug. Die unabsichtliche Einführung neuer Arten begann mit der christlichen Seefahrt, deren Schiffe immer wieder Inseln ansteuerten. Während die Mannschaft frisches Wasser, Früchte und auch die eine oder andere Krankheit mit an Bord nahm, verließen Katzen oder Ratten das Schiff. Und für die galt: Wer das Überleben in der Kanalisation von London gelernt hatte, der fühlte sich auf einer Südseeinsel mit Vögeln, die weder ihre Eier schützten noch

Fressfeinde kannten, natürlich pudelwohl. Es gibt mehrere Berichte von Rattenpopulationen, die nicht länger als drei Jahre brauchten, um eine ganze Reihe von Vogelarten einer Insel auszurotten.

Wenig später begann der Mensch, Nutzpflanzen und Nutztiere auch absichtlich einzuführen, so dass sich heute jeder Kontinent mit seiner eigenen Killertierart plagt: Kamen die «Killerameisen» noch unabsichtlich und unbemerkt an den Einwanderungsbehörden vorbei in die USA und breitete sich die «Killeralge» im Mittelmeer noch zufällig durch eine aus einem Fischaquarium entkommene genetisch manipulierte Alge aus, so führte man die «Killerbiene» (die afrikanisierte amerikanische Honigbiene) in Süd- und Mittelamerika absichtlich ein. Auch Australien kennt einen europäischen Schädling sehr gut, auch wenn das Kaninchen noch kein «Killer» vor seinen Namen gestellt bekommen hat. Das heißt aber nicht, dass es nicht ebenso große Schäden anrichtet wie seine Kollegen anderswo.[21]

Ein besonders «schönes» Beispiel sind Moskitofische *(Gambusia affinis)*. Finden Sie Moskitos und Mücken nicht auch lästig? Könnten Sie sich also vielleicht vorstellen, Moskitofische in unsere heimischen Gewässer einzuführen? Nordamerika, Neuseeland und Australien haben das auch gemacht. In den USA bekommen Sie bis heute diese Fische völlig umsonst, ohne Formulare und mit dem Hinweis, sie seien völlig ungefährlich. Der Haken an der Sache ist folgender: Moskitofische vermehren sich schnell, tolerieren fast alle Temperaturen und Gewässer und fressen alles, was ihnen vor dem Maul herumschwimmt: vor allem die Brut anderer Fische. Zwar fressen Moskitofische – wie andere Fische auch – Moskitos, aber sie fressen darüber hinaus eben auch Eier, Kaulquappen und vieles andere. Viele einheimische Fischarten wurden auf diese Weise ausgerottet. Im 19. Jahrhundert wurden die Moskitofische – relativ erfolgreich – zur Bekämpfung von Malarialarven eingesetzt, daher auch der Name. Der bis heute begangene Fehler liegt darin, Moskitofische gewissermaßen einfach aufgrund ihres Namens und ihrer Malariavorgeschichte einzuführen. Deshalb sind aktuelle Namensvorschläge eher negativ: Sie

Die Einführung neuer Arten

reichen von «Damnbusia» bis zu «Plague Minnow» (Pest-Elritze). Heute allerdings wissen die meisten Länder, dass der Schaden größer als der Nutzen war. Leider noch nicht alle. Die oben genannten Länder haben diese Entscheidung leider getroffen, ohne sich vorher ausreichend informiert zu haben.[22]

Die Schäden durch neue Arten sind oft enorm, weil sie das ökologische Gleichgewicht nachhaltig zerstören. Sie verdrängen einheimische Arten oder rotten sie aus, übertragen neue Krankheiten oder breiten sich ungehemmt aus, weil sie in der neuen Umwelt keine natürlichen Fressfeinde haben. Das unkontrollierte Wachstum einer Tierart geht nahezu ausnahmslos zu Lasten der Landwirtschaft, deren Nutzpflanzenertrag zu großen Teilen in den Bäuchen der Neuankömmlinge und nicht mehr auf den Konten der Landwirte landet. Kowarik nennt in seinem Buch *Biologische Invasionen* über fünfzig negative Auswirkungen von Einführungen neuer Arten. Hier finden Sie auch einen guten Überblick über neu eingeführte, zumeist europäische Tier- und Pflanzenarten. Einen weltweiten Überblick sowie eine amüsant schreckliche Rangliste der hundert schädlichsten Arten der Welt verzeichnet die *Invasive Species Specialist Group (www.issg.org)*.

Und damit sind wir auch schon beim Geld. Denn die Bekämpfung neu eingeführter Tier- und Pflanzenarten ist *extrem teuer*. Es ist da fast gleichgültig, ob Sie Kowariks Schätzung von 100 Milliarden Dollar für das 20. Jahrhundert nehmen oder der amerikanischen Landwirtschafts- und Forstbehörde vertrauen, die mit 130 Milliarden Dollar pro Jahr nur für die USA rechnet (auf letztere Zahl kommen auch andere Autoren).[23] Das sind unvorstellbar große Summen – und einmal ausgesetzt, sind die betreffenden Schädlinge mit keinem Mittel der Welt mehr zu entfernen, d. h., die Kosten entstehen jedes Jahr wieder oder potenzieren sich sogar! Es gibt keine realistische Aussicht auf Besserung. Gegen die dadurch entstandenen, jährlich anfallenden Riesensummen wirkt sogar das gewaltige Rettungspaket für amerikanische Banken (800 Milliarden Dollar) nicht mehr so unvorstellbar groß.

Insgesamt wurden in den letzten zwei Jahrhunderten schätzungsweise tausend Arten *absichtlich* eingeführt. Darunter befinden sich 17 der 18 schädlichsten Unkräuter dieser Welt. Vor dem inneren Auge eines jeden Biologen sollte da in roten Buchstaben die Warnung aufleuchten: «Greife nicht stümperhaft in eine seit Jahrmillionen aufeinander abgestimmte Umwelt ein!»

Warum aber achten wir nicht auf diese Warnungen? Warum schaffen wir uns diese Probleme, obwohl wir um die Folgen wissen? Warum lassen wir es nicht einfach sein?

Einer der Hauptgründe dafür ist unser fehlerhafter Umgang mit komplexen Systemen. Wir sind schlichtweg überfordert; und wir bemerken es nicht. Die Probleme werden gar nicht als Probleme erkannt. Stattdessen glauben wir, es sei alles ganz einfach, und wir könnten mit linearen Problemlösungsversuchen dynamische, intransparente und vernetzte komplexe Systeme beherrschen. Ganz offenbar sind wir nur schwer oder gar nicht in der Lage, uns klarzumachen, dass es Langzeitwirkungen von Eingriffen gibt. Und dass es auch zu Wirkungen kommen kann, die wir weder bedacht noch beabsichtigt haben. Komplexe Systeme sind für uns unverbundene Einzelsysteme. Und von mangelnder Information lassen wir uns schon gar nicht abschrecken. Schließlich müssen wir Menschen jeden Tag viele Entscheidungen auf diese Weise treffen.

Das aber ist fatal. Denn was für den Alltag gilt, gilt nicht für Ökosysteme.

Dies klingt nach einem Schreckensszenario, und das ist es auch. Es gibt zwar einige wenige erfolgreiche Einführungen neuer Arten, aber sie sind die Ausnahme. Die Erfolgsquote ist extrem niedrig: Nur bei 6% der Einführungen war man vollständig zufrieden, bei 18% verzeichnete man *einige* positive Effekte, die restlichen 76% versagten völlig.[24] Trotzdem hören wir nicht auf. Warum nicht? Übersetzen wir diese Zahlen einmal in ein Beispiel aus dem Alltag: Sie haben fünfzehn Taxi-Gutscheine. Die Taxifahrer bringen Sie einmal ans Ziel, dreimal immerhin in die richtige Richtung, und fahren Sie

Die Einführung neuer Arten

elfmal ganz woanders hin. Was machen Sie? Bei der Taxi-Gesellschaft bleiben Sie höchstwahrscheinlich nicht!

Damit reden wir gewiss nicht der chemischen Schädlingsbekämpfung das Wort; wir wollen auch nicht die genannten Regierungen oder Wissenschaftler angreifen. Vielmehr geht es uns um die Darstellung der immer gleichen Versuche, bestimmte Probleme zu lösen, und um die immer gleichen Fehler. Unser Ziel ist es, diese Fehler verständlich und damit auch vermeidbar zu machen. Unser erstes Beispiel handelt von Schnecken.

Leckere Schnecken – zum Verzehr nicht geeignet

Besonders deutlich wird der Fehler des *linearen Problemlösens* bei dem Versuch, frühere Fehler zu korrigieren: Wenn ein eingeführtes Lebewesen seinen ihm zugedachten Zweck nicht erfüllt, dann wird es häufig biologisch bekämpft, oft durch eine weitere Einführung! So wurde die Riesenschnecke *Achatina* größtenteils absichtlich im Zeitraum von 1910 bis 1940 in Asien, 1955 auf Hawaii und 1967 auf Tahiti eingeführt. Sie war als Nahrungsquelle für die dortige Bevölkerung gedacht, vermehrte sich jedoch explosionsartig. Dadurch wurde sie zum Schädling und zur schlimmsten Schneckenpest in den Tropen. Man sah sich zum Handeln gezwungen und führte also in den verschiedenen Ländern die Raubschnecke *Euglandina* ein, die *Achatina* fressen sollte.[25]

In den meisten Ländern wurde die Einführung keinem vorhergehenden Test unterzogen. Lediglich für Hawaii existierte eine Studie vor der Einführung, die testete, ob *Euglandina* überhaupt *Achatina* fraß. Mit viel Gottvertrauen schickte man also *Euglandina* in ihre neue Umwelt. Einmal dort angekommen, kostete sie ein-, zweimal von *Achatina* und entschied sich dann rasch für die schmackhaften heimischen Schneckenarten. Von den ehemals etwa 750 Arten leben heute noch etwa 10 bis 35 %. Ähnliches lässt sich auch auf Tahiti beobachten.

Nun mag sich Ihr Mitleid mit Schnecken gleich welchen Namens in Grenzen halten, doch wenn wir Ihnen sagen, dass nach dem Fehlschlag *Euglandina* noch weitere zwölf Schneckenarten mit derselben Absicht (und ähnlichen Misserfolgen) eingeführt wurden und dass es zu keinerlei Kontrollen der Entwicklung dieser Einführung kam, dann werden Sie das Prinzip des Fehlers erkennen: Das vorhandene ökologische Netzwerk wird als solches nicht wahrgenommen, die vielfachen Wechselwirkungen werden nicht beachtet. Stattdessen erfolgt eine *radikale Vereinfachung* auf einen einzigen Zweck, der von einer einzigen Art erfüllt werden soll. Und wenn etwas nicht funktioniert, dann probiert man es eben noch einmal und noch einmal und noch einmal. Von Rückschlägen (als man dann doch einmal nachprüfte) lässt man sich anscheinend weder abschrecken noch aufhalten.

Wir halten (mit anderen Forschern) fest, dass es nahezu keine Informationsabfrage zu den Wirkungen des Eingriffs gab. Für den Zusammenhang zwischen den *Euglandina*- und *Achatina*-Populationen gab es schlicht keine empirisch gesicherten Daten. Man setzte die Schnecken aus und kümmerte sich nicht mehr um sie. Selbst eigens damit beauftragte Wissenschaftler und *Achatina*-Experten mussten ihre Unwissenheit eingestehen. Im *Ignorieren widersprechender Belege* erkennen wir zusätzlich einen Fehler der dritten Fehlerfamilie (Kapitel 4): Die Neueinführung wurde empfohlen, obwohl ein Experte immerhin einen ganzen Stapel an Literatur zur Gefahr von Neueinführungen zitierte. Darüber hinaus hatten Experimente im Jahr 1957 gezeigt, dass *Euglandina* kleinere Schnecken gegenüber *Achatina* bevorzugt.

«Alles nur kleine Fische?» – Der Nilbarsch im Viktoriasee

Unser nächstes Beispiel ist der Nilbarsch, ein Raubfisch von bis zu zwei Meter Länge und 200 kg Gewicht.

Er wurde aus ökonomischen Gründen in den Viktoriasee an den Grenzen zwischen Uganda, Tansania und Kenia vereinzelt ab 1954

Die Einführung neuer Arten 83

Abb. 7 Nilbarsch

eingeführt und sollte den lokalen Fischern als Hauptertrag dienen. Seit etwa 1977 explodierte die Population, und innerhalb von nur sechs Jahren machte der Nilbarsch 68% der Fänge und 90% der gefangenen Biomasse aus.[26]

Wir haben dieses Beispiel gewählt, weil es veranschaulicht, dass die Problematik komplexer Systeme erkannt und dennoch verworfen werden kann. Bereits 1960 wurde auf andere katastrophale Einführungen von Fischen verwiesen. Wissenschaftler gaben zu bedenken, dass man weder über das Ökosystem Viktoriasee noch über den Nilbarsch ausreichende Informationen besaß. Man riet von der Einführung mit der Überlegung ab, dass es nach dem Modell der Nahrungspyramide nie mehr Räuber (Nilbarsch) als Beute (andere Fische) geben kann. Auch Befürworter räumten ein, dass bei der Einführung nicht alle *Fern- und Nebenwirkungen* bedacht bzw. vorhergesehen werden konnten.

Mit ein wenig Phantasie ließen sich viele, durchaus mögliche Schreckensszenarien entwerfen. So hätten etwa Krokodile von den großen und zahlreichen Fischen profitieren und sich auf eine Weise vermehren können, dass die Fischerei zu einem lebensgefährlichen

Beruf geworden wäre und schließlich hätte eingestellt werden müssen. Oder aber: Sobald der Nilbarsch alle seine Beutefische fast oder ganz ausgerottet hat, bricht seine eigene Population zusammen, der Viktoriasee wäre auf Jahre leer gefischt und die Fischer ohne Einkommen. Oder: Die verbesserte Infrastruktur bringt mit Händlern auch neue Krankheiten an den Viktoriasee. Oder: Die Fischer können sich den eigenen, großen Fisch nicht leisten. Der Nilbarsch im Viktoriasee ist ausschließlich für den Export bestimmt. Viele Fischer wandern in die großen Städte ab; Arbeitslosigkeit und Unruhen sind die Folge.

Das alles klingt mehr oder minder plausibel, ist aber nicht eingetroffen. Wir wollen damit demonstrieren, wie unvorhersehbar Fern- und Nebenwirkungen sein können, selbst wenn man versucht, sie in Rechnung zu stellen.

Tatsächlich geschah Folgendes:

Die Einführung des Neulings machte aus dem Ökosystem Viktoriasee ein riesiges Zuchtbecken für Nilbarsche. Heute wird dieser schmackhafte Fisch tonnenweise nach Europa und Amerika verschifft. Sie werden den Nilbarsch unter dem Namen Viktoriaseebarsch auf den Speisekarten zahlreicher Restaurants antreffen. Die Fischerei wurde komplett umgestellt. Aufgrund der Größe des Nilbarsches musste die herkömmliche Sonnentrocknung der Fische durch Holzräucherung ersetzt werden. Starke Abholzung und Erosionen waren die Folge. Ökologisch gesehen war die Einführung tatsächlich die befürchtete Katastrophe: Die Nilbarsche rotteten alle ihre Beutefische fast oder ganz aus: 200 der geschätzten 300 bis 500 Arten der Familie der Buntbarsche sind mittlerweile aus dem See verschwunden.[27] Darunter waren natürlich auch ausschließlich dort vorkommende Arten, die eine einzigartige Möglichkeit zur Forschung der so genannten adaptiven Radiation boten.[28] Zum Vergleich: Ganz Europa bringt es zusammen auf nur etwa 200 Süßwasserfischarten. Überraschenderweise brach die Population der Nilbarsche anschließend *nicht* zusammen: Der Nilbarsch wich teils auf seine eigenen Jungen, teils auf Garnelen als Nahrungsquelle aus. Ein gutes

Die Einführung neuer Arten

Beispiel für unvorhergesehene Folgewirkungen: Der gefräßige Räuber ernährt sich von seinem eigenen Nachwuchs.

Denn egal, wie viel Barsch der Mensch auch fängt und exportiert, dieser Fisch wird auf lange Zeit der einzige sein, den man dort fangen kann. Er hat die Artenvielfalt im Viktoriasee auf immer zerstört und kämpft übrigens gerade mit einem anderen Neuankömmling – der Wasserhyazinthe, die droht, den See zu ersticken.

Dieses Problem aber ist keinesfalls auf Ostafrika beschränkt: Bis heute werden immer wieder Fische eingeführt – mit ebenso katastrophalen wie irreversiblen Folgen. Das war beim Viktoriasee so, das war bei den Great Lakes in Nordamerika der Fall, und für den Titicaca-See in Bolivien und Peru und den Lanao-See auf den Philippinen gilt das Gleiche. Auch hier ließe sich die Liste nahezu beliebig verlängern.

Im Folgenden wollen wir uns zwei Beispielen zuwenden, die den kontinuierlichen Umgang des Menschen mit komplexen Systemen zeigen. Hier versucht er nicht, ein spezifisches Problem innerhalb eines Systems mit einem einmaligen Eingriff zu lösen, sondern das ganze System in eine gewünschte Richtung zu lenken.

«Flieg, Käfer, flieg» – Marienkäfer in Deutschland

Vielleicht haben Sie den asiatischen Marienkäfer bereits kennengelernt. Er wurde 2001 nach Belgien eingeführt, weil er im Vergleich zum europäischen Marienkäfer ein Vielfaches an Blattläusen vertilgt. Er breitete sich, von dort kommend, in Europa aus.

In der Planungsphase äußerte das französische Forschungsinstitut für Landwirtschaft INRA keinerlei Bedenken. Sechs Jahre nachdem man diesen «Nützling» eingeführt hatte, waren Landwirte und Winzer überzeugt, dass man sich in Wahrheit einen Schädling ins Haus geholt hatte. Die gefräßigen kleinen Kerle verspeisen nicht nur Blattläuse, sondern auch Larven anderer Insekten inklusive jenen des einheimischen Marienkäfers. Da der asiatische Marienkäfer kälteempfindlich ist, sucht er sich zum Überwintern warme Plätze: An hellen Hauswänden sammeln sich große Käfertrauben (bis zu mehrere Hundert Exemplare) und kriechen in vorhandene Ritzen.

Ein besonderes Problem stellt er für Winzer dar, da er bei der Weinlese leicht in die Weintrauben gerät und Bitterstoffe absondert. Ein Käfer pro Kilogramm Weintrauben genügt, um den Wein ungenießbar zu machen. Diese Plage breitet sich gerade rasant in ganz Europa aus und steht nur noch etwa hundert Kilometer vor den Weinanbaugebieten in Bordeaux. Das auch hier gültige Fazit lautet:

> «Jedes Mal, wenn man [in einem Ökosystem] ein Problem zu lösen versuchte, schuf man sich dadurch an einer anderen Stelle ein neues größeres. Die besten Absichten führten oft zu den größten Katastrophen.»[29]

Und hier wie an anderen Stellen kann man sich nicht mit einem simplen «Wussten wir ja nicht» herausreden. Das Wissen war da; man hat es nur nicht beachtet oder beachten wollen. Denn natürlich wusste man um die höhere Konzentration der Bitterstoffe. Man hat sie nur nicht in Verbindung mit der Weinlese bringen wollen.

Die Fehler hier und anderswo weisen erstaunlich ähnliche Strukturen auf. Der angestrebte Idealzustand ist zwar jeweils ein anderer, die Methoden, mit denen er erreicht werden soll, erweisen sich jedoch als begrenzt, als gleichförmig und als nahezu universal – unabhängig von den jeweiligen Umständen. Das weist auf evolutionär erklärbare Problemlösungsstrategien hin.

«Die sind harmlos» – Weitere Unterschätzungen
bei Neueinführungen

Eine Reihe von Wissenschaftlern ist trotz der vielen Beispiele, in denen dies nicht funktioniert hat, weiterhin der Ansicht, die Einführung einer neuen Tier- oder Pflanzenart empfehlen zu können. So wurde 1988 trotz starker Bedenken ein Futtergras in Australien ausgesetzt. Bereits elf Jahre später hatte es eine Reihe einheimischer Arten verdrängt und wird nun zu einem der zwanzig schädlichsten Unkräuter gezählt. 1990 kam es zur Anpflanzung von Besenkraut in Australien zum Zweck der Landgewinnung; nur fünf Jahre später gab man bereits eine halbe Million Dollar aus, um eine weitere Verbreitung zu verhindern. In beiden Fällen stützte sich die australische Regierung auf wissenschaftliche Gutachten. Sie war zu diesem Zeitpunkt für Schäden durch neu eingeführte Tier- und Pflanzenarten durchaus sensibilisiert.[30]

Auf gleiche Weise kam auch die Kröte *Bufo marinus* nach Australien. Man verfolgte das Ziel, einen Zuckerrohrschädling zu bekämpfen. Die Wirksamkeit dieser Aussetzung war durch *einen einzigen* Fall belegt! Und in diesem Fall (1931, in Puerto Rico) war die tatsächliche Ursache des Rückgangs die hohe Niederschlagsmenge gewesen. Ohne die Zusammenhänge genauer zu analysieren, führte man die Kröte in Australien ein – mittlerweile überrennt *Bufo*, einer der schlimmsten Schädlinge in Australien, den gesamten Kontinent.[31]

Natürlich müssen wir uns mit unseren Beispielen nicht auf Australien beschränken. Auch in Europa glaubte man 2006 am *Centre for Applied Biosciences International* Unkräuter mit nachgeholten Schädlingen bekämpfen zu können. Frühere Versuche nennt man dilettantisch, das Zauberwort heute heißt «wirtspezifisch».[32] Dieser Ansatz berücksichtigt jedoch nicht, dass jede Tierart ihre Nahrung bei Knappheit auch umstellen kann – und zwar auf durchaus unvorhersehbare Quellen (der Nilbarsch frisst seine eigenen Jungen!). Ungeachtet aller Negativbeispiele halten sich die Wissenschaftler für fähig, komplexe Systeme kontrollieren zu können. Daran sind jedoch – wie wir gezeigt haben – starke Zweifel angebracht. Denn erneut zeigen sich die typischen Fehler: Die Dynamik wird unterschätzt, die eigene Kompetenz überschätzt, einem Problem wird genau eine Lösung zugeordnet.

Und funktioniert eine biologische Kontrolle ausnahmsweise einmal, dann kann man sicher sein, dass sie eins zu eins von einem Land mit ganz anderen Rahmenbedingungen übernommen wird. So konnte man zwar in Australien der riesigen nichteinheimischen Kaktusteppiche mit einem Insekt Herr werden und dabei einen großen Erfolg verzeichnen. In Südafrika und auf den Antillen aber fiel das Insekt mit dem hübschen Namen *Cactoblastis cactorum* auch über andere Kaktusarten her. Was in Australien Erfolg hatte, funktionierte in anderen Ländern keineswegs. In vernetzten, rückgekoppelten Systemen gibt es kein Allheilmittel.

Man würde sich nun wünschen, dass der Mensch aus seinen Misserfolgen lernt. Doch das ist epochen- und länderübergreifend nicht der Fall, wie das Fazit eines Buches über die Neueinführung von Arten lautet:

«Dieses Buch hat eine zentrale Aussage: Wir lernen nichts aus der Geschichte, und wir sind mehr als bestrebt, die Fehler der Vergangenheit zu wiederholen.»[33]

Die zumeist katastrophalen Auswirkungen bisheriger Einführungen werden zurzeit durch die Freisetzung genetisch manipulierter Organismen erheblich ausgeweitet. Man potenziert die Probleme also in noch unabsehbarem Maßstab – und das, obwohl man in der Genforschung erst am Anfang steht. Frei von jeder Ideologie kann eine Theorie kognitiver Schwächen des Menschen hier eine sichere Voraussage treffen: Aufgrund unserer Unfähigkeit, komplexe Systeme zu beherrschen, wird es durch die ungleich größeren Eingriffe der genetischen Manipulation zu vielen weiteren Katastrophen in Ökosystemen kommen. Und obwohl die diversen Horrorszenarien der Science-Fiction-Literatur und -Filme lediglich fiktiv sind, so weit von der Wirklichkeit sind sie, ehrlich gesagt, gar nicht mehr entfernt. Gemessen an ihrer Wirkung stehen die «Mutanten» den Vorstellungen der Schriftsteller und Filmemacher durchaus nicht nach.

Freilandversuche genetisch manipulierter Pflanzen sind mehr als beunruhigende Beispiele für *mangelnde Informationsaufnahme*.

Die Einführung neuer Arten

Über die Folgen dieser genetischen Eingriffe lässt sich momentan bestenfalls spekulieren. So wurden Soja, Mais, Weizen und Raps Resistenzgene gegen sehr aggressive Spritzmittel eingebaut. Die Industrie sah die wenigen Meter «Schutzabstand» zu benachbarten Feldern als völlig ausreichend an, um eine Weitergabe an andere Pflanzen zu verhindern. Das ist inzwischen als Augenwischerei entlarvt worden. Es gibt viele belegte Fälle, in denen eine Übertragung der eingeschleusten Gene auf Wildpflanzen stattfand.

Bedenken von Gegnern, auch Schädlinge könnten bald eine Resistenz gegen dieses Gift entwickeln, wurden verlacht. Die vielen Übertragungswege, die es gibt, wurden als «rein theoretische» Möglichkeiten abgetan. Doch wie heißt es so schön pessimistisch im Film *Jurassic Park*: «Die Natur findet immer einen Weg.» Mittlerweile gibt es viele Beispiele für Gentransfer von genmanipulierten Organismen zu den in der Natur vorkommenden. Selbst über Artengrenzen hinweg ist dies (bisher nur im Labor nachgewiesen) potenziell möglich. Auch die Alge *Caulerpa taxifolia* erreicht durch genetische Manipulation die siebenfache Größe ihrer unmanipulierten Schwester und droht mittlerweile den Boden des Mittelmeers unter sich zu begraben.

Man kann also feststellen:

1. Der Mensch entscheidet oft aufgrund einer mehr als dürftigen Informationsgrundlage (Beispiel: Moskitofische).
2. Der Mensch vermutet bereits vor der Analyse, dass es eine ganz einfache Ursache für das Problem gibt, der man mit einer ebenso einfachen Maßnahme begegnen kann (Beispiel: Schnecken).
3. Der Mensch hat große Schwierigkeiten, Wirkungen, die in Zeit oder Raum weit von der Ursache entfernt sind, zu begreifen, zu bedenken und zu beherrschen (Beispiel: die Spätfolgen bei der Waldbewirtschaftung).
4. Der Mensch vereinfacht komplexe Sachverhalte radikal und ordnet einer Wirkung auch nur eine Ursache zu. Das auf diese unzulässige Weise entstandene Problem ist verständlich, handhabbar und für

den Menschen linear zu lösen (Beispiel: Ökosystem Wald, die *Blue Mountains* in Oregon, USA; Fallstudie 3).
5. Nebenwirkungen lassen sich nicht vollständig überschauen (Beispiel: Die Einsetzung des Nilbarsches führte über andere Trocknungsverfahren schließlich zu Abholzung und Erosion. In Australien verarmen ganze Ökosysteme, weil sie von eingeführten Arten überrannt werden.)
6. Die Dynamik eines Systems wird grundsätzlich unterschätzt. (Dazu ein bislang noch nicht angeführtes Beispiel: In Florida wurden Pappeln aus Australien eingeführt. Diese haben einen erheblich höheren Wasserbedarf als die einheimischen Bäume und führen dazu, dass der Wasserstand in den geschützten Everglades sinkt. Damit aber ist eine ganze Kaskade an Tieren und Pflanzen betroffen. Diese eine Änderung zieht also viele Wirkungsketten nach sich, die wiederum andere dynamisch beeinflussen.)
7. Es gibt eine gewisse Blindheit gegenüber eigenen Fehlern. (Beispiel: Für die Waldfachleute waren die Schäden der Überweidung schon lange offensichtlich; für Weidefachleute hingegen waren die Waldschäden evident!)

Wie sich gezeigt hat, greift der Mensch zum Lösen von Problemen auf eine Handvoll Strategien zurück und verhält sich dabei gegenüber Erfahrungen und Erkenntnissen weitgehend resistent. Die Resultate gleichen sich in allen Fällen, auch wenn Wissenschaftler (im Vergleich zu Alltagsmenschen) manchmal kritischer und vorsichtiger handeln. All das weist stark auf Fehler bzw. negative Nebenwirkungen unserer angeborenen Problemlösungsverfahren hin.

Das soll natürlich keine Aufforderung dazu sein, die Flinte ins Korn zu werfen. Schließlich sind dem Menschen bis heute noch keine Flügel gewachsen, und doch erhebt er sich mittlerweile wie selbstverständlich in die Luft. Schwächen lassen sich durchaus korrigieren, etwa durch Fehleranalysen. Und der Umgang mit komplexen Systemen lässt sich ebenfalls erlernen. Dazu müssen wir Expertenwissen, unser Wissen um die besprochenen Probleme, Hilfsmittel wie Computer sowie bestimmte Strategien (Arbeiten in der Gruppe) kombinieren. Zudem gibt es gute Problemlöser. An ihnen können wir uns ein Beispiel nehmen, von ihnen können wir lernen. Dazu mehr im letzten Kapitel (Kapitel 6).

Fallstudie 3 (Ökologie): «Wir haben es doch nur gut gemeint!» – Die Bewirtschaftung der *Blue-Mountains*-Wälder

Das Management eines komplexen Ökosystems ist extrem schwierig, denn Ökosysteme gelten zu Recht als Paradebeispiel für komplexe Systeme, weil sich unzählige Faktoren gegenseitig beeinflussen (verschiedene Tier- und Pflanzenarten; Klima und Wetter usw.). Wir wählen als Beispiel die Bewirtschaftung der *Blue-Mountains*-Wälder im Nordwesten der USA. Das hat drei Gründe:

- Erstens handelt es sich um ein komplexes Ökosystem, das über einen sehr langen Zeitraum gesteuert wurde.
- Zweitens geschah dies zu jeder Zeit mit wissenschaftlichen Methoden. Der *National Forest Service* wurde 1905 gegründet und sollte die *Blue-Mountains*-Wälder nachhaltig bewirtschaften und gesund erhalten. Den Maßnahmen lagen stets wissenschaftliche Untersuchungen zugrunde. Heute publiziert der *National Forest Service* jährlich etwa 1200 Artikel in Fachzeitschriften und veröffentlicht weitere 1400 Publikationen!
- Drittens war die Haltung der Verantwortlichen zu jeder Zeit *konstruktiv*. Das Ziel aller Beteiligten war es, den Wald nicht zu schädigen, sondern (gesund) zu erhalten und nachhaltig zu regulieren. Bis heute wird ökologische, ökonomische und soziale Nachhaltigkeit als das wichtigste Ziel genannt. Man will also nicht mehr Bäume schlagen, als nachwachsen können, und grundsätzlich Ressourcen nur so benutzen, dass dies in gleicher Weise auch in Zukunft möglich ist.

Wir stützen uns bei unserer Darstellung hauptsächlich auf Nancy Langstons Bericht, die die Bewirtschaftung der *Blue Mountains* untersucht. Sie beginnt ihren Bericht mit der Feststellung:

> «Nachdem man ein Jahrhundert lang versucht hatte, die Wälder nachhaltig zu bewirtschaften, war unwiderruflich verloren, was dem Menschen einst wie das Paradies erschienen war.»
>
> «Es ist eine Tragödie, dass rechtschaffene Menschen mit den besten Absichten genau das zerstörten, was ihnen am meisten am Herzen lag.»[34]

Ein verstörendes Ergebnis. Doch wie konnte das geschehen? Wie konnte es dazu kommen, dass sich die gesteckten Ziele in ihr Gegenteil verkehrten? Welche Maßnahmen führten zur Zerstörung des Paradieses?

Alles hatte so begonnen: Am Ende des 19. Jahrhunderts waren Waldschäden durch Eingriffe der Siedler so gravierend geworden, dass man den *National Forest Service* gründete. Er sollte regulierend eingreifen und die Holzproduktion optimieren. In seiner Verantwortung lag es, für Nachhaltigkeit zu sorgen, so dass der Wald auch zukünftig maximale Erträge erbringen konnte. Zu diesem Ziel – Wälder in homogene und produktive Wälder zu verwandeln – stellte man Wissenschaftler ein.

Diese reagierten leider mit einer allzu nachvollziehbaren Maßnahme: Sie wandelten das komplexe System Wald *ausdrücklich* in ein einfaches um. Durch diese *radikale Vereinfachung* meinten sie, das System beherrschbar zu machen. Aus einem vernetzten System wurden unverbundene Einzelsysteme.

Leider nur in ihren Augen und Planungen!

Die Wirklichkeit blieb nach wie vor komplex. Es liegt auf der Hand, dass man zu unerwarteten Ergebnissen gelangt, wenn man aufgrund falscher Voraussetzungen agiert.

Man begann mit einer einfachen Zweiteilung: Alte Bäume waren schlecht, junge Bäume waren gut. Damit wurde vieles einfach, verständlich und handhabbar.

«Wir haben es doch nur gut gemeint!»

Das ist *lineares Problemlösen*. Für komplexe Systeme ist dies – wir müssen uns hier wiederholen – nicht die richtige Strategie. Altes Holz spielt eine wichtige Rolle im Ökosystem Wald. Deshalb ist es grundsätzlich die falsche Strategie, Totholz aus Wäldern zu entfernen. Denn Totholz fördert das Wachstum junger Bäume. Es stellt unter anderem Nährstoffe, Schatten und Feuchtigkeit (als Schutz gegen Feuer) zur Verfügung. Dazu später mehr.

Man begann also, alte Bäume so schnell wie möglich zu fällen, damit möglichst schnell viele junge Bäume nachkommen konnten. Es folgte nun eine Reihe von Rechenfehlern: Man erhoffte sich bei einer Abholzung von 80 %, dass die restlichen 20 % sich in nur 60 Jahren verdoppeln würden. Die dabei angenommene Wachstumsrate von 1,5 % war bis dato allerdings nie erreicht worden. Wunschdenken und Schönrechnen waren von nun an an der Tagesordnung: In den Prognosen fanden sich nur noch optimale Holzernten aus perfekt wachsenden und immer gesunden jungen Bäumen.

Nur wenig später rechnete man sogar mit dem potenziellen, nicht mehr mit dem realen Wachstum. Man verkürzte auf dem Rechenschieber die Wachstumszyklen und holzte bis zu 90 % eines Standplatzes ab, obwohl man wusste, dass dadurch das Wachstum im zweiten Zyklus nur noch 20 % des bisherigen Standes betragen würde.

Sie könnten nun einwenden, diese Fehler müsse man ja nicht machen. Sobald sie bekannt seien, könne man sie beheben bzw. vermeiden; deshalb sei das heute sicherlich anders. Wenn die Leute damals mehr Holz schlugen, als sie verkaufen konnten (vor 1916 wurden nur etwa 15 % des geschlagenen Holzes verkauft), dann kann man das ja abstellen.

Das ist richtig. Man tat es aber nicht.

Trotz der Zielsetzung der Nachhaltigkeit steuerte man in die entgegengesetzte Richtung. Selbst das ökonomisch sinnvollste Verhalten – das Optimum der maximalen nachhaltigen Entnahme – wird auch heute noch verfehlt. Die Holzproduktion stieg in dieser Zeit und bis heute fast durchgängig an. Von etwa 1910 bis 1930 verdreifachte sich die Menge, 1938 schlug man bereits das Achtfache, von 1968 bis 1988 sogar das Sechzehnfache.[35] Man wusste, dass man die Vorräte künftiger Generationen verschleuderte, prognostizierte den Einbruch sogar richtig auf die 1980er Jahre, holzte aber dessen ungeachtet weiter und weiter. Wie gesagt, die Produktion (also der Holzschlag) wird bis heute in ungeheurem, nichtnachhaltigem Ausmaß gesteigert. Sie hat nahezu jedes Jahr zugenommen.

> «In ihrem Eifer, den Wald von schlechtem alten Totholz zu befreien, waren sie blind gegenüber den zahlreichen Zeichen, dass etwas schieflief. Diese intelligenten Menschen hatten sich einer Vision verschrieben und verschlossen sich gegenüber all den Informationen, die der Wald ihnen bereitstellte. Sie lebten und arbeiteten in einer selbstbezüglichen Welt von optimalen Erträgen und theoretischen Überschüssen.»[36]

Man blendete die Probleme der Zukunft aus, um die der Gegenwart zu lösen. Wir haben das als *Schwierigkeiten im Umgang mit der Zeit* und als *Nichtbeachtung von Fernwirkungen* eingeordnet. Der *National Forest Service* hat sein Ziel, nichtnachhaltigen Missbrauch mit wissenschaftlichen und planerischen Mitteln zu bekämpfen, nicht erreicht. Er hat ihn stattdessen durch gesteuerten Missbrauch ersetzt. Zwar gab es bezüglich der *Blue-Mountains*-Wälder experimentelle Arbeiten (z.B. von Bright 1913);[37] die riesigen Datenmengen, die man über die Jahre gesammelt hatte, wurden aber nie ausgewertet! Als eine Beobachtung aus Laborexperimenten hatten wir im vorhergehenden Teil formuliert: Je mehr Entscheidungen getroffen werden, desto weniger Informationen werden aufgenommen.

Durch den Kahlschlag waren die Wälder anfällig geworden: für Krankheiten, Schädlinge und Großfeuer. Die Medien berichten zwar über diese Phänomene ebenso wie über die alljährlichen Waldbrände beispielsweise in Kalifornien, Spanien oder Griechenland. Sie sagen aber nicht, *warum* diese überhaupt möglich sind. In einem gesunden Wald, in den der Mensch nicht eingegriffen hat, kommen verheerende Großfeuer praktisch nicht vor. Hier verzehren kleinere und mittlere

«Wir haben es doch nur gut gemeint!»

Brände das Brennmaterial; nur durch «Aufräumarbeiten» und das Löschen der kleineren Brände durch uns Menschen werden diese Großbrände erst möglich.

Wir können hier nicht alle Maßnahmen und Eingriffe in den *Blue Mountains* nachzeichnen. Wir wollen aber die Unfähigkeit des Menschen, komplexe Systeme zu beherrschen, an besonders deutlichen Beispielen demonstrieren: Fälle, in denen das Gegenteil der erwünschten Effekte eingetreten ist.

Zunächst wollte man die Kiefer als produktive Baumsorte stärken. Heute, hundert Jahre später, sind die erwünschten Kiefern fast überall von unerwünschten Tannen verdrängt. Wie konnte es dazu kommen, wenn Förster und Fachleute doch das Gegenteil anstrebten? Kiefern brauchen im Vergleich zu Tannen mehr Sonne. Also musste man nur – so die einfache Überlegung – mehr Lichtungen schlagen. Diese Vereinfachung auf einen einzigen Aspekt ist typisch für *lineares Problemlösen* (*ein* Problem hat *eine* Lösung).

Als man Jahre später die Lichtungen überprüfte, war man bass erstaunt, dass dort nun lauter Tannen standen. Doch warum? Tannen wachsen viel schneller als Kiefern und können deshalb frei gewordene Plätze schneller besetzen. Hinzu kam, dass man Kiefern bevorzugt abholzte, was natürlich ebenfalls zum vermehrten Tannenbewuchs beitrug. Und nun beobachten wir eine überraschende Reaktion: Weil Kiefern durch den Schlag von Lichtungen nicht wie gewünscht nachwuchsen, stellte man ab 1920 die Aussaat von Kiefernsämlingen als unbrauchbar ein; neue *alleinige* Lösung, um mehr Kiefern zu erhalten – ohne Zusammenhang mit den bisherigen Versuchen –, war stattdessen die Feuerbekämpfung!

Doch die Feuerbekämpfung war ebenfalls ein großes Fiasko. Auf den ersten Blick ist nichts gegen den Plan einzuwenden, kleinere und mittlere Brände zu löschen. Man hatte nur nicht bedacht, dass dieses Vorgehen beim nächsten Brand zu großen Problemen führt. Als Fernwirkung ist festzustellen, dass all die Bäume, die man vor dem vollständigen Abbrennen gerettet hatte, sich nun als gutes Brennmaterial erwiesen. Durch diese Maßnahme entwickeln sich durchaus beherrschbare Brände zu unglaublich zerstörerischen Großbränden, von denen wir dann in Fernsehberichten erfahren.

Obwohl mittlerweile bekannt war, dass der aktive Kampf gegen Waldbrände in den Folgejahren zu noch größeren Waldbränden führte, sah ein neuerer nationaler Feuerbekämpfungsplan der USA zwei Milliarden Dollar allein für das Jahr 2000 vor.[38] Studien aus dem *Yellowstone*-Nationalpark zeigen, dass billiges Nichteingreifen hervorragende Ergebnisse erbringt, da die Feuer fast immer rasch von selbst ausgehen.[39] Zwei Milliarden Dollar also, die unsinnig ausgegeben wurden, zwei Milliarden Dollar, die dafür sorgen, dass größere Schäden nachfolgten. Es klingt ein wenig seltsam, aber das Beste wäre, wenn all die Förster – gar nichts tun würden! Denn mit Wäldern ist es wie mit Whisky und gutem Wein: Man muss sie vor allem erst einmal in Ruhe lassen.

Da das Ökosystem Wald ein komplexes System ist, sollten wir nicht überrascht sein, wenn es neben den unerwünschten Tannen und den verheerenden Waldbränden noch andere Nebenwirkungen gibt. Und das ist tatsächlich der Fall. Der Insektenbefall potenzierte sich, denn Tannen sind bekanntlich (bekannt spätestens seit 1913, als zu diesem Thema eigene wissenschaftliche Arbeiten des *National Forest Service* erschienen) erheblich anfälliger gegenüber Schädlingen als Kiefern.

Der zweite Grund für den explodierenden Insektenbefall ab etwa 1969 war das eifrige Aufräumen durch die Förster. Das Totholz sollte aus dem Wald entfernt werden, weil man darin Insekten vermutete und, wie oben angedeutet, die Feuergefahr verringern wollte. Hier zeigen sich eine *mangelnde Kontrolle* der Maßnahmen und *unzureichende Informationsaufnahme*. Die gemachten Annahmen waren zum Teil leicht überprüfbar (Insekten in Totholz) oder kontrollierbar (etwa die Effekte des Kahlschlags für die Kiefern). Heute weiß man, dass in toten Bäumen Raubinsekten und Rossameisen leben, die beide Insekten(-larven) fressen. Rossameisen sind ihrerseits Hauptnahrungsquelle (98%) für Spechte. Zwar fressen Spechte keine Schad-

«Wir haben es doch nur gut gemeint!»

insekten, schaffen aber Nistmöglichkeiten für Vögel. Und die fressen bekanntermaßen Insekten.

Wir wollen die Bilanz nicht weiter ausführen, sondern sie mit den traurigen Resultaten beschließen: Insekten hatten etwa ab den 1980er Jahren kaum noch Feinde (weder Vögel noch Ameisen oder Raubinsekten) und konnten sich an den anfälligeren Tannen gütlich tun. In der Folge nahmen Insekten explosiv zu. 1990 waren 50% der Douglastannen durch Insekten vernichtet und 63% aller Bäume geschädigt.[40] Man hatte also sowohl bei der Waldzusammensetzung als auch bei der Brandbekämpfung und bei dem Schädlingsbefall durch all die teuren Maßnahmen das Gegenteil des Angestrebten erreicht oder die Probleme sogar potenziert. Im Folgenden zeigen wir die Ursachen dieser Resultate auf.

Während Menschen in Laborversuchen bei Fehlschlägen eher hektische Betriebsamkeit an den Tag legen, beobachtete man bei den Förstern ein anderes Verhalten: jahrelanges unschlüssiges Abwarten bei Situationen, die langsam außer Kontrolle gerieten, vor allem aber den *Rückzug in bekannte, beherrschbare Teilgebiete*. Mit anderen Worten: Ein Mensch tut nicht immer das, was er soll, sondern das, was er kann. Wenn der Mensch zehn Probleme zu lösen hat, beginnt er stets mit jenem, von dem er glaubt, es sicher lösen zu können – auch wenn es nicht das dringlichste ist. Sie kennen das vielleicht von sich selbst: Bei einem Umzug haben Sie alle Kisten längst gepackt, aber den Strom in der neuen Wohnung noch immer nicht bestellt. Oder im Garten: Da haben Sie die Rosen schon zweimal geschnitten, aber das wuchernde Unkraut haben Sie immer noch nicht gejätet.

Das war in den ersten Jahrzehnten des letzten Jahrhunderts so, und das ist heute nicht anders. Denn es handelt sich um kognitive Fehler, die auf evolutionsbiologische Grundlagen zurückzuführen sind. Das heißt, solange man sich nicht darüber im Klaren ist, dass hier Fehler lauern, wird der Mensch sie immer wieder begehen. Das ist einer der Gründe, warum wir Sie über die möglichen Fehler informieren wollen. Denn sollten Sie der Meinung sein (wie viele Experten auch), dass das alles Probleme der Vergangenheit sind, dann liegen Sie bedauerlicherweise falsch.

Es waren ausgewiesene Experten, zum Teil Ökosystemtheoretiker, die die genannten Fehler begingen – keinesfalls naive Holzfäller, die es Anfang des letzten Jahrhunderts einfach nicht besser wussten. Nein, von Anfang an handelte es sich fast ausschließlich um Maßnahmen, denen wissenschaftliche Untersuchungen ersten Ranges zugrunde lagen. Die Planer des *National Forest Service* waren und sind durchweg an renommierten Universitäten ausgebildet. Das liegt auf der Hand – oder würden Sie einem «naiven Holzfäller» Wälder anvertrauen, die Ihnen besonders am Herzen liegen, geschweige denn ein jährliches Budget (im Jahr 2000) von zwei Milliarden Dollar in die Hand drücken? Einige wichtige Entscheidungen wurden sogar aufgrund wissenschaftlicher Untersuchungen getroffen, die vom *National Forest Service* genau mit dem Ziel der Nachhaltigkeit in Auftrag gegeben wurden. Jedes Mal aber zog die Lösung wieder andere, unbeachtete Probleme nach sich.

Wie gesagt: Das ist heute nicht anders. Auch heute glaubt man, alles besser zu wissen, und weigert sich hartnäckig, aus früheren Fehlern zu lernen. Den Verantwortlichen war durch das gesamte Jahrhundert hindurch in vielen Belangen durchaus klar, welche Fehler gemacht wurden. Trotzdem wurden sie nicht behoben. Belege dafür finden sich in vielen *Forest Reports*:

> «Auf einer Seite des Berichts stellt ein Förster die Auswirkungen der Schädlinge und die Unmöglichkeit, ihrer Herr zu werden, dar; und drei oder vier Seiten später empfiehlt er Maßnahmen, die das Problem der Insekten und Krankheiten in ihrer Gänze lösen könnten.»[41]

Das ist ein eklatanter Widerspruch, der eine Erklärung erfordert. Angesichts des sehr langen Zeitraums, der hohen Personenzahl und des zunehmenden Wissens über das Ökosystem *Blue Mountains* ist es unverständlich, dass Fehler nicht behoben und nur selten erfolgreiche Lösungen gefunden wurden. Es ist zudem erstaunlich, dass auf

«Wir haben es doch nur gut gemeint!»

alte ungelöste Probleme immer wieder mit den gleichen Mitteln reagiert wurde und wird. Methoden zudem, von denen man bereits wusste, dass sie untauglich sind. Erzielte eine Maßnahme keine oder die gegenteilige Wirkung, so wurden die Anstrengungen in der einmal eingeschlagenen Richtung einfach verdoppelt. Das ist in etwa so, als würden Sie gegen eine Tür drücken, auf der «Ziehen» steht. Es funktioniert nicht, also drücken Sie erst einmal stärker. Wenn regulieren nicht hilft, muss man eben mehr regulieren, so das Motto. Das können Sie leicht in der Datenbank des *National Forest Service* (http://www.treesearch.fs.fed.us/) selbst überprüfen. Hier einige Beispiele:

- Spätestens seit der heftigen Debatte in den 1970er Jahren weiß man um die enorme Bedeutung alter Bäume *(old growth)* für das Gesamtsystem Wald. Der Bericht von 1990 geht beispielsweise auf diese Erkenntnis ein, im nächsten Absatz wird trotzdem das weitere Abholzen alter Bäume empfohlen![42]
- Der Bericht von 2003 registriert bei regulierten Ständen massive Einbußen.[43] Man bricht die Eingriffe daraufhin aber nicht ab, sondern setzt sie fort: Noch immer beseitigt man Totholz, bekämpft Insekten aggressiv und geht gegen Feuer fast immer rigoros vor. Und das, obwohl im *Report* an fast der gleichen Stelle die wichtige natürliche Rolle des Feuers betont wird.
- Auch der Bericht von 2005 empfiehlt einen landesweiten Plan zur Feuerbekämpfung, der von einem Expertenstab und Wissenschaftlern erstellt wurde und sich auf Eingreifen und «Aufräumen» stützt.[44]
- In der gleichen Weise passieren Wunschdenken und Schönrechnen problemlos jede kritische Instanz: 1990 ging man davon aus, die Holzproduktion, die ohnehin bereits weit über der Nachhaltigkeitsgrenze lag, noch einmal um den Faktor 1,6 erhöhen zu können. Der Plan bis 2006 geht nicht von realem, sondern von maximalem Wachstum aus. Dieses wird erreicht, indem alle negativen Faktoren auf wundersame Weise verschwinden und alle positiven verstärkt werden.

Dann viel Glück, könnte man ironisch wünschen, wenn durch diese Maßnahmen nicht so viel zerstört werden würde.

Und diese Fehler ziehen sich durch die Reihen aller Beteiligten. Der *National Forest Service* hat seine Fehler bereits in mehreren Publikationen zugegeben.

> «Viele der aktuellen Schädlingsplagen stehen in direkter Verbindung zu Eingriffen des Menschen, die in den letzten 90 Jahren vorgenommen wurden.»[45]

Doch auch eine kritische Autorin wie Nancy Langston plädiert trotz aller Fehlschläge für ein «Weiterwursteln».

> «So gerne wir auch die vorhandene Version der Natur durch unsere Vorstellung davon ersetzen würden, es geht eben nicht. Wir können nur ein wenig damit herumspielen, hier ein wenig zupfen, dort ein bisschen schubsen.»[46]

Spätestens hier sollte klar sein: Nein, das geht eben nicht! Zuerst einmal müssen wir unsere grundlegende Unwissenheit bekennen und auf Maßnahmen verzichten, so schmerzhaft das sein mag. Gerade dieses «hier ein wenig, dort ein bisschen» hat *nicht* funktioniert und wird auch in Zukunft nicht funktionieren. Denn wie die Autorin schon drei Seiten später selbst schreibt:

> «Jeder, der versucht hat, die Wälder zu reparieren, hat alles nur noch schlimmer gemacht.»[47]

Was Nancy Langston betrifft, kann man gewiss nicht von einem Rechtfertigungsdruck gegenüber Geldgebern ausgehen. Vielmehr muss man erkennen: Diese Fehler treten bei allen Menschen auf, weil sie – egal, in welchem Bereich – bestimmte Lösungsstrategien favorisieren. Und doch wissen wir, dass wir diesen Fehlern nicht schutzlos unterworfen sind. Schließlich gibt es auch Beispiele für erfolgreich und in der Tat nachhaltig bewirtschaftete Ökosysteme.

Resignation ist demnach *nicht* angebracht. In einigen Bereichen (z. B. Flugsicherheit) ist es bereits gelungen, mit begleitenden Maßnahmen wie Redundanz, technischer Unterstützung und anderen Hilfsmitteln die *grundsätzliche und gleich bleibende* Fehleranfälligkeit zu minimieren. Voraussetzung dafür ist natürlich eine erfolgreiche Suche nach den Ursachen der Fehler, wie sie die vorliegende Fehleranalyse bietet. Allerdings treten die geschilderten Fehler systematisch auf, das heißt, es handelt sich nicht um Einzelfälle.

5 Was würde Darwin dazu sagen? Eine evolutionäre Erklärung der Fehlerfamilie (Umgang mit Komplexität)

Wir können zusammenfassen: Sowohl der *Umgang mit Komplexität* als auch die Verwendung von Heuristiken sind Reaktionen auf eine Umwelt mit bestimmten Merkmalen: Erstens ist unsere Welt komplex, muss aber handhabbar gemacht werden. Zweitens ist in vielen Situationen schnelles Handeln notwendig. Drittens darf unvollständige oder fehlerhafte Information unsere Entscheidungen so wenig wie möglich beeinträchtigen. Diese drei Ziele werden durch die beschriebenen Mechanismen erreicht: Komplizierte Schätzungen werden auf einfache Extrapolationen reduziert, Ursachen-Wirkungs-Netze auf eine zentrale Ursache heruntergebrochen, Alternativen nicht untersucht, Maßnahmen nicht kontrolliert und aus Einzelfällen schnell eine allgemeine Regel generiert.

Was in der Wissenschaft durchaus Fehler genannt werden darf, das kann im Alltag eine sinnvolle und geeignete Methode sein, um unter *Zeitdruck*, bei *unvollständiger Information* und *Kapazitätsbeschränkungen* komplexe Situationen zu meistern. Natürlich wäre es schön, wissenschaftliche Methoden auch im Alltag anwenden zu können; in der Regel würde man auf diese Weise aber mit Kanonen auf Spatzen schießen, soll heißen, die Verhältnismäßigkeit wäre nicht gewahrt. Natürlich kann man die Wahrscheinlichkeit exakt berechnen, den stadtnäheren Parkplatz zu bekommen, statt ein wenig zum Einkaufen zu laufen – aber das kostet dann einen ganzen Tag Datenbeschaffung, Methodenreflexion und Rechnerei.

Eine schnelle Abschätzung, die Sie bereits im Auto sitzend in wenigen Sekunden durchführen können, ist in diesem Fall schlicht sinnvoller. Solche Verfahren nennt man Heuristiken. Die meisten dieser menschlichen Faustregeln erreichen bei minimalem Aufwand eine angemessene Genauigkeit. Die natürliche Auslese begünstigt in einer Umwelt, die keine optimalen Bedingungen bereitstellt, eben nicht Genauigkeit, sondern Schnelligkeit und Einfachheit. Wer gut reduziert und trotzdem keine schwerwiegenden Fehler begeht, der hat gewonnen.

Wie in jedem Kapitel finden Sie auch hier eine abstrakte Formulierung des Denkmusters in komplexen Situationen:

1. **Ziel:** Benutze Auswahl, Reduktion, Abbruch, um (komplexe) Situationen zu vereinfachen und um schnell reagieren zu können.
2. **Suche:** Benutze nur die «wichtigsten» (= auffälligsten) Hinweise, ignoriere den Rest. Vergleiche Hinweise nur in Ja-oder-Nein-Entscheidungen, nicht quantitativ. Gehe seriell vor. Behandle Netze als unverbundene Einzelsysteme. Reduziere viele Ursachen auf eine einzige. Verwende Standardprozeduren, wiederhole sie. Schließe von Einzelfällen auf allgemeine Regeln. Bei Beschränkungen: Beschleunige die Verarbeitung, filtere und vereinfache noch stärker.
3. **Bewertung der Hinweise:** Bevorzuge konkrete, auffällige Hinweise. Behandle Wirkungszusammenhänge stets als linear. Ignoriere Fern- und Nebenwirkungen, vernachlässige Alternativen. Vermeide aufwändige Kontrollen.
4. **Ende:** Beende bei Erreichen der selbst gewählten Zielvorgabe. Wenn die Zielvorgabe mit Standardvereinfachungen nicht erreichbar ist, nimm keine Rücksicht auf andere Vorgaben (z. B. Genauigkeit). Ist keine Lösung erschließbar, rate.

Wenn Sie einem Wissenschaftler auf den Kopf zu sagen, dass er bei seiner letzten Veröffentlichung so vorgegangen ist, dann haben Sie sich einen Feind gemacht. Und doch macht jeder Mensch täglich unzählige Male von genau dieser Methode Gebrauch: Schließlich will er irgendwann einmal zum Bäcker kommen und nicht mit seinem Kind den ganzen Vormittag Blumen, Käfer, Steine, Autos, den Bordstein, noch ein paar Blumen und vor allem natürlich den Gartenzaun und die Blätter untersuchen. Unter diesem Blickwinkel betrachtet wird die Funktion der Fehlerfamilie klar. Und diese Funktion ist das Ergebnis einer Anpassung, nämlich der *Fähigkeit zum schnellen Handeln* unter nichtoptimalen Bedingungen.

_____ Kapitel 4

**Lieber schnell und falsch als gar nicht –
Handlungsfähigkeit durch Kohärenz**

In diesem Kapitel stellen wir ein Verhaltensmuster vor, das wir *Handlungsfähigkeit durch Kohärenz* nennen. Wir demonstrieren anhand einiger berühmter Experimente, welche Fehler damit verbunden sind. Auch Sie können daran überprüfen, wie Sie auf die betreffenden Denkfallen reagieren. Dabei werden auch bekanntere und unbekanntere Wissenschaftler auf Herz und Gehirn überprüft: Fallen sie diesen Fehlern ebenfalls zum Opfer? 160 abenteuerliche Jahre menschlicher Intelligenzmessung und der Skandal um die kalte Fusion im Jahr 1989 zeigen, dass es sich hier um eine rhetorische Frage handelt, und liefern reichlich Stoff zu einer kritischen Betrachtungsweise sowie einer Interpretation und Erklärung.

Die folgende Fehlerfamilie besteht aus vier Einzelfehlern, die ineinander übergehen. Diese Denkmechanismen haben neben ihren offensichtlichen Nachteilen auch Vorteile, denn sie tragen zu unserer Handlungsfähigkeit bei. Diese Fehler sind:

- Hartnäckigkeit der ersten Hypothese und Beharren auf Überzeugungen,
- fehlendes Bemühen um Falsifikation,
- Ignorieren widersprechender Belege und Blindheit gegenüber eigenen Fehlern,
- verfälschende Erwartungshaltung.

Wir werden im Folgenden nicht nur die Nachteile beschreiben, sondern auch auf die Vorteile verweisen, was in der Fehlerforschung nicht ganz selbstverständlich ist. Die genau benennbaren Vorteile dieser Verhaltensweisen lassen sich anhand evolutionärer Prozesse gut erklären. So schützen uns diese Mechanismen z. B. vor ständigem Zweifel – anstatt endlos zu zögern und zu zaudern, bleiben wir handlungsfähig. Die Evolution begünstigt ganz offenbar all jene Menschen, die handeln (wenn auch manchmal falsch), und nicht jene, die gar nicht oder erst viel zu spät handeln.[1] Wir kommen darauf zurück.

Hartnäckigkeit der ersten Hypothese 107

Abb. 8 Christoph Kolumbus vor dem Konzil von Salamanca (Ausschnitt), Gemälde von William Powell, 1847

1 Hartnäckigkeit der ersten Hypothese und Beharren auf Überzeugungen

Der Notar rieb vorsichtig mit dem Daumen über die Feder und seufzte. Wieder einmal hatte ihn sein Kapitän und Admiral zurechtgewiesen, er hatte ihn sogar in einem Atemzug mit der Talavera-Kommission genannt. Und das war für Kolumbus das übelste aller Schimpfwörter. Die Kommission in Salamanca war schuld daran, dass die Königin ihm die Unterstützung für seine Reise nach Indien versagt hatte. Ihre Mitglieder hatten dabei nur auf Ansichten antiker Autoritäten beharrt: Sie hatten erklärt, dass es im Westen kein Land gebe, nur Wasser (das sei aus Aristoteles und dem apokryphen Buch Esra ja bekannt), und so viele Jahrhunderte nach der Schöpfung sei es undenkbar, dass noch neue Länder von Wert entdeckt würden.

«Und ich bin doch im Indischen Ozean!», hatte Kolumbus ihm, Pérez, kürzlich ins Gesicht gerufen. «Auch wenn einige Zweifler in meiner Mannschaft sind, ich weiß es mit absoluter Gewissheit. Oder warum haben uns sonst die Indios heute von einem Land berichtet, das sie «Magon» nennen? Dort leben bekleidete Menschen, sagen sie. Und das, mein lieber Pérez de Luna, kann ja wohl nur bedeuten, dass sie von der chinesischen Provinz Mangi sprechen, die Marco Polo erwähnt!»

Der Notar schrieb die Worte langsam in sein Tagebuch. Ein einzelnes Wort war alles, was Kolumbus in den Händen hielt: «Magun» oder so ähnlich. Ein Wort aus einem unverständlichen Wortschwall eines Indiohäuptlings. Doch Pérez de Luna wusste, dass es keinen Sinn hatte, Kolumbus in dieser Sache zu widersprechen. Das war für den Admiral die eine Wahrheit seines Lebens. Er hatte mit eigenen Augen gesehen, was mit dem Unglücklichen geschehen war, der in Gegenwart des Kapitäns den Namen al-Farghani ausgesprochen hatte. Das war einer dieser muselmanischen Sterndeuter, die den Erdumfang berechnet hatten. In arabischen Meilen natürlich. Kolumbus hatte die Zahlen übernommen und in römischen Meilen gerechnet. Auf drei arabische Meilen kamen vier römische, das wusste sogar er, und er hatte Recht studiert.

Heute Morgen, am 12. Juni 1494, hatte der Kapitän die ganze Mannschaft am Strand versammelt und alle dazu verpflichtet, ihren Namen unter ein Dokument zu setzen, das laut Kolumbus nur das Offensichtliche besagte, nämlich, dass sie in Indien gelandet seien. Kolumbus hatte ihm in die Feder diktiert, «dass dies das Festland am Anfang und Ende Indiens ist, von wo aus man zu Fuß nach Spanien gelangen kann».

Hartnäckigkeit der ersten Hypothese

Aber wer konnte schon wissen, wie diese Insel wirklich hieß? Die meiste Zeit über wusste keiner, wo sie gerade waren – auch der Admiral nicht. Vierzig Tage lang, sinnierte Perez, hat uns der Alte jetzt diese fremde Küste entlanggescheucht. Es war zwar eine schöne Insel, aber ob es auch tatsächlich Indien war?

Pérez de Luna legte die Feder nieder und ging in die milde Abendluft hinaus. Es war ein schöner, friedlicher Abend. Er setzte sich auf einen kubanischen Felsen und sah der Sonne nach. Dann warf er einen Stein in den Indischen Ozean.

Kolumbus war bis zu seinem Tode felsenfest davon überzeugt, Indien entdeckt zu haben. «Jetzt habe ich Indien wirklich und endgültig entdeckt! Was ich bisher für Indien hielt, waren nur vorgelagerte Inseln», schrieb er im August 1502 in sein Schiffstagebuch.[2] Ungeachtet der Tatsache, dass Vasco da Gama bereits im Jahr 1498 das wirkliche Indien über eine Route um Afrika erreicht hatte.

An diesem Beispiel lässt sich ein Fehler besonders gut festmachen, nämlich das Beharren auf Überzeugungen. Es handelt sich dabei um die Neigung, an Meinungen, Hypothesen oder Theorien festzuhalten – und zwar über einen angemessenen Zeitraum oder ein gerechtfertigtes Ausmaß hinaus. So rückt man etwa zu langsam von Urteilen ab, obwohl ihre Prämissen nicht mehr gültig sind oder neue Belege die bekannten Daten angreifen.

Einzelne Meinungen können sich auf diese Weise derart stark verfestigen, dass sie auch im Licht explizit widersprechender Belege aufrechterhalten werden. Das verstößt gegen die Normen der Neutralität und Objektivität, die besonders für die Wissenschaft von großer Bedeutung sind. Gleichwertige Fakten und Theorien sollten stets auch gleich gewichtet werden.

Doch Menschen zeigen im Wesentlichen drei unterschiedliche Arten von Verhalten, wenn ihre Theorien mit neuen Daten konfrontiert werden:

- Im ersten Fall hat man bereits vor der Präsentation aller Daten eine Theorie gebildet. Es ist dann unerheblich, ob die neuen Daten bestätigend, widersprechend oder ambivalent bezüglich der Theorie sind: Der Glaube an die Theorie steigt in jedem Fall an.

«Der Ball war drin», bemerkte der deutsche Bundespräsident Lübke nach dem umstrittenen Treffer zum 3:2 bei der WM 1966 (Abb. 9) und war damit wohl der einzige Deutsche mit dieser Meinung. Heute weiß ganz England, dass der Treffer korrekt war; und ganz Deutschland ist sich einig, dass dies nicht der Fall war – auch wenn in England längst nicht so viel Aufhebens um dieses Tor gemacht wird. Die Meinung verfestigte sich in den beiden Ländern auch unter jenen, die die Übertragung gar nicht gesehen hatten. Dabei ist es zudem egal, welche Wiederholung oder Kameraeinstellung bemüht wird.

- Im zweiten Fall stehen einige Daten bereits zu Anfang zur Verfügung. Auf ihrer Grundlage bildet man sich seine Theorie. Die völlig gleichwertigen Daten, die im Anschluss daran zur Verfügung gestellt werden, werden kaum noch oder gar nicht beachtet. Sie erhalten nicht das gleiche Gewicht, obwohl der einzige Unterschied im Zeitpunkt der Vergabe liegt (vor oder nach der Theoriebildung).

Bei der Bundestagswahl 2002 sah es lange Zeit so aus, als hätte Edmund Stoiber (CSU) gewonnen. Er ließ sich, etwas zu früh, als Sieger feiern. Als dann neue Hochrechnungen bestätigten, dass Gerhard Schröder (SPD) Bundeskanzler bleiben würde, war Stoiber noch immer der Überzeugung, die Wahl eigentlich gewonnen zu haben. Er sprach von einer «negativen Mehrheit», beharrte also gewissermaßen auf seinem Sieg (auch wenn er sich den nackten Zahlen natürlich letzten Endes nicht verschließen konnte). Interessanterweise konnte man Schröder drei Jahre später dabei beobachten, wie er nach seiner Niederlage gegen Angela Merkel den gleichen Fehler machte und trotz eingebüßter Mehrheit die Regierungsbildung für sich in Anspruch nahm.

Hartnäckigkeit der ersten Hypothese

Abb. 9   Das berühmte Wembleytor vom 30. Juli 1966

– Der dritte, experimentell gut belegte Fall zeigt als Sonderfall des zweiten, wie stark diese Verhaltensweisen bei uns verfestigt sind. Hier werden Versuchspersonen vermeintliche Beweise vorgelegt. Anhand dieser entwickeln sie ihre Theorie. Anschließend widerlegen die Testleiter diese Beweise. Sie erklären den Versuchspersonen, dass die «Fakten» frei erfunden waren. Dennoch überlebt in den meisten Fällen die einmal gebildete Theorie die Widerlegung der angeblichen Beweise, auf denen sie beruht.

Einmal gebildete Theorien erweisen sich folglich in allen drei Fällen als extrem stabil. Menschen legen dieses Verhalten in Alltag und Wissenschaft gleichermaßen an den Tag. Während eine «negative Mehrheit» nur etwas blöde klingt, ist der Umgang und das Zusammenspiel von Theorien und Daten das Herzstück wissenschaftlichen Arbeitens. Wenn Menschen Daten nun lediglich aufgrund banaler Unterschiede (wie etwa des Zeitpunkts) anders bewerten, dann müsste dies ganz grundsätzlich berücksichtigt werden. Alle Ergebnisse unter diesem Aspekt zu prüfen, sollte zwar ohnehin ein Prinzip wissenschaftlichen Arbeitens (Bemühen um Falsifikation) sein, erweist sich aber als besonders heikel, da Theorien auch angesichts vieler Widersprüche nicht unbedingt aufgegeben werden. Oft ist es sogar der Fall, dass aufgetauchte Widersprüche für die eigene Theorie «zwangsrekrutiert» werden. In unserem Beispiel der «kalten Fusion» (Abschnitt 4.6), bei der unbegrenzte Energie im Reagenzglas erzeugt werden soll, gibt es sogar einen Forscher, der nicht erzeugte Energie zum *Beweis* für kalte Fusion erklärt – denn sonst hätte man sie ja längst entdeckt. Analog dazu wird in der Rasterfahndung nach potentiellen Terroristen muslimischer oder arabischer Herkunft die «Unverdächtigkeit zum Verdachtsmoment». Das Urteil über diese Methode verrät der Bericht schon im Titel: «Allgegenwärtig, ineffizient und diskriminierend».[3]

Wie lassen sich solche Verhaltensweisen erklären? Ein Grund für das Beharren auf Überzeugungen ist die Bevorzugung vertrauter Information. Ihr wird ein Wahrheitsbonus eingeräumt. Eine vertraute Information wird von uns oft als «wahre Information» behandelt. Außerdem neigen wir zum mechanischen Anwenden bekannter Methoden und erzeugen durch bewusst hervorgerufene Routine (vermeintliche) Sicherheit und gewinnen Zeit. Dabei übersehen wir allerdings auch offensichtlich einfachere Alternativen.

Sie kennen das vielleicht von sich selbst. Man bevorzugt den «vertrauten» Parkplatz, die alte Methode, auf seinem Handy eine Nummer zu speichern, obwohl es (wie ein Freund Ihnen vor Kurzem gezeigt hat) auch schneller geht, oder die schon oft gekaufte Nudelsorte, weil man sich doch nicht ganz sicher ist, ob die andere genauso gut schmeckt. Oft wehrt man sich intuitiv gegen neue Wege, probiert sie vielleicht gar nicht aus, obwohl man vermutet oder sogar weiß, dass sie besser sind.

Warum?

Die Antwort ist einfach: Sie wissen, dass Ihre Methode *sicher* zum Ziel führt. Diese Sicherheit wiegt den erhöhten Aufwand oft auf. Das englische Sprichwort «Shortcuts cause long delays» (etwa: «Abkürzungen dauern länger») benennt das Risiko fremder, neuer Wege. In psychologischen Experimenten ist dieses Verhalten übrigens leicht nachzuweisen: Bis zu 60% der Versuchspersonen beharren selbst bei ganz simplen Aufgaben auf alten, komplizierten (aber eingeübten und erfolgreichen) Lösungswegen. Es spielt dabei keine Rolle, ob neue Lösungen klar und einfach vor ihren Augen liegen oder nicht.[4] 60% verschließen sich also einfacheren Lösungen, nur weil sie neu sind und bisheriger Routine entgegenlaufen. Das ist eine erstaunlich hohe Zahl lernresistenter Menschen. Eine stichhaltige Erklärung dieses Verhaltens ist Sicherheit durch Routine. So kommen die amerikanischen Forscher Nisbett und Ross in ihren umfassenden Studien, die auch das Verhalten der Menschen im Alltag einbezieht, zu dem für sie selbst überraschenden Schluss:

> «Die Tendenz der Menschen, auf ihren Überzeugungen zu beharren, ist so auffallend, dass vermutet werden kann, dass dieses Verhalten wichtigeren Zwecken oder Zielen dient als der korrekten Darstellung eines Sachverhalts.»[5]

Für Evolutionsbiologen liegt es nahe, dass dieses Verhalten in irgendeiner Weise vorteilhaft sein muss. Welche Ziele es genau sind, die eine größere Bedeutung als die richtige Einschätzung der Lage haben könnten, werden wir noch klären. Zunächst analysieren wir den zweiten Teilaspekt der ersten Fehlerfamilie.

2 Fehlendes Bemühen um Falsifikation

Wien, 1846, Geburtshilfliche Abteilung des Allgemeinen Krankenhauses.

Der junge Arzt Ignaz Semmelweis tritt seinen Dienst an. Es ist ein schöner Frühjahrsmorgen, und er ist voller Tatendrang. Der Direktor der Klinik, Professor Klein, hat ihn als Erstes zu einer Frau geschickt, die vor zwei Tagen ein gesundes Töchterlein geboren hat. Doch die junge Mutter hat Kindbettfieber, am Abend seines ersten Arbeitstages ist sie gestorben. Semmelweis begegnet dem Tod, wo er Leben finden wollte.

Professor Klein kommentiert die Sterbezahlen mit einem Achselzucken und träger Gleichgültigkeit: Etwa jede zehnte Mutter sterbe im Kindbett, da könne man nichts machen. Zur schlimmsten Zeit sei es sogar jede fünfte. Semmelweis ist geschockt. Das hat er nicht erwartet – und auch nicht, warum die Frauen geradezu darum betteln, nicht in seine Abteilung, in der immerhin Studenten ausgebildet werden, eingewiesen zu werden. Stattdessen wollen sie alle zu der von Hebammen betreuten Abteilung, die an jenen drei Tagen in der Woche die Geburten übernehmen, an denen seine Abteilung niemanden aufnimmt. Semmelweis erkundigt sich und erfährt, dass bei den Hebammen nur jede hundertste Mutter im Kindbett stirbt!

Semmelweis geht der Sache auf den Grund. Er benötigt ein ganzes Jahr, um die Ursache zu finden: ein Jahr voller Zweifel und Suche, ein Jahr voller vergeblicher Hoffnung und Verzweiflung. Dann aber ist er sich sicher: Die Ärzte und ihre Studenten selbst infizieren die Frauen! Denn sie tragen an ihren Händen noch das Leichengift, die Entzündungen auslösenden Keime der zuvor sezierten Toten aus der Pathologie.

Semmelweis ordnet sofort an, dass alle Ärzte vor jeder Untersuchung ihre Hände zu waschen haben. Als kaum einer seine Anweisung beachtet, bezieht Semmelweis selbst neben dem Waschbecken Posten.

Und tatsächlich: Nach einem Monat sterben nicht mehr 11%, sondern nur noch 3% der Frauen, nach weiteren zwei Jahren nur noch 1%! Er hat es geschafft.

Aber er muss erfahren, dass seine Kollegen ihm nicht glauben. Erstens entspricht es nicht der Lehrmeinung, und zweitens würde das die Ärzte zu Schuldigen machen. Ende der Diskussion. Doch Semmelweis gibt nicht auf: Warum will niemand sein Ergebnis überprüfen? Nein, lautet die Antwort, Ende der Diskussion. Semmelweis wird sogar entlassen. In Budapest (dem heutigen Semmelweis-Krankenhaus) findet er schließlich eine Anstellung und kämpft weiter seinen aussichtslosen Kampf gegen unsaubere Hände, unsaubere Bettwäsche und ungläubige Kollegen. Er schreibt wütende Briefe, beschimpft seine Kollegen als Mörder und wirft ihnen vor, schuld am Tode unzähliger Frauen zu sein. Doch niemand ist bereit, seine Überzeugung einer Gegenprobe zu unterwerfen. Semmelweis' Nerven zerrütten zusehends – überall sieht er die tödlichen Keime, er beschwört junge Liebespaare auf der Straße, sich ihre Hände zu waschen, und gerät vor Sorge um seine jüngste Tochter außer sich. Schließlich wird er in eine Nervenklinik eingewiesen und stirbt dort kurze Zeit später – bittere Ironie des Schicksals – an genau den entzündlichen Keimen, die er so klarsichtig und unerbittlich bekämpft hat.[6]

Dieses Beispiel macht uns auf ein Prinzip aufmerksam, das die Wissenschaftstheorie mit dem großen österreichischen Wissenschaftstheoretiker Karl Popper (1902–1994) verbindet: das Prinzip der Falsifikation. Popper betonte, dass eine positiv formulierte These nur so lange Bestand hat, bis das erste Gegenbeispiel gefunden wird. Sein Beispiel dafür ist berühmt geworden: Alle Schwäne sind weiß. Sobald man also einen schwarzen Schwan findet – und das hat man inzwischen –, ist dieser Satz falsifiziert, also falsch. Verallgemeinert heißt das, die *beste* Prüfstrategie ist es, Thesen auszuschließen, *falsch zu machen*. Interessanterweise wenden viele Menschen im Alltag diese so vorteilhafte Strategie *nicht* an. Wir werden später auf die Frage «Warum nicht?» noch eingehen.

Der von uns Menschen immer bevorzugte Bruder der Falsifikation ist die Bestätigung. Als Bestätigungstendenz gilt das wiederholte Testen bereits bestätigter Hypothesen, wobei bereits bekannte positive Resultate erwartet werden. Von fehlendem Bemühen um Falsifikation sprechen wir, wenn beim Überprüfen von Hypothesen fast ausschließlich nach Daten gesucht wird, die die Hypothese bestätigen, und nicht nach Daten, die die Hypothese gefährden. Einfach ausgedrückt heißt das: Der Mensch sucht lieber zehn weiße Schwäne als einen schwarzen.

Wir verdeutlichen dieses Verhaltensmuster an einem einfachen Test des englischen Kognitionspsychologen Peter C. Wason von 1960.[7] Diesen Versuch können Sie auch leicht selbst mit Freunden nachstellen. Legen Sie Ihrer Versuchsperson einfach die Zahlenfolge 2–4–6 vor. Dann bitten Sie die Person, Ihnen die Regel zu nennen, der dieses Tripel folgt. Die Person darf Ihnen beliebige Zahlentripel nennen, die Sie sofort einordnen als «folgt der Regel» bzw. «folgt nicht der Regel». Die richtige Regel lautet: Die Zahlen werden größer.

Sie werden feststellen, dass es oft vieler Fehlschläge bedarf, bis diese einfache Regel erraten wird. Häufig vorgeschlagene Tripel sind 14–16–18, 8–10–12, 11–13–15. Die Versuchspersonen versuchen also, ihre Hypothese «Addiere 2» oder «Nur gerade Zahlen» zu bestätigen. Kaum jemand wird eine falsifizierende Strategie für die rasch aufgestellten Hypothesen verwenden. Da nicht gezielt nach Verletzungen der jeweiligen Regel gesucht wird (etwa 1–3–5 für eine Falsifikation «Nur gerade Zahlen» oder 1–99–257 für die Regel «Addiere 2»), kann man von einer defekten Suche sprechen. Das heißt, hier wäre eine Falsifikationsstrategie besser, schneller und effizienter.

Irgendwann kommt natürlich jeder ans Ziel (manche Testperson wird allerdings nach einigen Fehlschlägen vorher frustriert aufgeben). Es kommt aber nicht nur darauf an, ans Ziel zu gelangen, sondern auch, dies möglichst schnell zu schaffen. Und dies gelingt in diesem Fall und in vielen anderen Fällen wohl demjenigen, der die Falsifikation als Prüfstrategie verwendet.

Da bei dieser Aufgabe die Regel sehr weit ist, verbraucht die (unnötige) Bestätigung von Fakten lediglich Zeit und Aufmerksamkeit. Sie bringt aber kaum neue Erkenntnis. Es werden ja lediglich bereits bekannte Fakten wiederholt geprüft. Obwohl die Falsifikation der Bestätigung als Strategie überlegen ist, gibt es nur jeweils einen kleinen Prozentsatz von Personen, die so vorgehen.

Wenn Sie Lust haben, versuchen Sie es doch selbst einmal mit einem weiteren Test, dem wohl berühmtesten dieser Art, dem *Wason Selection Task*. Auch diese Aufgabe wurde von Wason entwickelt.[8] Er wollte herausfinden, ob Poppers normative Aufforderung zur Falsifikationssuche von Menschen praktisch umgesetzt werden kann. Es geht also um das Verhalten im Alltag und wissenschaftliche Theorien.

Die Versuchsanordnung besteht aus vier Karten, die alle auf einer Seite mit Buchstaben, auf der anderen Seite mit Zahlen beschriftet sind. Zu sehen sind ‹E›, ‹T›, ‹4› und ‹7›.

Abb. 10   Versuch zur abstrakten Falsifikation

Die zu überprüfende Regel lautet: *Wenn auf der Vorderseite ein Vokal ist, dann ist auf der Rückseite eine gerade Zahl.*

Bitte suchen Sie sich nun die Karten aus, die Sie umdrehen müssen, um die Regel vollständig zu prüfen. Es sollten möglichst wenige sein. (Die Lösung finden Sie etwas weiter unten.)

Wir schließen gleich einen zweiten Test an. Stellen Sie sich vor, Sie sind Angestellter des Gaststättengewerbes. Sie sollen prüfen, ob ausschließlich Gäste, die über 18 Jahre alt sind, Alkohol trinken. Nun sitzen an einem Tisch vier Personen: eine Frau um die 40, ein Jugendlicher sowie zwei Personen, die mit dem Rücken zu Ihnen sitzen. Was die Frau und der Jugendliche trinken, können Sie nicht erkennen; vor den beiden anderen steht ein Bier und ein Glas Cola. Bitte sagen Sie nun, was Sie tun müssen, um die Regel *Wer Bier trinkt, muss über 18 Jahre alt sein* vollständig zu prüfen.

Abb. 11   Versuch zur Falsifikation sozialer Regeln

Die zweite Aufgabe war leichter, nicht wahr? Und doch liegt beiden Aufgaben genau das gleiche logische Prinzip zugrunde: «Wenn P, dann Q». Die korrekte Lösung ist ‹E› und ‹7› bzw. ‹Ist 16 Jahre alt› und ‹Trinkt Bier›. Zunächst müssen Sie prüfen, ob der zweite Teil des Satzes erfüllt ist (gerade Zahl bzw. Volljährigkeit), wenn der erste gegeben ist (Vokal bzw. Bier trinken); Sie drehen also ‹E› um bzw. fragen die Bier trinkende Person nach ihrem Alter. Dann müssen Sie ausschließen, dass der falsche zweite Teil (ungerade Zahl bzw. unter 18 Jahre) nicht auf die Wenn-Bedingung des ersten Teils folgt (Vokal bzw. Bier trinken). Hierzu drehen Sie die ‹7› um bzw. sehen nach, ob der Jugendliche nicht etwa Bier trinkt. Sie können natürlich auch alle Karten umdrehen und alle Personen samt ihrer Getränke überprüfen, aber das verbraucht eben mehr Zeit. Und wenn dieser Aufwand groß genug ist, dann lohnt sich das Nachdenken darüber auch.

Der Prozentsatz derjenigen Personen, die diese Aufgabe in der abstrakten Standardformulierung richtig lösen, beträgt über viele Studien hinweg unter 5%.[9] Gratulation, wenn Sie dazugehören! Die Mehrzahl der Versuchspersonen bevorzugt jedoch ‹E› oder ‹E› und ‹4›, was als Bestätigung interpretiert wird. Nur mit ‹E› und ‹7› lässt sich die Regel falsifizieren: Die Regel ist falsch, wenn hinter E keine gerade Zahl oder hinter 7 ein Vokal steht. Es ist übrigens gut möglich, dass Sie diesen Test einmal richtig lösen und sich wenige Wochen später, wie einer der Verfasser, doch wieder falsch entscheiden – so stark ist hier unsere Intuition!

Das Erstaunliche ist aber, dass über 70% den Test richtig lösen, wenn eine konkrete Formulierung verwendet wird, wie jene mit dem Bier. Wahrscheinlich haben Sie also den zweiten Test erfolgreich abgelegt, obwohl an der logischen Grundstruktur der zu prüfenden Regel nichts geändert wurde. Andere, anscheinend gleichwertige Formulierungen (mit Autos, Tattoos usw.) liefern Prozentsätze, die irgendwo zwischen 5% und 70% liegen. Eine Erklärung scheint schwer oder gar unmöglich.

Dazu gibt es zahllose Studien, die verschiedene Aspekte dieses Verhaltens näher untersuchen und auf sehr unterschiedliche Arten erklären. Dabei ist man sich noch nicht einmal darüber einig, was nun eigentlich getestet wird: Sind es unbewusste Vorgänge, abstrakt logische Kompetenz oder sprachliche Fertigkeiten? Keiner dieser Erklärungsansätze konnte allerdings zuverlässige Voraussagen machen, wie sich eine bestimmte Formulierung auf die Leistung auswirken wird. Und das lässt an der Gültigkeit der jeweiligen Erklärung zweifeln.

Nun zeigen zudem andere Tests, dass jeder Mensch bestätigende Daten bis zu dreimal häufiger im Gedächtnis behält als falsifizierende. Ein weiteres Indiz ist eine hohe Lernresistenz. Sie ist zumindest für abstrakte Aufgabenformulierungen hoch; selbst nach Erläuterung ist nicht intuitiv klar, wie die Vermutung am ehesten zu falsifizieren wäre.

Die bislang beste Erklärung für diesen Sachverhalt gaben die beiden Evolutionspsychologen Cosmides und Tooby in einem bahnbrechenden Aufsatz (1992).[10] Der große Unterschied ihres evolutionären Ansatzes zu bisherigen Erklärungen ist, dass sie den Umweltkontext auf eine neue Art und Weise beachten. Sie postulieren einen Betrüger-Entdeckungs-Mechanismus des Menschen, der aktiv wird, sobald die folgende grundlegende Regel unseres sozialen Zusammenlebens verletzt wird: «Wer den Nutzen hat, muss auch die Kosten tragen.» Bei abstrakten Formulierungen mit Karten wird dieser Mechanismus *nicht* ausgelöst; sobald es dagegen um Betrug in sozialen Bereichen geht, sehr wohl. Ihre Experimente zeigen konsistente voraussagbare Ergebnisse und schneiden im direkten, explizit vorgenommenen Vergleich zu den Konkurrenzhypothesen entscheidend besser ab. Die Argumentation lautet wie folgt: Im evolutionsbiologischen Kontext ist es lediglich entscheidend, Ressourcen gegen Betrüger (Trittbrettfahrer) zu verteidigen; auf andere Strukturen wird offenbar nicht selektiert. Cosmides und Tooby nennen u. a. folgende Ergebnisse:

1. Es gibt keinen Universalmechanismus, der Regelverletzungen ganz allgemein entdeckt. Das heißt, wir entdecken zwar Betrüger, aber nicht, symmetrisch dazu, Altruisten.

2. Es werden nur Betrugsversuche entdeckt, aber nicht allgemein logische Fehler.
3. Das Entdecken sozialer Regelverletzungen bedeutet nicht, dass wir die dazugehörige logische Struktur auch abstrakt beherrschen; die Betrügerentdeckung ist also keine Spezialform logisch-abstrakter Fähigkeiten.
4. Wer als Betrüger gilt, hängt von der Perspektive ab.[11]

Diese Merkmale beschreiben eine Funktion, deren evolutiver Zweck klar auf der Hand liegt: die Betrügerentdeckung. Sie wird als eine Anpassung an ein genau bestimmtes Problem charakterisiert und funktioniert nur unter bestimmten Voraussetzungen.

Dieses Modell von Cosmides und Tooby ist eine detaillierte Ausarbeitung eines Fehlers *(fehlendes Bemühen um Falsifikation)* mit einer evolutionären Interpretation. Für die anderen in diesem Buch behandelten Denkfehler ist das so detailliert nicht der Fall. Zwar interpretieren wir die anderen Fehler ganz analog, können jedoch eine ähnlich ausgearbeitete experimentelle Grundlage dafür nicht zur Verfügung stellen. Deshalb weisen wir auf diese Untersuchung als ein besonders gutes Beispiel hin, das zeigt, mit welchem Auflösungsgrad eine solche Analyse durchgeführt werden und zu welch hervorragenden Übereinstimmungen eine evolutionäre Leithypothese führen kann.

3 Ignorieren widersprechender Belege und Blindheit gegenüber eigenen Fehlern

An diesem Morgen aber war es still. Zum ersten Mal seit zehn Jahren waren die Griechen nicht zu hören. Die Schiffe hatten den Strand verlassen, das Lager bestand nur noch aus kohlenden Resten. Die Griechen hatten alles verbrannt. Nur ein hölzernes Ross, fünfzig Fuß in der Höhe, stand eine halbe Meile vor dem Skäischen Tor. Die Trojaner eilten hinaus und tanzten und jubelten; ihre Feinde waren

Ignorieren widersprechender Belege

verschwunden, die Belagerung endlich zu Ende. Nur was dieses hölzerne Pferd zu bedeuten hatte, das wusste niemand. Der Priester des Poseidon war der Erste, der die Trojaner warnte. Er stand hinter seinem Altar am Meer und redete heftig auf den König ein: Die Griechen hätten mitnichten aufgegeben, dies sei eine List des schlauen Odysseus. Da fuhr eine Wasserschlange aus dem Meer und riss den Priester und seine beiden Söhne mit sich in das Reich des dunkel schäumenden Meeres. Die Trojaner waren sich einig, das war ein Zeichen der Götter, die den Frevler bestraften. Sie zogen das Pferd als Zeichen ihres Siegs in Richtung Troja. Im hohlen Bauch des Pferdes aber hatten sich einige Dutzend der tapfersten Griechen versteckt. Als nun das Pferd einen plötzlichen Ruck machte und sich in Bewegung setzte, fielen die Griechen übereinander. Waffen klirrten und Rüstungen polterten. Die Trojaner aber wollten es nicht hören. Als sie an das Tor kamen, stellten sie fest, dass das Pferd größer als das Tor war. Also rissen sie Steine aus der Mauer und zerstörten die eigene Verteidigung.

Diese berühmte Begebenheit ist ein schönes Beispiel für den Fehler, den wir *Ignorieren widersprechender Belege* nennen.

Er besteht darin, Informationen, die für die eigene Urteilsbildung oder eine wissenschaftliche Theorie relevant sind, nicht zu beachten, zu unterschätzen, aktiv zu vermeiden oder sogar umzuinterpretieren, weil sie der aktuell vertretenen Meinung, Hypothese oder Theorie widersprechen. Hier besteht eine enge Verbindung zur *Bestätigungstendenz* und zum *fehlenden Bemühen um Falsifikation*. Dieser Fehler ist in psychologischen Experimenten nachgewiesen und zeigt sich in der Wissenschaft vor allem dann, wenn die eigene Theorie angegriffen wird. Ist dies der Fall, lassen sich folgende Verhaltensmuster erkennen:

– Dem Kritiker werden Hintergedanken unterstellt.
– Daten werden aus dem Zusammenhang gerissen und zugunsten der eigenen Theorie missverstanden, vergessen, ignoriert, geleugnet oder umgedeutet.

– Die Bedeutung der Daten wird heruntergespielt, ihre Herkunft angezweifelt.[12]

Die Blindheit gegenüber eigenen Fehlern ist ein gut bekanntes Phänomen, auch wenn es wissenschaftlich kaum untersucht ist. So konnte schon Descartes bemerken:

> «Der gesunde Menschenverstand ist die am besten verteilte Sache in der Welt, denn jeder glaubt sich so gut damit ausgestattet, dass sogar diejenigen, die bei allen anderen Dingen am schwierigsten zufriedenzustellen sind, gewöhnlich nicht mehr verlangen, als sie bereits besitzen.»[13]

So geht es z. B. amerikanischen Professoren, von denen sich überaus «objektive» 90 Prozent für *besser* als ihre Fachkollegen halten. Und ganz ähnlich verhält es sich bei den meisten Autofahrern oder den Tausenden Trainern der deutschen Fußball-Nationalmannschaft, die genau wissen, wie es geht. Ein weiteres anschauliches Beispiel für Blindheit gegenüber eigenen Fehlern ist der Bau einer Brücke über den Rhein. Trotz hundertfacher Überprüfung durch viele Experten und einer Projektlaufzeit von zwölf Jahren fiel niemandem auf, dass sich die beiden Brückenteile, die von beiden Ufern aufeinander zugebaut wurden, um 54 Zentimeter verfehlten – im Brückenbau ein gewaltiger Fehler. Der Konstrukteur selbst spricht von einer «Katastrophe».[14]

Das Ignorieren widersprechender Belege lässt sich bereits auf der Ebene der Wahrnehmung nachweisen. Zeigt man Versuchspersonen, «falsche» Spielkarten, etwa eine ‹schwarze Herz-Sechs›, so dauert es rund viermal so lange, bis die Karte erkannt wird, wie das bei «richtigen» Karten der Fall ist. Sollten Sie sich einen Moment lang verdutzt gefragt haben, was denn an einer ‹schwarzen Herz-Sechs› falsch sein soll, dann haben Sie soeben dieses Testergebnis bestätigt.

Hierbei werden zwei Verhaltensmuster ausgelöst: Erstens werden inkongruente Informationen ignoriert (WSEIO KNÖNEN

SIE DEIESN STAZ LSEEN, OWHOBL DIE BCUTHSAEBN
NCHIT IN DER RITHCIEGN RIEHNEFOGLE SHETEN?)
und einzelne Merkmale als *dominant* herausgepickt. Zweitens wird die Spielkartenfarbe in einer *Kompromissreaktion* als «so ein graueres Rot» oder «Schwarz in rotem Licht» bezeichnet. Mit beiden Verhaltensweisen (Dominanz- und Kompromissreaktion) wird versucht, nicht passende Daten in bestehende Schemata einzuordnen.[15]

Wir wollen nun kurz zwei interessante Studien zur Umdeutung von Fakten anführen. 1980 meldete ein Alarmsystem in den USA fälschlicherweise russische Raketen. Daraufhin fühlten sich nahezu alle Aufrüstungsgegner in ihrer Meinung bestätigt, weil ein befürchteter Fehler nun tatsächlich eingetreten war. Zugleich sahen aber auch 84% der Aufrüstungsbefürworter den Vorfall als unterstützendes Argument, weil der Fehlalarm ja erkannt worden war. Ein und dasselbe Ereignis bestärkt also zwei *gegensätzliche* Meinungen. Wir wissen nun nicht, welcher Seite Sie anhängen, aber wir vermuten, dass Ihnen nicht ganz klar ist, warum die anderen diesen Vorfall als bestätigend empfinden konnten.[16]

Fakten werden jedoch nicht nur umgedeutet, sondern auch im Sinne der vorherrschenden Meinung aufgenommen. Ein Beispiel dafür ist die so genannte feindliche Berichterstattung. Ein und derselbe Fernsehbericht über das Beirut-Massaker von 1982 rief bei proisraelischen und proarabischen Fernsehzuschauern, nicht aber bei einer neutralen Kontrollgruppe, jeweils die gleiche Reaktion hervor: Beide Gruppen waren der Überzeugung, die jeweils gegnerische Seite werde im Bericht bevorzugt.[17]

Dieses Verhalten führt dazu, dass es schwierig bis nahezu unmöglich ist, in der eigenen Theorie oder Tätigkeit ohne externe Hilfsmittel komplexere Fehler zu finden. Wie heißt es so schön:

> «Was siehst du aber den Splitter in deines Bruders Auge, und den Balken in deinem Auge nimmst du nicht wahr?» (Lukas 6,41)

Um diesem Problem der verzerrten Datenaufnahme, das in vielen Formen auftritt, zu begegnen, wäre die ideale Forschungsstrategie, mit zahlreichen Hypothesen zu beginnen, um dann eine nach der anderen per Falsifikation zu eliminieren. Das hätte zur Folge, dass keine der aufgestellten Hypothesen privilegiert bzw. die «eigene» wäre, die man unbewusst «beschützt». Leider verhalten sich Menschen einfach nicht so, und in der Praxis wäre ein solches Vorgehen auch mit derart viel Mehrarbeit verbunden, dass sich kaum jemand finden dürfte, der dazu bereit wäre. Zudem gibt es oft nur eine eng begrenzte Anzahl sinnvoller Hypothesen. Und diese wird jeder Forscher *von Beginn an* bezüglich ihrer Wahrscheinlichkeit und Tauglichkeit abstufen (selbst wenn dies nur unterbewusst geschieht).

Ein anderer Fehler ist die Blindheit gegenüber eigenen Fehlern. Ausdrückliche Bestätigung findet das in der Industrie: Dort werden Ausführungsfehler der Bedienmannschaften so gut wie immer nur durch neu hinzukommendes Personal entdeckt, nie durch diejenigen, die den Fehler verursacht haben. Gerade bei Kernkraftwerken und anderen Gefahrenquellen ist das natürlich fatal. Eine Analyse der Katastrophe von Tschernobyl im letzten Kapitel zeigt, wie entscheidend hier Blindheit und andere Denkfehler ausgeprägt waren. Dieses Desaster zeigt, dass wir kognitive Fehler nicht unterschätzen dürfen.

Ein Symptom dafür ist auch, dass wir in der Regel zunächst einmal andere für Fehlschläge und Probleme verantwortlich machen oder den Grund in misslichen Umständen sehen. Erfolge hingegen schreibt jeder gerne den eigenen Fähigkeiten zu. Sie wissen schon, das ist der Unterschied zwischen: «Du hast dich dort vorne verfahren» und «Jetzt haben wir den richtigen Weg gefunden».

Die Erklärungen dieses Verhaltens gehen erneut weit auseinander. Sie reichen vom «Wunsch nach Eindeutigkeit» über einen «Mechanismus zur Reduktion von Information» und «Teilerklärungen als Teil des Lernprozesses» bis hin zur «Akzeptanz von Fehlern um einer strukturierten Welt willen». Diese Erklärungen überzeugen uns nicht, weil sie zum einen über bloße Vorschläge nicht hinausgehen und zum anderen keine spezifischen Gründe nennen. In unserem Kapitel zur Interpretation und Erklärung dieser Phänomene werden wir eine Alternative vorschlagen. Zunächst aber gehen wir auf den vierten Aspekt unserer Fehlerfamilie ein, die *verfälschende Erwartungshaltung*.

4 Verfälschende Erwartungshaltung

Unter der *verfälschenden Erwartungshaltung* fassen wir drei ähnliche Fehler inhaltlich zusammen:

- Erwartungen werden in Daten hineingelesen.
- Durch Erwartungen werden Daten unbewusst verfälscht.
- Menschen sind wegen bereits bestehender Erwartungen blind gegenüber anderen Daten.

Das ist nicht genau dasselbe wie das *Ignorieren widersprechender Belege*, aber natürlich nah damit verwandt. Während Letzteres Daten zur Kenntnis nimmt und sie erst danach verwirft, leiden wir bei der *verfälschenden Erwartungshaltung* unter einem «Tunnelblick», so dass viele Daten gar nicht erst wahrgenommen werden. Im Deutschen gibt es dafür das schöne Wort «betriebsblind». Während man selbst diese Verzerrung nicht bemerkt, wird sie von außenstehenden Beobachtern sehr zuverlässig und übereinstimmend festgestellt. Die *verfälschende Erwartungshaltung* führt unmittelbar zu unserem ersten Aspekt der Fehlerfamilie zurück: der *Hartnäckigkeit der ersten Hypothese*. Denn natürlich werden Erwartungshaltungen vor allem von anfänglichen Hypothesen erzeugt.

Ein berühmtes Beispiel dafür ist die Entdeckung der Kernspaltung von Lise Meitner und Otto Hahn, die wegen ihrer *Erwartungshaltung* lange Zeit das chemisch klar identifizierte Spaltprodukt nicht als Barium wahrnahmen:

> «Wir kommen zu dem Schluß: Unsere ‹Radiumisotope› haben die Eigenschaften des Bariums; als Chemiker müßten wir eigentlich sagen, bei den neuen Körpern handelt es sich nicht um Radium, sondern um Barium.»[18]

Oder wie Simon & Garfunkel treffend formulierten: «Still, a man hears what he wants to hear, and disregards the rest.»

Untersuchungen zu diesem Phänomen menschlicher Wahrnehmung führen zu verblüffenden Ergebnissen. So bemerkte keine einzige der vierzig Versuchspersonen beim Vorspielen einer Tonbandaufnahme den Husten, der einen erwarteten Laut überspielte. Alle gaben an, den erwarteten Laut gehört zu haben. Das gleiche Ergebnis fand sich bei Versuchspersonen, die genau wussten, an welcher Stelle gehustet wurde. Das bedeutet, dass wir fehlende Informationen ergänzen, auch wenn wir uns dessen gar nicht bewusst sind. Die Erwartungshaltung ist so stark und arbeitet so wirkungsvoll, dass Aussetzer für ein besseres Verständnis ausgeblendet, aufgefüllt oder repariert werden. Diese selektive Wahrnehmung arbeitet unbewusst, die tatsächlich vorhandenen Daten gelangen erst gar nicht bis zur Ebene der Aufmerksamkeit.[19]

Ein zweites Experiment unterstreicht das Ergebnis (man möchte beinahe hinzufügen: «wie erwartet»). Einer Gruppe von Studenten, die Versuchsratten in Labyrinthen laufen lassen sollten, wurde vor den Versuchen gesagt, die Ratten der Gruppe A seien besser als jene der Gruppe B. Eine zweite Gruppe von Studenten erhielt die gleiche Information in Bezug auf die B-Ratten. Obwohl in Wirklichkeit kein Unterschied zwischen den A- und B-Ratten bestand, wurden die vorher induzierten Erwartungen beider Studentengruppen bestätigt. Die «klugen» Ratten waren jeweils um ca. 50% erfolgreicher als die «dummen». Der deutliche Effekt der Erwartungshaltung zeigt den großen Einfluss vorgefasster Meinungen auf neutrale Daten. Das gleiche Phänomen zeigte sich auch bei Schülern, deren Lehrer gesagt bekamen, diese seien besonders intelligent. Am Ende des Schuljahres hatten diese tatsächlich ihren IQ signifikant gesteigert, obwohl sie ganz zufällig ausgesucht waren.[20]

Die *verfälschende Erwartungshaltung* zeigt sich besonders deutlich in der Medizin. Speziell die Placeboforschung belegt eindrucksvoll, wie stark Erwartungen wirken können. Sie können sogar physiologische Wirkungen nach sich ziehen, etwa wenn jahrelange heftige

Schmerzen verschwinden und Rollstuhlfahrer nach Placebo-Operationen wieder laufen können. So stellte sich bei Knieoperationen heraus, dass die tatsächlich operierten Patienten auch nach zwei Jahren keinen Deut besser laufen oder Treppen steigen konnten als die Kontrollgruppe, deren Vertreter nur einen Schnitt ins Knie bekam und ohne Operation gleich wieder zugenäht wurde.[21]

Die Placebo-Effekte für Medikamente liegen in zahlreichen Studien stabil bei 30 bis 60%. Darin sind allerdings oft auch andere wichtige Faktoren enthalten. Wir nennen nur zwei: die Regression zur Mitte (die Behandlung erfolgt meist zum schmerzhaftesten Zeitpunkt) und die Dauer der Krankengeschichte (Selbstheilungseffekte). Erwartungen funktionieren erstaunlicherweise sehr präzise und sogar unabhängig vom Inhalt der Voraussage: Zuerst teilt der Arzt dem Patienten mit, ob das Medikament (Placebo) den Atemwegswiderstand erhöht, erniedrigt oder stabilisiert; im Folgenden stellt sich je nach Information der beschriebene Effekt ein. Sinnigerweise funktioniert das auch, wenn zwei Placebos (z. B. gegen Schmerzen) gegeben werden: Das billigere hilft nicht so gut wie das teurere (obwohl es natürlich haargenau die gleiche Zuckerpille ist).[22]

Das Faszinierende an diesen Effekten ist, dass davon auch Wissenschaftler aller Disziplinen betroffen sind. Zwei Beispiele sollen das im Folgenden verdeutlichen: die Geschichte der Intelligenzmessung und die «Entdeckung» der kalten Fusion. Ganz verschiedenen Menschen unterlaufen die gleichen Fehler zu verschiedenen Zeiten in ganz unterschiedlichen Disziplinen – das macht historische Erklärungen schwierig und stärkt einen evolutionären Ansatz. Darüber hinaus treten alle vier eben besprochenen Einzelfehler der dritten Fehlerfamilie auf.

5 Fallstudie 4 (Psychologie): Dumm gelaufen – 160 Jahre Intelligenzmessung

Immer wieder, und nicht nur in der Vergangenheit, haben Wissenschaftler eine Überlegenheit der weißen Rasse im Vergleich zu anderen Rassen zu beweisen versucht. Im Folgenden stellen wir vier Fallbeispiele im Zeitraum von 1839 bis 2005 vor. Die vier hier untersuchten Forscher(-gruppen) verwenden unterschiedliche Methoden zu unterschiedlichen Zeiten und an unterschiedlichen Orten. Trotzdem weisen sie zwei markante Gemeinsamkeiten auf: zum einen das (rassistische) Vorurteil weißer Überlegenheit, zum andern falsche Schlussfolgerungen trotz starker Gegenbelege in ihren eigenen Arbeiten, das heißt die Fehler der Abschnitte 1, 3 und 4 dieses Kapitels: Sie arbeiten aufgrund einer starken ersten Hypothese (ihr Vorurteil), sie ignorieren widersprechende Belege (in ihrer eigenen Forschung), und sie unterliegen einer verfälschenden Erwartungshaltung (ihre Schlussfolgerungen sind unlogisch).

Die Geschichte der Intelligenzmessung beginnt in dieser Darstellung mit dem amerikanischen Arzt und Naturwissenschaftler Samuel Morton (1799–1851).[23] Samuel Morton wurde in Philadelphia/Pennsylvania als Sohn eines Kaufmanns geboren. Nach einer Ausbildung in einer Quäker-Schule brach Samuel Morton im Jahr 1817 seine Kaufmannslehre ab. Er schlug stattdessen die universitäre Laufbahn ein und schloss ein erstes Medizinstudium an der Universität von Pennsylvania (1820) sowie ein zweites in Edinburgh/Schottland (1823) ab. Danach kehrte er als Arzt zurück nach Philadelphia, wo er sich rasch einen Namen als Naturwissenschaftler machte. Von 1824 an verwandte er große Energie auf seine Schädelsammlung, die bei seinem Tod 1851 über tausend Exemplare zählte. 1839 veröffentlichte er seine Ergebnisse in der *Crania Americana*, seiner bedeutendsten Veröffentlichung. Noch im selben Jahr erhielt er den prestigeträchtigen Lehrstuhl an seiner *Alma mater*, der Universität von Pennsylvania. Die *Crania Americana* baute auf einer ungeheuren Fülle von

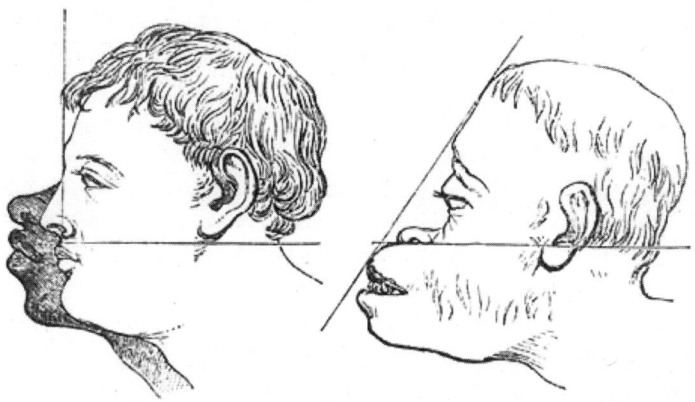

[*Profile of Negro, European, and Oran Outan.*]

Abb. 12 Schädelmessung nach Samuel Morton

Datenmaterial auf – seiner in der ganzen Welt zusammengetragenen Schädelsammlung – und wurde in den kommenden Jahrzehnten zu *dem* «objektiven» Fundament für Rassentheoretiker. Die *New York Tribune* würdigte Samuel Morton in ihrem Nachruf als einen Naturwissenschaftler höchsten Ranges: «... unter den amerikanischen Naturwissenschaftlern genoss wohl niemand auf der ganzen Welt eine so hohe Reputation wie Dr. Morton.»

Morton war von der Überlegenheit der weißen Rasse überzeugt und wollte hierfür umfassende wissenschaftliche Beweise liefern. Zu diesem Zweck sammelte und vermaß er über tausend Schädel aus aller Welt.

Da Morton die Rohdaten seiner Schädelmessungen veröffentlichte, konnte der amerikanische Biologe Stephen J. Gould mehr als 140 Jahre später Mortons Ergebnisse an den noch vorhandenen Schädeln überprüfen. Er vermaß sie neu und kam zu dem vernichtenden Schluss, dass Mortons Zusammenfassungen ein «Mischmasch aus Pfusch und Mogelei» waren. Allerdings handelte es sich weder um vorsätzlichen Betrug noch um einzelne Flüchtigkeitsfehler, sondern um durchgängige, *einseitige* Verfälschungen. Gould korrigierte die Daten und fand keine signifikanten Unterschiede zwischen den Rassen.

Trotzdem «bewies» Morton die angebliche Überlegenheit der weißen Rasse. Wie aber gelang Morton dieser «Beweis», der, wie wir heute wissen, nicht nur fehlerhaft geführt wurde, sondern auch auf falschen Grundlagen beruhte? Denn die Größe des Schädels hat mit der Intelligenz des Menschen genauso viel zu tun wie die Schuhgröße eines Mannes mit seiner Fähigkeit, gut Fußball zu spielen (obwohl uns zugegebenermaßen hierzu keine Studie, sondern nur unser eigenes Vorurteil vorliegt). Mortons Gedankengang verlief so: Ein größeres Schädelvolumen bedeutet mehr Gehirnmasse, was wiederum höhere Intelligenz verheißt.

Damit seine These von der Überlegenheit der weißen Rasse stimmte, mussten die Schädelvolumina von Kaukasiern (Weiße) über Asiaten zu Schwarzen geringer werden.[24] Also veränderte er die zuerhebenden Daten in einer Weise, die das gewünschte Ergebnis auch tatsächlich zustande kommen ließ: Er schloss bei Kaukasiern kleinschädelige Völker aus, rechnete sie aber bei «minderwertigen» Rassen mit ein. Morton wies selbst auf diese Methode hin, hielt sie also für zulässig.

Uns geht es hier nicht primär um die Intelligenz der Rassen, sondern um das Muster der Fehler: die Verfälschung von Daten durch eine starke Erwartungshaltung. Und dieses Muster wiederholt sich. Nicht nur Mortons Schädelsammlung, sondern auch seine Vorurteile und fehlerhaften Messungen wurden von seinen Nachfolgern übernommen. Warum können wir uns nun so sicher sein, dass Morton und seine Nachfolger hauptsächlich eigene Vorurteile maßen?

– Die Messergebnisse Mortons weichen systematisch immer nur in einer Richtung ab, selbst nach seiner Umstellung auf eine genauere Messmethode durch die Verwendung von feinerem Bleischrot.
– Der deutsch-amerikanische Anthropologe Boas widerlegte Mortons Annahme einer rassetypischen Schädelform, indem er zeigte,

dass die Schädelform nicht nur innerhalb einer Gruppe stark variiert, sondern sich auch im Leben eines Einzelnen verändert. Äußere Umstände haben einen weitaus größeren Einfluss auf die Schädelform als Gene: So wiesen bereits die Kinder von Südeuropäern, die in die USA eingewandert waren und laut Rassentheoretiker «kurzschädelig» sind, eine längere Schädelform auf. Nach nur einer Generation stellt man also erhebliche Umwelteinflüsse fest.

– Phillip Tobias und andere Wissenschaftler haben im 20. Jahrhundert überzeugend nachgewiesen, dass sämtliche Daten aus Schädel- und Gehirnmessungen extrem variabel sind. Selbst unter Verwendung modernster Methoden bleiben die Ergebnisse höchst unwissenschaftlich, weil nicht weniger als elf Faktoren bereits das Wiegen von Gehirnen bis zur Unkenntlichkeit verzerren. Die Messung des Schädelvolumens von außen ist noch ungenauer.[25]

Bei Morton lassen sich also die Fehler *Blindheit gegenüber eigenen Fehlern* und *verfälschende Erwartungshaltung* feststellen. Dies ist umso aussagekräftiger, als sich diese Fehler bei Messungen zeigen, die im Allgemeinen als objektiv und unbeeinflussbar gelten. Wenn schon elementare und einfache Messungen (Knochenlänge, Schädelvolumen) von diesen Fehlern betroffen sind, dann ist zu erwarten, dass dieser Fehler auch und in weitaus stärkerem Maße bei weicheren (z. B. Einschätzungen) und komplexeren Verfahren auftreten.

Dies ist übrigens auch der Grund, warum der IQ-Test erfunden wurde: Alfred Binet, ein französischer Psychologe, war mit den Schädelmessungen nicht zufrieden, da er bei sich und seinem Assistenten genau diesen Erwartungseffekt hinsichtlich der Knochenmessungen bemerkte. Er strebte ein besseres Verfahren an.

Die Erwartungshaltung zieht zudem eine *Blindheit gegenüber anderen Erklärungsmöglichkeiten* nach sich. Diese andere Hypothese war die Korrelation der Gehirngröße zur Körpergröße. Und diese Korrelation existiert in der Tat (wir werden weiter unten bei der

Frage, ob Deutsche intelligenter als Franzosen und Frauen intelligenter als Männer sind, darauf zurückkommen).

Die Ironie der Geschichte will es, dass ausgerechnet dem peniblen Fehlerforscher Gould in seiner kritischen Arbeit über diese Art von Fehlern genau der gleiche Fehler unterlief! Er errechnete bei seiner Neuvermessung der Schädel aus Mortons Sammlung ein durchschnittliches Schädelvolumen von 85,3 Kubikzoll, das in Wirklichkeit 87 Kubikzoll beträgt, «vermutlich weil der niedrigere Wert […] meinen Hoffnungen auf einen niedrigen kaukasischen Durchschnitt entsprach.» Ein aufmerksamer Leser wies Gould darauf hin, und dieser bestätigte in der folgenden Auflage: Der Fehler «veranschaulicht auf meine Kosten das Kardinalprinzip des Buchs». Gould erwartete kleinere Schädel von Weißen – und vermaß sich prompt in dieser Richtung.

Dieses Vorkommnis unterstützt unsere evolutionäre Erklärung und schließt historische Interpretationen nahezu aus: Die Erwartungshaltung des Menschen setzt ganz offenbar einen Mechanismus in Gang, der unabhängig von Zeit, Ort oder Vorgehen seine Funktion erfüllt. Trotz größter Aufmerksamkeit zieht er Fehler nach sich, die niemals ganz vermieden werden können. Da es sich nicht um eine Geisteshaltung handelt, lässt sich ihr auch nicht mit kritischem oder aufmerksamem Nachdenken ein für alle Mal entgegentreten. Als überzeugendste Interpretation stellt sich folgende Vermutung dar: Es handelt sich um unbewusste Komponenten eines menschlichen Problemlösungsverhaltens, das sich evolutionär an bestimmte Umweltsituationen angepasst hat. Warum sich dieses Verhalten in der Evolution herausgebildet und durchgesetzt hat und welche Vorteile es bietet, werden wir im Anschluss an die Fallstudien erklären.

Der zweite Forscher, in dessen Studien sich ein fast identisches Fehlverhalten findet, ist Paul Broca.[26] Broca (1824–1880) war ein ausgezeichneter Schüler und Student und hatte bereits ein abgeschlossenes Medizinstudium in der Tasche, als seine gleichaltrigen Kollegen gerade erst damit begannen. Er wurde Professor der Pathologischen Chirurgie an der Sorbonne in Paris und hatte bereits im

Alter von 24 Jahren mehrere Auszeichnungen gewonnen. Er wurde von der *Académie de médecine* zum Senator auf Lebenszeit gewählt. Seine Verdienste finden sich vor allem im Bereich der Gehirnforschung, die ihm die Entdeckung des Sprachzentrums, das nach ihm benannte Broca-Areal, verdankt. Er ist einer der 72 Franzosen, deren Namen Frankreich am Eiffelturm anbrachte. Wir stellen Brocas und Mortons Leistungen aus einem einfachen Grund so deutlich heraus: Die Fehler werden nicht von dummen oder schlechten Wissenschaftlern begangen, sondern von *allen* Menschen.

Deshalb wäre es auch ein Fehler, allzu gönnerhaft wissenschaftliche Methoden des 19. Jahrhunderts zu belächeln. Auch unsere modernen Fallbeispiele werden zeigen, dass weder Zeit noch Ort oder Methode entscheidend sind. Die Fehler heutiger Untersuchungen sind nahezu deckungsgleich. Und sie unterlaufen unbekannten Leuten genauso wie herausragenden Forschern, wie Morton oder Broca es waren.

Paul Broca versuchte über Messungen der Gehirngröße nachzuweisen, dass sich Menschenrassen linear nach ihrem geistigen Wert einordnen lassen. Darüber hinaus vermutete er auch ansteigende Reihen von Verbrechern über Bürger zu Adeligen, von durchschnittlichen Menschen zu Genies und vom Frühmenschen bis zur Modernen. 1859 gründete er die *Societé anthropologique* in Paris. Zwei Jahre später brachte Louis Gratiolet auf einem Kongress dieser Gesellschaft die These vor, zwischen Gehirngröße und Intelligenz bestehe kein Zusammenhang. Diese These war der Beginn einer langen und herzlich geführten Männerfeindschaft, folgte aus ihr doch, dass die von Broca betriebene Wissenschaft Unsinn war.

Da die Kraniologie (die Wissenschaft der Gehirnvermessung) noch in ihren Kinderschuhen steckte, konnten beide Seiten der anderen leicht Ungenauigkeiten vorwerfen. Als Gratiolet eine durch und durch unpatriotische Studie vorlegte, nach der Deutsche intelligenter als Franzosen seien, zerpflückte Broca seinen Intimfeind öffentlich. Er wies auf zahlreiche Fehler der Studie hin. Gratiolet hatte nicht miteinbezogen, dass die Größe des Gehirns mit der Körpergröße anwächst und mit dem Alter und längeren Krankheitsphasen schrumpft. Broca korrigierte die Daten und fand, dass Franzosen ihren Nachbarn an Gehirngröße und Intelligenz überlegen waren.

Es geht uns hier wohlgemerkt nicht darum, die Einwände zu bewerten oder gar für die Überlegenheit einer der beiden Nationen in puncto Gehirngröße oder Intelligenz zu plädieren. Es geht uns um Brocas Voreingenommenheit und um die Fehler, die er *bei anderen* wohl, *bei sich selbst* jedoch nicht bemerkte, denn bei einer seiner Arbeiten, die auf die Zeit nach dieser Auseinandersetzung datierte, verzichtete er auf die Größenkorrektur! Bei dieser Studie ging es um den Vergleich der Intelligenz von Männern und Frauen.

Broca wusste, dass die Körpergröße entscheidend für die Gehirngröße ist: Er hatte dieses Argument ja gegen Gratiolet verwendet. Dementsprechend sind Frauenhirne im Durchschnitt kleiner als Männerhirne. Was Broca bei Gratiolets These zu Deutschen und Franzosen in Rechnung stellte, beachtete er indessen bei seiner eigenen Studie zu Frauen und Männern nicht. Er stellte (weiße) Frauen in ihrer geistigen Leistung neben Kinder und Schwarze und korrigierte eben nicht um die Körpergröße. Wie Samuel Morton war auch ihm seine Vorgehensweise bewusst:

> «Weil Frauen kleiner als Männer sind und das Gehirngewicht mit der Größe zusammenhängt, könnte man fragen, ob die geringe Gehirngröße von Frauen nicht ausschließlich von ihrer geringen Körpergröße abhängt. [...] Wir dürfen jedoch nicht aus den Augen verlieren, dass Frauen *im Durchschnitt* weniger intelligent als Männer sind.»[27]

Nach Broca hat die Gehirngröße zwar vor allem mit der Körpergröße zu tun, aber eben auch mit der Intelligenz. Letzteres ist ja genau das, was er zeigen wollte. Diese Art des fehlerhaften Denkens ist ein Beleg für die von uns vertretene These: Broca *ignoriert widersprechende Belege, beharrt auf falschen Überzeugungen* und *bemüht sich nicht um Falsifikation*.

Wir geben im Folgenden nur einen kurzen Überblick über Brocas weitere Fehler. Eine ausführlichere Untersuchung findet sich in Goulds «Der falsch vermessene Mensch». Wann immer die Fakten und Ergebnisse die gewünschte Hierarchie der Rassen, der Geschlechter oder des Standes nicht bestätigten, flüchtete sich Broca in die absurdesten Erklärungen: Es galt, *offensichtliche Widersprüche* (Anomalien) *umzudeuten*. Seine Theorien wurden nicht aufgrund von Fakten gebildet, sondern die Fakten der Theorie angepasst. Hatten berühmte Männer kleine Hirne, so war ungenau gemessen worden. Besaßen Verbrecher sehr große Hirne, so hatte ihr plötzlicher Tod durch Hinrichtung die (normale) Schrumpfung aufgrund von Alter oder Krankheit verhindert. Als Stichproben von Friedhöfen aus dem 12., 18. und 19. Jahrhundert sich nicht signifikant unterschieden, die Gehirngröße also nicht wie erwartet historisch zunahm, «rettete» Broca seine These, indem er die Stichproben des 12. Jahrhunderts zu Adelsfriedhöfen und die Schädelfunde des 19. Jahrhunderts zu Armengräbern erklärte. Historische Gründe für diese Annahmen gab es nicht. Ihm war aber klar, dass ohne diese Kunstgriffe die gegenteilige Schlussfolgerung nahegelegen hätte. Er formulierte selbst:

> «Ohne die Aufteilung [in Ober- und Unterschicht, die Autoren] müsste man zugeben, dass die Schädelkapazität der Pariser in Wirklichkeit nach dem 12. Jahrhundert im Laufe der Jahrhunderte abgenommen hat.»[28]

So aber lautete das Ergebnis:

> «[...] und es ist auf jeden Fall unverkennbar, dass sich die durchschnittliche Schädelkapazität seit dem 12. Jahrhundert beachtlich gesteigert hat.»[29]

Denn man durfte ruhigen Gewissens annehmen, dass die Armen des 12. Jahrhunderts theoriekonform kleinere Schädel als die gefundenen hatten und die Gehirngrößen der Adligen des 19. Jahrhunderts die ihrer ärmeren Zeitgenossen übertrafen. Wie gesagt: Über den sozialen Stand der gefundenen Schädel waren keine Informationen verfügbar.

Das gleiche Muster findet sich bei seiner Interpretation der Unterschiede der Schädelgrößen zwischen den Rassen. So behauptete er, dass Europäer intelligenter als Afrikaner seien, weil sie größere Schädel besitzen. Das Argument gelte jedoch nicht, so Broca, für die Behauptung, dass Rassen des mongolischen Typs aufgrund ihres größeren Gehirnvolumens intelligenter als Europäer seien. Brocas Voreingenommenheit wird ohne weiteren Kommentar deutlich.

Dennoch war Broca kein Dummkopf. Im Gegenteil: Er war ein extrem genauer und kritischer Forscher, der wie erwähnt u. a. das Sprachzentrum im menschlichen Gehirn entdeckte. Gleichwohl gibt es diesen Widerspruch zwischen den herausragenden Leistungen und den haarsträubenden Fehlern dieses Forschers. Und dieser eigenartige Befund bedarf einer Erklärung: Ein kluger Mann ist sich möglicher Fehler bewusst, macht sie anderen zum Vorwurf und begeht sie ohne jede betrügerische Absicht selbst. Morton und Broca erwarteten die höchsten Werte für Weiße – und erhielten sie. Gould erwartete gleich große Werte – und erhielt sie auch. Maria Montessori erwartete höhere Werte für Frauen – und fand sie ebenfalls.[30]

Daraus wird überdeutlich, dass sich Erwartungen erfüllen, weil *Belege ignoriert* und *umgedeutet* werden. Dies geht auf eine *verfälschende Erwartungshaltung* und das daraus folgende *Beharren auf falschen Überzeugungen* zurück. Es verwundert deshalb nicht, dass *kein Bemühen um Falsifikation* zu finden ist.

Die identischen Fehler im Verhalten der Forscher springen ins Auge. Dabei handelt es sich um drei Mediziner aus verschiedenen Ländern (Morton 1799–1851, amerikanischer Ethnograph; Broca 1824–1880, französischer Anthropologe; Montessori 1870–1952, italienische Pädagogin) sowie den amerikanischen Biologen Gould (1941–2002), so dass historische Determinanten auszuschließen sind. Auch von Flüchtigkeitsfehlern oder absichtlichem Betrug kann nicht die Rede sein. Broca war sich der methodischen Mängel bewusst. Er ignorierte sie aber. Diese ungeheure Betriebsblindheit steht in auffälligem Gegensatz zu Brocas Aufrichtigkeit und nachweislich bemerkenswerter Sorgfalt bei der Datenermittlung. Nach Goulds Einschätzung waren Brocas Fakten zuverlässig (im Gegensatz zu denen Mortons); doch wurden sie selektiv gesammelt und dann unbewusst im Dienste vorgefasster Schlussfolgerungen interpretiert.

Nun kann man einwenden, dass die Schädelmessung nun einmal ungenaue Ergebnisse erbringt und es demnach schwierig, wenn nicht gar unmöglich ist, aus fehlerhaften Daten eine richtige Erkenntnis zu ziehen.

Wir fahren also fort und wenden uns der moderneren IQ-Messung zu. Diese Methode «misst», so ihre Vertreter, die menschliche Intelligenz nicht morphologisch, sondern psychisch. Vom Ergebnis abgesehen, der erneuten angeblichen Überlegenheit der weißen Rasse, hat sie mit der Schädelmessung bezüglich ihrer Methoden *nichts gemeinsam*.

Sie werden nicht überrascht sein: Trotz der unterschiedlichen Methode und der zeitlichen Distanz zeigen sich die gleichen Fehler. Eine starke *Erwartungshaltung* führt zu einer *starken Hypothese*, an der unabhängig von Stärke und Anzahl der Gegenbelege festgehalten wird. *Widersprechende Fakten* werden *ignoriert* oder so lange *umgedeutet*, bis sie in das eigene Erklärungsschema passen.

Wir greifen ein besonders deutliches Beispiel heraus: Robert Yerkes (1876–1956).[31] Seine umfassende Untersuchung von 1920 enthält die statistischen Daten von 1,75 Millionen getesteten Männern aus der amerikanischen Armee. Diese ergeben viele klare Zusammenhänge zwischen Intelligenzquotient (IQ) und soziokulturellem Umfeld (Umwelt). Yerkes sah diese Umweltkorrelationen, wies sie sorgfältigst in Tabellenform nach – und ignorierte sie in seiner Betriebsblindheit völlig. Umwelt und Vererbung wurden – so auch bei Yerkes – oft als sich ausschließende Erklärungen aufgefasst. Anstatt nun die zahlreichen Umweltfaktoren in die Theorie aufzunehmen, beharrte Yerkes auf seinen erbtheoretischen Vorurteilen und dachte sich die abenteuerlichsten Erklärungen aus. Hierzu drei Beispiele:

1. Die Daten zeigten, dass der IQ linear mit der Collegekarriere anstieg; es ergibt sich eine hohe Korrelation von 0,75 zwischen Schulbildung und Intelligenz. Doch nach Yerkes war der geringere Schulbesuch von Schwarzen nicht die Folge von sozialen Hindernissen, sondern einer «Abneigung [...], die auf niedriger angeborener Intelligenz beruhe». Männer mit höherer Intelligenz blieben länger auf der Schule.
2. Yerkes fand erhebliche regionale Unterschiede, die sogar dazu führten, dass sich der durchschnittliche Nordstaaten-Schwarze als intelligenter als der durchschnittliche Südstaaten-Weiße erwies. Selbst für rassistische Vererbungsfanatiker musste aufgrund dieser Zahlen eines klar sein: Hier spielt die Umwelt, nicht die Rasse eine große Rolle. Doch Yerkes ignorierte auch diesen Zaunpfahl und hielt an seinem Vorurteil fest.
3. Das gleiche Muster zeigte sich bei seiner Untersuchung von Straftätern in der Armee. Entgegen der Erwartung ergaben die Stichproben *keinen* niedrigeren IQ von Straftätern: «Die Gruppe wies im Schnitt denselben IQ wie das Heer aus.» Die Tinte dieses Absatzes war noch nicht trocken, und schon war Yerkes im nächsten Absatz wieder bei seinem ursprünglichen Vorurteil angelangt: Ein niedriger IQ lege Verbrechertum nahe.[32] Fakten, Ergebnisse und eigene Schlussfolgerung können das Vorurteil nicht verdrängen. Auch wenn es offensichtlich ist.

Man ist ob dieser Datenlage versucht, sich kleine Faktenmännchen vorzustellen, die vehement mit roten Fähnchen winken – und niemand beachtet sie.

Es verwundert kaum, dass Kritik laut wurde. Es ergaben sich zwei Lager, Kritiker und Befürworter; wenige Jahre später widerriefen drei unbedingte Befürworter des vererbten, rassisch unterschiedlichen IQ. Wir zitieren Yerkes' Schüler Brigham, der unwissenschaftliches Arbeiten und Fehler eingestand und Methoden und Ergebnisse als unhaltbar zurücknahm:

«[...] die Studie und mit ihr die ganze Theorie von den Unterschieden der Rassen fällt in sich zusammen. Meine eigene, die Rassen vergleichende Untersuchung war anmaßend und ohne jede Grundlage.»[33]

Wir fassen zusammen: Unabhängig von Ansatz, Vorgehen oder Epoche gehen verfälschende Erwartungen auf mehr oder weniger subtile Weise in wissenschaftliche Untersuchungen ein. Dabei spielt es keine Rolle, ob sich der Forscher dieser Vorurteile bewusst ist oder nicht. Das zeigt sich sogar bei einfachen «objektiven» Messungen. Die Fehler sind oftmals unverhüllt sichtbar und weisen exakt die empirisch nachgewiesenen Strukturen auf. Welcher Art die auslösenden Ursachen auch sind, etwa sozialer oder epochetypischer Natur, die Mechanismen bleiben identisch; sie sind evolutionär entstanden und erklärbar.

Sollte unsere Theorie der evolutionären Ursachen der Fehler stimmen, müssten sich dieselben Fehler auch in der heutigen Diskussion wiederholen. Und dies ist in der Tat der Fall. Es ist allein schon deshalb bemerkenswert, weil sowohl die politische als auch die wissenschaftliche Diskussion solche Thesen mittlerweile als rassistisch und unwissenschaftlich einstuft. Eine Überlegenheit der weißen Rasse zu vertreten, ist nicht mehr opportun. Wir betonen deswegen noch einmal: Die Rahmenbedingungen sind entgegengesetzt, auch die Methoden haben sich geändert – die Fehler aber bleiben dieselben.

Auch in der aktuellen Forschungsdiskussion finden sich starrsinnig vergebliche Versuche, eine Überlegenheit der weißen Rasse zu belegen. Selbst das fehleranfällige Programm der Schädelmessung lebt wieder auf. In Erwartungen und somit auch in den (falschfehlerhaften) Ergebnissen ergibt sich die bekannte Reihenfolge der Intelligenz: Weiße vor Schwarzen, Männer vor Frauen.

Es fallen zunächst einmal die groben methodischen Mängel der hier kritisierten Forscher auf, unter anderem eine unsaubere Datenerhebung. In einem Fall werden weiße und schwarze Jungen untersucht, wobei die weißen im Schnitt um 10 kg schwerer sind, in einem andern werden Formeln (bewusst) falsch verwendet, und schließlich wimmelt es nur so von einseitigen, die eigene Theorie stützenden Rechenfehlern.[34]

Über die methodischen Mängel hinaus finden sich grobe Argumentationsfehler. Selbst die längst überholte Schlusskette von Schädel- über Gehirngröße zu Intelligenz wird immer wieder herangezogen. Dem stehen, um hier einmal methodisch sauber zu argumentieren, folgende Fakten gegenüber:

1. Gehirn besteht nur etwa zu 10% bis 30% aus Gehirnmasse.
2. Die Gleichsetzung von Masse und Qualität ist falsch.
3. Das individuelle Gehirngewicht schwankt hoch variabel zwischen 1000 und 2230 Gramm. Diese Schwankungsbreite ist zu groß, als dass aus dem Gewicht präzise Schlüsse auf die Intelligenz gezogen werden dürften. Hinzu kommt, dass vergleichbare geistige Leistungen von Personen mit angeblich sehr kleinem Gehirn (z. B. der Literaturnobelpreisträger Anatole France mit 1100 Gramm) wie auch mit sehr großem Gehirn (z. B. der Dichter Lord Byron mit angeblich mehr als 2200 Gramm) erbracht wurden.
4. Das Gehirngewicht hängt von elf bisher nie berücksichtigten Variablen ab: Allein Alter und Messzeitpunkt nach dem Tod machen 20% der Variation aus.
5. Intelligenz ist mehr als nur IQ.
6. Intelligenz korreliert bei Magnetresonanztomographie-Messungen mit anderen Größen, etwa der Menge an Zerebrospinalflüssigkeit, in höherem Ausmaß als mit der Gehirngröße.
7. Schiff und Lewontin (1986) nennen weitere zwölf fundamentale Kritikpunkte: So sind etwa interindividuelle Unterschiede größer als die Unterschiede zwischen Rassen.[35]

Jeder dieser Einwände zerstört bereits für sich genommen die Datengrundlage der «Rassenforscher» völlig. Alle Einwände zusammen lassen jedes Ergebnis vollkommen haltlos werden.

Damit sind die grundsätzlichen Probleme solcher Ansätze skizziert. Im Folgenden geht es uns aber wiederum um theorieinterne

Fehler, die auch für die jeweiligen Verfasser sichtbar gewesen sein müssten.

Das beginnt mit dem *Umdeuten von Fakten:* So sind die Implikationen eines IQ in Höhe von 70 bei Schwarzen für die Autoren «rätselhaft»: 17% der Schwarzen in Amerika wären aufgrund ihrer Forschung gerichtlich nicht zurechnungsfähig. Die Autoren zweifeln nun nicht an Vorgehen oder Ergebnis, sondern interpretieren neu: Weiße mit einem IQ von 70 gelten infolge einer «semiletalen» Mutation als schwer behindert;

> «[...] schwarze Kinder mit einem IQ von 70 sind hingegen eine ganz andere Sache [...] sie sind ausgesprochen glücklich, normal und voll funktionstüchtig».[36]

Je nach Bedarf wird also dieselbe Tatsache (der IQ von 70) gegensätzlich ausgelegt. Wir erinnern uns an Broca und die größeren Schädel mongolischer Rassen. Auch dort bedeutete eine Zahl zweierlei. Deutlicher kann man das *Umdeuten von Fakten* nicht zeigen.

Und doch gibt es noch absurdere Versuche, die weiße Überlegenheit zu «beweisen». Nach Rushton & Ankney

> «[...] ist ein höherer IQ ein höherer IQ; genauso wie ein höherer Sprung ein höherer Sprung ist. Im Schnitt haben größere Menschen einen höheren IQ, nicht weil sie größer sind, sondern weil sie im Schnitt größere Hirne haben.»[37]

Vielleicht denken Sie, dass die Argumentation durchaus etwas für sich hat. Vielleicht sind Sie ja ein überdurchschnittlich großer Mensch. Vielleicht denken Sie an parallele Erscheinungen: Ein großer Mann hat viel Kraft, ein großes Auto fährt schneller als ein Kleinwagen.

Die Argumentation ist aber grundfalsch, denn Masse und Qualität stehen in puncto Intelligenz in keinem Zusammenhang. Nach dieser Argumentation wären schließlich Blauwale die intelligentesten Lebewesen dieser Erde. Nun wissen wir zwar um ihre beachtlichen musikalischen Fähigkeiten, aber eben auch, dass sich die Ozeanriesen schon beim Einmaleins recht oft verrechnen. Aus diesem Grund rechnen zumindest wir Menschen den Enzephalisationsquotienten mit ein. Dieser setzt Körpermasse ins Verhältnis zur Gehirnmasse und ist im Artenvergleich hoch konstant. Umso auffälliger ist das Wachstum des menschlichen Gehirns im Vergleich zum etwa konstant groß bleibenden Körper in den letzten zwei bis drei Millionen Jahren. Eigentlich, so meint man, hätten Rushton und Ankney (gemäß ihrer eigenen Forschung!) die alte Bauernweisheit berücksichtigen sollen: Überlasst das Denken den Pferden – die haben die größeren Köpfe. Die Forscher ziehen es stattdessen vor, ihre Ergebnisse schönzurechnen und Literatur und Fakten fehlerhaft passend zu ihrer falschen Theorie zu deuten.

Nun hätten die genannten Forscher die recht offensichtliche Möglichkeit gehabt, ihre Theorie als falsch zu erkennen. Denn auch innerhalb einer Rasse gibt es auffallende Größenunterschiede der Hirne: nämlich zwischen Männern und Frauen. Doch stattdessen *beharren sie auf ihren Überzeugungen*. Wir zitieren einen etwas perplexen Rushton:

> «Die Untersuchungen zur Gehirngröße ergeben ein Paradox. Frauen haben kleinere Hirne als Männer, aber, so scheint es zumindest, die gleiche Intelligenz.»[38]

Jensen & Johnson kommen zu dem gleichen Ergebnis:

> «Es bleibt ein Rätsel, warum der Geschlechterunterschied in Schädel- und Gehirngröße sich nicht auch in einem IQ-Unterschied, der praktisch null ist, niederschlägt.»[39]

Die Fakten passen also nicht zur Theorie. Nun kann man aufgrund der Fakten eine neue Theorie entwickeln, oder man kann die Fakten ignorieren und umdeuten. Fünf Erklärungen werden von den genannten Autoren angeboten:

1. Männer *sind* intelligenter als Frauen. Punkt. Das widerspricht sich bei gleichem IQ zwar selbst, ist aber so.
2. Die Größenunterschiede der Hirne haben nichts mit der Intelligenz zu tun. Die zentrale These wird also aufgegeben. Männer sind aber trotzdem intelligenter als Frauen.
3. Das männliche Gehirn ist durch diejenigen Fähigkeiten größer, bei denen Männer Frauen überlegen sind, etwa Orientierung im Raum. Für die weibliche Überlegenheit bei verbalen Fähigkeiten gilt das natürlich nicht. Das ist eine ungleiche und ungültige Ad-hoc-Änderung der Theorie.
4. Eine 11% höhere Neuronendichte der Frauengehirne gleicht den 11%igen Größenunterschied aus. Begründet wird dies lediglich mit einem Verweis auf «Sexualdimorphismus».
5. Oder aber ein anderer, noch unbekannter Faktor ist für die gleiche Intelligenz verantwortlich. Ein Erklärungsanspruch wird dabei überhaupt aufgegeben.[40]

Das Muster ist deutlich zu erkennen: Trotz aller Widersprüche wird auf den *Überzeugungen beharrt*, die durch eine *erste starke Hypothese*, die Grundüberzeugung der Forscher, entstanden sind.

Nun zum dritten Verhaltensmuster, der *Blindheit gegenüber Fehlern* methodischer Art aufgrund einer *verfälschenden Erwartungshaltung*.

Lynn und Owen führten 1985/86 eine IQ-Studie weißer und schwarzer Schüler in Südafrika durch. Mit keinem Wort wird auf die Apartheid und die Chancenungleichheit in der Schulbildung eingegangen. Erwähnt wird hingegen der Unterschied in der Sprachkompetenz: Weiße sind dabei besser. Das verwundert wenig, da die Testsprache Englisch für 40% der Weißen, aber nur für 1% der Schwarzen die Muttersprache war. Trotz dieser ungleichen und unfairen Ausgangsbedingungen kam das gewünschte Ergebnis nicht zustande. Lynn und Owen schreiben nichtsdestotrotz sinngemäß: Wäre das Ergebnis nur ein wenig anders ausgefallen, hätte es unsere Hypothese, an der wir festhalten, bestätigt.[41]

Man muss jedoch ein falsches Ergebnis nicht zugeben. Man kann es auch so lange korrigieren, bis es die Hypothese in der Tat bestätigt. So ist es den genannten Rassentheoretikern ein konstantes Ärgernis, dass schwarze Mädchen in Tests und Messungen die höchsten Werte bei der Schädelgröße erzielen. Fakten hin, Theorie her, die Erklärung ist schnell gefunden: Mädchen entwickeln sich schneller als Jungen und die «primitiveren» Schwarzen schneller als «zivilisierte» Weiße. Rechnet man diese beiden Umstände ein, dann fallen schwarze Mädchen auf den (ihnen nach Meinung dieser Rassentheoretiker zukommenden) letzten Platz zurück. Ein größerer Schädel ist eben nur dann ein größerer Schädel, wenn er auch in die Theorie passt. Bei manchen der genannten Beispiele ist die Grenze zwischen unwillkürlichen Fehlern und bewusster Ignoranz überschritten.

Das Fazit: Anhand der «weißen» Rassentheorie konnten wir demonstrieren, wie sich dieselben Fehler trotz völlig verschiedener Ansätze (Schädelmessung bzw. IQ-Messung) in Europa und Amerika um 1840 genauso wie heute (2005) nachweisen lassen. Sämtliche Fehler der dritten Fehlerfamilie (Handlungsfähigkeit durch Kohärenz) kommen in ihrer «psychologischen Reinform» vor.

Im folgenden Abschnitt werden wir anhand der Irrwege um die kalte Fusion zeigen, dass die eben demonstrierten Fehler auch in der modernen Physik nachweisbar sind. Und wie bekannt, hat die moderne Physik (1989) so gut wie keine historischen und fachlichen Gemeinsamkeiten mit den Studien der Intelligenzmessung.

6 Fallstudie 5 (Physik): Die heiße Jagd auf die kalte Fusion

Es gibt viele Träume der Menschheit. Der Traum vom Fliegen gehört ebenso dazu wie der Wunsch nach ewiger Jugend. Ein weiterer Traum ist der von unbegrenzter und sauberer Energie zum Nulltarif. Ebendas verspricht die kalte Fusion – die Kraft der Sonne in einem handelsüblichen Reagenzglas und das bei Zimmertemperatur. Die Energieprobleme der Erde wären mit einem Schlag für alle Zeit beseitigt.

Öl, Gas und Kohle wären von heute auf morgen als Energieform unbedeutend und uninteressant.

Es verwundert also nicht, dass im März 1989 die Welt aufhorchte, als die Chemiker Stanley Pons und Martin Fleischmann von der University of Utah in einer Pressekonferenz an die Öffentlichkeit traten, ohne dass eine spektakuläre Publikation vorausgegangen war.

Und was sie der Welt mitzuteilen hatten, rechtfertigte dieses Vorgehen durchaus. Die beiden renommierten Spitzenwissenschaftler berichteten von einer gelungenen kalten Fusion, also der Lösung aller Energieprobleme. Die Welt hielt den Atem an. Physik war einmal mehr Thema des Fernsehens und der großen Tageszeitungen. Und diese erklärten ihren Lesern zunächst einmal Folgendes: Als kalte Fusion wird die Fusion von Wasserstoffkernen bei Zimmertemperatur bezeichnet. Es kommt zu einer Verschmelzung von schwerem Wasserstoff (Deuterium oder Tritium), während eine leitfähige Flüssigkeit mit der Oberfläche von Palladiumelektroden reagiert. Kann man in einem solchen Reagenzglas überschüssige Energie nachweisen, gilt die kalte Fusion als perfekt. Die «heiße» Fusion hingegen benötigt Temperaturen um 100 Millionen Kelvin, entsprechend hitzebeständige Materialien, extrem komplizierte Magnetfelder und weitere schwierig herzustellende Bedingungen. Sie ist bis heute leider nicht realisiert, denn man steckt noch immer mehr Energie hinein, als herauskommt.

Die Presse berichtete weiter, dass bereits am nächsten Tag mehrere Institute auf der ganzen Welt versucht hatten, die Ergebnisse von Pons und Fleischmann zu reproduzieren. Und zwar erfolgreich! Die Welt der Physik verfiel in hysterische Aufregung, das Wort von der kalten Fusion war in aller Munde.

Und nun beobachten wir drei unterschiedliche Gruppen. Zum einen Pons und Fleischmann, die ihrem vorläufigen achtseitigen Artikel keinen endgültigen, vollständigen Artikel folgen lassen, sondern auf zwei vollen Seiten Errata (also Fehler) eingestehen müssen: Sie hatten sich bei einem Effekt um acht Größenordnungen vertan und Daten manipuliert. Die wissenschaftliche Welt war sich einig, dass

Pons und Fleischmann die Grenze zum Betrug überschritten hatten. Eine zweite Publikation wurde wegen technischer Mängel sogar abgelehnt. Als eine Kommission die beiden Wissenschaftler überprüfte, konnten diese keine einzige funktionierende Fusionseinheit vorweisen. Sie verwiesen achselzuckend auf einen angeblichen Blitzeinschlag, der ihre Ergebnisse zerstört hätte. Die angeblichen Resultate konnten nie reproduziert werden. Am Ende waren sie als Betrüger entlarvt.

Kommen wir zur zweiten Gruppe. Das ist die Gruppe, die uns interessiert. Sie bestand aus zahlreichen Wissenschaftlern, die fast alle zur internationalen Elite gehörten und die die Experimente und Ergebnisse der kalten Fusion zunächst positiv bestätigen konnten. Sie waren keine Betrüger (wie Pons und Fleischmann), sondern handelten nachweislich in gutem Glauben. Der Fall dieser Massenirrtümer ist hervorragend dokumentiert und weist eine große Anzahl Personen in vielen verschiedenen Laboratorien auf, die unabhängig voneinander die gleichen Verhaltensweisen und Fehler zeigten.

Es ist bis heute ein Rätsel, warum Hunderte von Wissenschaftlern aus aller Welt die Experimente zunächst exakt «reproduzieren» konnten, es ihnen aber nicht mehr gelang, nachdem die dritte Gruppe (die «Ungläubigen») scharfe und überzeugende Kritik geübt hatte. Warum übersahen sie Fehler, die ihnen Wochen später ins Auge sprangen? Warum vergaßen führende Wissenschaftler die einfachsten Kontrollversuche, warum führten sie ihre Experimente derart schlampig durch, dass, wie ein Physiker meinte, Vordiplomstudenten dafür eine Sechs erhalten hätten? Kurz: Warum waren sie so betriebsblind?

Bevor wir auf diese Fragen zurückkommen, wollen wir kurz die dritte Gruppe vorstellen. Sie besteht aus sorgfältig und fehlerfrei arbeitenden Forschern, darunter ein Nobelpreisträger, die eine kalte Fusion relativ schnell ins Reich der Märchen verbannten. Sie arbeiteten beispielsweise am MIT, am Caltech und an der University of Texas. Sie und einige andere Institute stemmten sich gegen das grassierende Fusionsfieber, das nach der jährlichen Konferenz der Elektrochemischen Gesellschaft ausgebrochen war und etwa ein Jahr anhielt. Auf dieser Konferenz hatten viele Forscher aus der ganzen Welt die kalte Fusion bestätigt und «nachgewiesen»; sie stammten von der Georgia University, der Agricultural Texas University und Laboratorien aus Japan, Ungarn und Russland.

Was geschah nun genau in diesen «fusionsgläubigen» Laboratorien? Die US-Regierung hatte natürlich elementares Interesse an einer möglichen kalten Fusion und setzte eine Untersuchungskommission ein. Als Leiter bestimmte man John Huizenga, der über eine physikalisch-chemische Doppelqualifikation verfügte und Zutritt zu allen amerikanischen Laboratorien und Versuchsaufbauten erhielt. Eine weitere davon unabhängige und sehr zeitnahe Untersuchung führte Gary Taubes durch, ein bekannter amerikanischer Wissenschaftsjournalist. Auf ihre Berichte und Interviews stützen wir uns im Folgenden weitgehend.[42]

Zunächst fällt auf, dass kaum ein «gläubiges» Laboratorium elementare Skepsis an den Tag legte. Später wird man sich verwundert fragen, wie man übersehen konnte, dass als Nebenprodukt *tödliche* Strahlung hätte entstehen müssen. Die Fusion von Deuterium, bei der zwar eine große Menge Wärme, aber keine tödliche Gammastrahlung entsteht, wäre ein Wunder der Physik.

Doch warum sollte das nicht doch funktionieren? Warum sollte die kalte Fusion nicht auch das eine oder andere physikalische Gesetz außer Kraft setzen können?

Wir stufen die fehlende Skepsis als verzeihlichen Fehler ein. Denn wenn etwas so Großes wie die kalte Fusion möglich scheint, ist es verständlich, dass man weder zweifelt noch zögert, sondern forschen und finden will. Doch zum Forschen gehören unabdingbar Sorgfalt und Kontrollen. Beides übergingen die beteiligten Forschergruppen.

Fusionsexperimente werden mit schwerem Wasser (also Wasser mit zwei (Deuterium) oder drei Neutronen (Tritium) statt nur einem (Normalzustand) durchgeführt. Als extrem einfache Kontrolle bietet sich normales Wasser an, was bereits nach der ersten Mitteilung zur kalten Fusion angemahnt worden war. Da eine Fusion mit normalem Wasser unmöglich ist, hätten positive Ergebnisse schnell stutzig gemacht. Weder Pons und Fleischmann noch die Gruppe um Storms und Talcott oder Martin, Marsh und Gammon führten Kontrollen durch. Auch Wadsworth und Bockris, der fünfzig Jahre lang eine der größten Autoritäten auf dem Gebiet der Elektrochemie war, hielten Kontrollen für Kinderkram. Stimmte das Ergebnis nicht, so war das Kontrolle genug, so ihre einhellige Meinung.

Die Praxis sah dann so aus: Die beteiligten Professoren ignorierten negative oder widersprechende Resultate systematisch. Als die Kommission Bockris' Assistenten auf negative Ergebnisse ansprach, meinte dieser: «Professor Bockris wollte davon nichts wissen. Nur positive Resultate interessierten ihn.» Er stopfte also Schublade um Schublade (im wörtlichen Sinne!) mit seinen Berichten negativer Ergebnisse voll. Wenn es jedoch so schien, als produzierten die Zellen überschüssige Energie, war der Nachweis für die kalte Fusion erbracht.

Dieses «wissenschaftliche» Verhalten, das nur positive, nicht aber negative Ergebnisse wertet, ist höchst leichtgläubig und führt leicht in die Irre. Stellen Sie sich vor, ein Verkäufer von Börsentipps versendet 32 000 kostenlose E-Mails an mögliche Kunden. In 16 000 sagt er einen Kursanstieg, in den anderen 16 000 einen Kursverlust vorher. In der nächsten Woche schreibt er jenen 16 000 Personen, bei denen er richtig gelegen hat, ein weiteres Mal – wiederum sagt er 8000 Kunden steigende, der anderen Hälfte fallende Kurse voraus usw. Am Ende bleiben 500 Personen übrig, die diesen Verkäufer für einen Börsengott halten müssen, der immer (sechsmal bisher) richtig liegt. Sie werden ihm für viel Geld den siebten Tipp aus den Händen reißen. Da dieser Kundenstamm nur die positive Auswahl kennt, nicht aber die Gesamtmenge der Versuche, urteilen sie über die tatsächliche Trefferquote des «Börsengurus» falsch – und müssen für diesen Fehler sehr wahrscheinlich viel Lehrgeld bezahlen.[43]

Kehren wir zu Bockris und seinem Assistenten zurück. Besagte Schubladen sind vor allem ein Nachweis dafür, dass die Arbeit schlampig gemacht wurde und dass *widersprechende Belege ignoriert* wurden. Bockris selbst erklärte:

> «Ich gehöre nicht zu den Leuten, die der Meinung sind, dass man zu Beginn einer neuen Entdeckung allzu kritisch mit ihr umgehen sollte. Die wirklich verlässliche Wissenschaft mit ihrer zuverlässigen Dokumentation und all dem, damit beschäftigen wir uns in zwei, drei Jahren. Im Moment ist es nicht sinnvoll, zu viele Fragen zu stellen.»[44]

Ganz ähnlich Martin, der erst, als die Kritik immer lauter wurde, Kontrollen anordnete. In einem Interview gab er zu Protokoll:

> «Nach der Pressekonferenz machten wir die Kontrollexperimente. Das war dieses Grundlagenzeugs, das man Anfängern beibringt. Und, o ja, überschüssige Energie, wohin man nur schaute.»[45]

Ein Assistent fand schließlich den Fehler: Das Thermometer wirkte als zweite Kathode, die «auffällige Änderung» sank auf null. Nur ein einziges der vielen Experimente zeigte noch immer das gewünschte Ergebnis. Obwohl seine These damit widerlegt war, klammerte sich Martin noch zwei Monate an dieses eine Experiment. Wir nennen das starke *Bestätigungstendenz* und *Beharren auf Überzeugungen* sowie *Ignorieren widersprechender Belege*.

Unsere Frage lautet nun: Warum unterlag der Assistent dem Verhaltensschema seines Chefs nicht? Seine Motivation war im Gegensatz zu Martin nicht schnelle Veröffentlichung, sondern äußerste Sorgfalt bei der Arbeit. Er würde keinen Ruhm erhalten, sondern musste eine strenge Überprüfung seiner Arbeit durch seinen Chef, Martin, erwarten. Sein Ziel war die einwandfreie Replikation.

Mangelnde Sorgfalt wurde auch in anderen Laboratorien angetroffen. In Bockris' Labor waren die Messfühler nicht abgeschirmt, obwohl das als elementare Vorsichtsmaßnahme gilt; ein Assistent berührte bei der Vorführung des Experiments vor der kritischen Kommission, die ihren Augen nicht trauen wollte, den Fühler, was die Temperatur erhöhte; ungeachtet dessen wurde der Temperaturanstieg als Zeichen für Fusion gewertet. In einem anderen Labor waren dem Leiter, Huggins, Messfehler sogar schlicht egal. Solange nur am Ende die kalte Fusion bewiesen wurde, war ihm, so schien es, alles recht.

Und dann sind da noch die sonderbaren Fälle Appleby (Agricultural University of Texas) und Mahaffey (Georgia Research Tech Institute). Appleby wertete die gemessenen minimalen Ausschläge als Nachweis der kalten Fusion, obwohl sie eher den Charakter von Messungenauigkeiten hatten und keinerlei Aussagekraft besaßen. Die Genauigkeit der Ausschläge gab er, was in diesem Fall unmöglich war, auf drei Dezimalstellen an. Ebenso absurd war die Begründung: Seine Assistenten hätten eben gute Augen!

Mahaffeys Arbeitsgruppe schließlich ignorierte die Gegenbeweise nicht, sondern wertete sie als Belege für die eigene Theorie. Als bei den ersten Experimenten keine überschüssige Energie entdeckt werden konnte, schlossen sie auf kalte Fusion. Das negative Ergebnis mache kalte Fusion nur wahrscheinlicher; denn wenn sie so einfach zu entdecken sei, hätte man sie ja schon vor Jahren entdeckt.

Hier zeigen sich vor allem *fehlendes Bemühen um Falsifikation* sowie *verfälschende Erwartungshaltung*, die auch zur *Umdeutung widersprechender Belege* führt.

Die Berichte von Huizenga und Taubes sind sehr gründlich. Doch über die Darstellung hinaus fehlt eine überzeugende Erklärung. Taubes macht lediglich darauf aufmerksam, dass Fördergelder in der Regel an positive Resultate geknüpft sind. Andere Erklärungen bleiben vage und blass, wenngleich die Faszination vermeintlich unerschöpflicher Energie, die Hoffnung auf Ruhm und das starke Wunschdenken aus jeder Zeile sprechen. Damit sind zwar einige *Auslöser* genannt, nicht jedoch die ausgelösten *Mechanismen*. Es bedarf jedoch einer Erklärung, wenn so viele Spitzenwissenschaftler sämtliche methodische Vorsicht vergessen und extrem nachlässig arbeiten. Die Nachlässigkeit und *Blindheit gegenüber eigenen Fehlern* geht sogar so weit, dass es dreier Wunder der Kernphysik bedurft hätte, um die kalte Fusion so stattfinden zu lassen, wie sie hätte sollen.[46]

Die Mechanismen und Verhaltensmuster decken die gesamte Palette der ersten Fehlerfamilie ab. Wir interpretieren die fehlenden Kontrollen, die Schlamperei und den Umgang mit Widerlegungen als die Auswirkungen von *Bestätigungstendenzen, des Beharrens auf*

Überzeugungen, verfälschender Erwartungshaltung und *des Ignorierens widersprechender Belege*.

Wir beschließen diese Fallstudie mit einem Ausblick auf die Entwicklung der kalten Fusion seit März 1989. Die Faszination einer billigen, einfachen und unerschöpflichen Energiequelle führt dazu, dass es bis heute internationale Konferenzen zur kalten Fusion gibt, Pons und Fleischmann einige Jahre als Experten für die japanische Firma Technova arbeiteten, Fleischmann wohl immer noch (nach der letzten uns bekannten Äußerung aus dem Jahr 2005) davon überzeugt ist, recht zu haben, und das amerikanische Ministerium für Energie wieder Forschung in diesem Bereich fördert. Weltweit werden Millionen an Geldern bis heute ergebnislos investiert. Und glaubt man einer überwältigenden Anzahl von Internetseiten, so ist kalte Fusion ohnehin längst Realität. Warum die Energiekonzerne nach wie vor in aller Ruhe von der Zukunft des Öls überzeugt sind, ist ein Rätsel, das eine andere Studie lösen muss.[47]

7 Was würde Darwin dazu sagen? Eine evolutionäre Erklärung der Fehlerfamilie

Es mag nun der Eindruck entstanden sein, Menschen seien praktisch durch nichts von einer einmal getroffenen Überzeugung abzubringen; sie würden unbelehrbar und blind gegenüber Fakten *ihre* Meinungen und Theorien vertreten. Dieser Eindruck ist eventuell dadurch entstanden, dass wir das Augenmerk auf die Ausnahmen, also besonders auffällige Fehler, gerichtet haben. Aber obwohl manche Fehler durchaus grotesk wirken, sind sie doch in «normalen» Situationen, also Situationen, wie sie beispielsweise in unserer Vergangenheit als Jäger und Sammler oft auftraten, nicht nur keine Fehler, sondern durchaus sinnvolle Verhaltensweisen.

Wir wollen das etwas ausführlicher erklären. Bislang ergibt sich für die menschliche Hypothesenbildung und Datenaufnahme folgendes Bild: Ausgehend von einer ersten starken Hypothese wird nach Bestätigungen für diese erste Theorie gesucht. Es wird nicht versucht, Hypothesen als falsch zu erweisen. Neue Fakten werden im Licht der bereits bestehenden Hypothese wahrgenommen; widersprechen sie ihr, so werden sie vernachlässigt, umgedeutet oder sogar ganz ignoriert. Die aus der ersten Hypothese abgeleitete Erwartungshaltung ist dabei überaus zählebig.

Im Lichte dieser Zusammenfassung der Einzelfehler ergibt sich ein sehr negatives Bild unseres Wissenserwerbs mit vier explizit benennbaren Nachteilen:

1. Die beste Lösung wird oft nicht erwogen, weil die Suche zu schnell abgebrochen wird.
2. Die erste Hypothese beeinflusst Interpretation und Bewertung der Belege.
3. Frühere Belege werden überschätzt, weil sie als sichere, vertraute Basis gelten. Alternativen werden deshalb in geringerem Maß berücksichtigt.
4. Wiederholtes Testen von Hypothesen führt zur Ableitung neuer Hypothesen aus alten (nur *ein* «Hypothesenbaum»). Daraus ergeben sich Beeinflussungen und Verzerrungen.[48]

Das ist, wie gesagt, ein sehr negatives Bild. Wir können nicht umhin, uns zu fragen: Warum hat sich diese Strategie evolutionär dennoch durchgesetzt? Warum hat die Evolution nicht all jene Individuen begünstigt, die objektive, falsifizierende und neutrale Vorgehensweisen verwenden?

Die Antwort ist relativ einfach: Weil die letztgenannte Strategie zwar in der Wissenschaft notwendig und sinnvoll ist, sich im Alltag aber als viel zu aufwändig erweist. Falsifikationsstrategien sind schlicht unpraktikabel und nur bei guter Datenlage und einer ausgefeilten Theorie sinnvoll. Wir verdeutlichen das an dem vereinfachten Beispiel einer prähistorischen Jagdgruppe. Wenn der Anführer der Jagdgruppe wirklich per Falsifikation zum Ziel gelangen wollte, müsste er einige Tölpel mit auf die Jagd nehmen. Damit könnte er die Vermutung widerlegen (falsifizieren), nach der schnelle, geschickte und kräftige Männer auch wirklich gute Jäger sind. Die kurzsichtigen, kränklichen Jäger würden nicht nur den guten Jägern den Platz wegnehmen, sie würden dabei auch den Jagderfolg und das Leben der Gruppe gefährden. Nehmen wir nun an, die Jagd hätte bei anbrechendem Winter und schlechter Nahrungslage stattgefunden (denn auch dieser Fall müsste extra getestet werden!). In diesem Fall kann es sich die Gruppe schlicht nicht leisten, akademisch wertvoll zu falsifizieren. Ein solcher Anführer nimmt den Hungertod seiner Frauen und Kinder in Kauf, da seine Falsifikationsstrategien dazu führen, dass es öfter nichts zu beißen gibt.

Im Alltag werden die Nachteile einer wissenschaftlich geforderten Vorgehensweise schnell deutlich. Die Vorteile unseres normalen Verhaltens übertreffen die «korrekte» Strategie:

1. Probleme werden auf diese Weise schneller erfasst, vereinfacht und rascher gelöst. Es muss jeweils nur eine Hypothese geprüft werden, was den Rechenaufwand beträchtlich vermindert. Da Menschen nur mit sieben Einzelinhalten in ihrem Kurzzeitgedächtnis rechnen können, ist es vorteilhaft, die Zahl der Hypothesen möglichst gering zu halten (nämlich bei jeweils 1). Die Probleme gelten als gelöst, sobald die Hypothese den geforderten Bedingungen genügt. Dieses Prinzip verhindert kostspieliges weitreichendes Durchsuchen des Problemraums.
2. In Alltag und Wirklichkeit gibt es eine unbegrenzte Zahl von Alternativhypothesen. Es ist nicht möglich, alle Alternativen eine nach der anderen zu überprüfen. Wird etwa vermutet, dass eine Pflanze giftig ist, so führt eine positive Teststrategie auf typische Merkmale von Giftpflanzen meist schnell zum Erfolg. Es ist hingegen unpraktikabel, die Pflanze mit allen bekannten *ungiftigen* Pflanzen zu vergleichen, um zu falsifizieren. Die leitende Hypothese zu bestätigen ist die schnellste und erfolgreichste Methode, um zu einer eindeutigen und sicheren Lösung zu kommen.
3. Die Strategie funktioniert.

Der letzte Punkt klingt etwas zu einfach, ist es aber nicht. Denn die Evolution erlaubt das Überleben ausschließlich von Individuen mit erfolgreichen Strategien. Die gute Passung und hohe Sensitivität der Organismen gegenüber ihrer Umwelt sind Ergebnisse eines langen Selektionsprozesses. Letztlich handelt es sich also gar nicht um «erste» Hypothesen, sondern um solche, die schon millionenfach getestet wurden und sich bewährt haben. Der Mensch hat eben gelernt, aus Umweltkontext (siehe Anker- und Rahmeneffekt), Vorwissen und anderen Hinweisen fast immer eine richtige erste Hypothese aufzustellen. Es ist in der Folge nur sinnvoll, auf dieser meist richtigen Lösung zu beharren. Die meisten Probleme des Alltags sind durch eine klare und eindeutige Lösung bestimmt. Unpassende Lösungen können einfach verworfen, neue Hypothesen mühelos generiert werden. Das geht so lange (und meistens dauert dieser Prozess gar nicht lange), bis die richtige Hypothese bestätigt ist.

Die Alltagstauglichkeit dieses Verhaltens wird durch unsere Erfahrung belegt: Trotz der beschriebenen Fehler lösen wir die meisten unserer Probleme.

Wollte man ein Computerprogramm für diese unsere Verhaltensweise schreiben, könnte eine Vorformulierung folgendermaßen lauten:

1. **Ziel:** Integriere Hinweise in ein möglichst widerspruchsfreies Hypothesenmodell.
2. **Suche:** Stelle möglichst früh eine (starke) Hypothese auf. Wähle diese Hypothese über Kontexthinweise aus der Umwelt. Suche nach positiven Bestätigungen in Form von positiven Hinweisen für diese Hypothese. Verwende keine negativen Hinweise. Verwende negative Hinweise nur zur Unterscheidung von Hypothesen.
3. **Bewertung von Hinweisen:** Räume frühen und vertrauten Hinweisen einen Bonus bezüglich der Entscheidung ein. Belege neue oder unbekannte Hinweise mit einem Malus bezüglich der Entscheidung. Integriere selbst widersprechende Hinweise. Wenn das unmöglich ist, ignoriere sie.

4. **Ende:** Wenn die geforderten Bedingungen für die Hypothese erfüllt sind, beende die Suche als erfolgreich. Wenn die widersprechenden Hinweise eine bestimmte (sehr hohe) Schwelle überschreiten, wechsle die Hypothese.

Das erklärt auch, warum wir an bekannten Strategien festhalten. Die natürliche Auslese bevorzugt meist risikoarme gegenüber risikoreichen Strategien, denn eine einzige fehlgeschlagene riskante Entscheidung kann den Betreffenden das Leben kosten. «Auf der sicheren Seite sein», «Better safe than sorry» oder auch «Lieber den Spatz in der Hand als die Taube auf dem Dach» sind nicht nur Redensarten, die in vielen Sprachen Sprichwortcharakter erreicht haben, sondern bilden eine grundlegende Handlungsstrategie aller Lebewesen. Organismen neigen zu leicht kalkulierbaren Entscheidungen aufgrund bekannter Informationen und zur Wiederholung erfolgreicher Handlungen. Risikostrategien gibt es nur deshalb, weil hohes Risiko gelegentlich mit hohem Gewinn belohnt wird. Das gilt insbesondere für die sexuelle Selektion.

Es zeigt sich recht deutlich, dass diese Denkweisen auf *Handlungsfähigkeit* ausgelegt sind. Sie wird durch *Stabilität, Eindeutigkeit* und *Kohärenz* erreicht, die Effekte der beschriebenen «Fehler». Wenn es diese «Fehler» nicht gäbe, dann wären wir im Alltag kaum handlungsfähig. Menschliche Entscheidungsmodelle wären zwar vollständiger und objektiver, würden sich aber in ewigen Prüfschleifen verheddern. Statt einer scheinbar widerspruchsfreien, handlungsfähigen Theorie gäbe es viele unfertige und untaugliche Theorien, von denen überdies keine einzige in die Praxis umgesetzt würde. Was also gut in der Wissenschaft wäre, ist im Alltag untauglich. Genau das aber ist der Hauptzweck von stabilen, eindeutigen und widerspruchsfreien Faustregeln des Denkens: *schnelle und erfolgreiche Handlungsfähigkeit.*

Für den Menschen ist es unabdingbar, sich seine Handlungsfähigkeit trotz komplexer Alternativen zu erhalten, weil die Welt nicht von wenigen einfachen Gesetzen beherrscht wird. Schon leicht unterschiedliche Anfangszustände in der physikalischen Welt reichen oft aus, um ein chaotisches System zu erzeugen, das in seiner Abfolge nicht mehr beschreibbar oder wiederholbar ist. Was also in der Wissenschaft als Fehler betrachtet wird, ist Teil einer sinnvollen und notwendigen kognitiven Anpassung an die Umwelt. Die Fehler werden zu notwendigen Übeln bzw. zu Nebenprodukten sehr erfolgreicher Strategien. Bezogen auf das Überleben in einer Umwelt, wie sie unsere Urahnen erlebten, waren sie also ein evolutionärer Vorteil. Probleme ergeben sich erst dann, wenn dieses Vorgehen bei wissenschaftlichen Hypothesen verwendet wird.

So weit, so gut. Sind dann die Fehler doch nicht so schwerwiegend, weil Menschen von Anfang an meist recht gut liegen? Manchmal ja, aber wie wir gezeigt haben, resultieren bisweilen doch schwerwiegende Fehler daraus. Im Alltag sind das eher Kleinigkeiten, wenn wir uns also für das «falsche» Haus entscheiden, die schlechtere Versicherung abschließen oder Ähnliches. In Wissenschaft und Technik allerdings sind solche Irrwege für die gesamte Gesellschaft langwierig, teuer und schädlich. Denn richtiges wissenschaftliches Knowhow sichert uns funktionierende Technik und daraus resultierende Lebensqualität. Wir wollen ja in der Wissenschaft gerade über unseren Alltagsverstand hinauswachsen; so wie Mikroskop und Teleskop unsere Sehleistung verstärken, können Statistik und systematische, kontrollierte Experimente unsere Intuitionen auf eine ganz neue Basis stellen. Und deswegen lohnt es sich, über unsere Verhaltensmuster und Denkfehler nachzudenken.

Bisher haben wir einige Mechanismen menschlichen Verhaltens erklärt und ihre Gründe dargestellt. Wir nehmen an, dass diese Funktionsweise des Gehirns eine Anpassung ist: Einerseits passt die Struktur zur Funktion, anderseits wird die Funktion sehr gut erfüllt. Experimentell erwiesen ist das bislang für die Betrügerentdeckung, weitere Belege stehen noch aus. Und wenn Sie etwas in diesem Kapitel gelernt haben, dann, dass man erwarten kann, das zu finden, wonach man sucht. Vielleicht sind wir ja auch in dieser Hinsicht bald «erfolgreich» …

Kapitel 5

Strukturen: Unser Gehirn ordnet die Welt

Wir haben ausführlich dargelegt, wie konsequent Menschen ihren ersten Annahmen folgen. Sie tun das meistens zu Recht, weil sie über einen angeborenen treffsicheren ersten Blick verfügen, der ihnen verrät, was die richtige und angebrachte Reaktion auf das jeweilige Problem ist.

In diesem Kapitel wollen wir Ihnen nun zeigen, dass es für uns Menschen nicht nur darum geht, handlungsfähig zu bleiben, sondern auch darum, die Welt in ihrer Struktur möglichst schnell zu begreifen. Eine rasche und richtige Erkenntnis der Umwelt und der ihr zugrunde liegenden Strukturen und Muster sowie deren Wechselwirkungen und Abhängigkeiten untereinander sind für das Überleben elementar. Dementsprechend verwundert es nicht, dass die Evolution hochgradig sensible Denkprozesse begünstigt. Und es verwundert ebenso wenig, dass empfindliche Instrumente gelegentlich etwas fehleranfällig sind. Sie kennen das ja von Ihren elektronischen Geräten: Je feiner und genauer sie arbeiten, desto schneller gehen sie auch kaputt.

1 Regelmäßigkeiten und Muster

Viele Personen erkennen in den folgenden Bildern Gesichtszüge. Das erste Beispiel (Abb. 13), eine Felsformation auf dem Mars, die Schlagzeilen machte, ist ein typisches Exemplar eines Gesichtes. Das zweite (Abb. 14) soll Mutter Teresa darstellen. Viele gläubige Menschen sehen in solchen und ähnlichen Bildern (Maria auf Toast, auf Schildkrötenbäuchen, Jesus auf Mauern usw.) von Gott versteckte Zeichen – Botschaften an uns.

Nichtgläubige sehen vielleicht statt Mutter Teresa gar nichts oder eben nur eine alte Frau mit Kopftuch. Menschen anderer Kulturen sehen – und das sollte uns stutzig machen – Mutter Teresa überhaupt

Regelmäßigkeiten und Muster 159

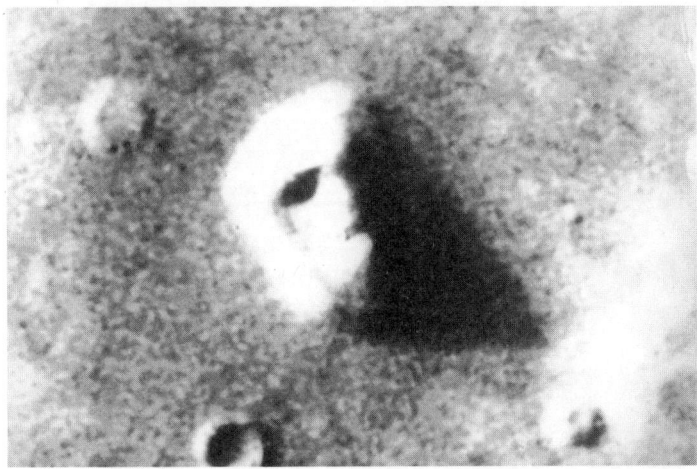

Abb. 13 Angebliches Gesicht auf dem Mars, aufgenommen von der US-Marssonde Viking im Jahr 1976

nicht. Stattdessen sehen sie beispielsweise das Schriftzeichen für Allah oder Mohammed auf Schafen (Abb. 15), wo Mitglieder des westlichen Kulturkreises eben nichts Auffälliges bemerken.

Dies zeigt, dass wir extrem viel in die betreffenden Bilder hineinlesen. Faszinierenderweise gibt es Hunderte solcher Beispiele: im Fritierfett, als Schokoladenkloß usw.[1]

Es soll sogar Leute geben, die in der Felswand von Mount Rushmore (Abb. 16) die Köpfe amerikanischer Präsidenten zu erkennen glauben.

Uns geht es darum, zu zeigen, dass die Evolution uns dahingehend trainiert hat, Muster aller Arten zu erkennen. Dies dient dazu, die Welt in ihrer Struktur und ihren Abhängigkeiten und Wechselwirkungen zu verstehen. Dabei begehen wir viele Fehler, weil wir extrem sensible «Mustererkenner» sind.

«Die Welt in ihrer Struktur» – das klingt ein wenig nach Goethes Faust, der erkunden will, «was die Welt im Innersten zusammenhält».

Abb. 14 Der Kopf von Mutter Teresa als Zimtbrötchen, gefunden in Nashville

Doch diese Frage stellen wir uns nicht. Wir wollen vielmehr erklären, wie und warum wir einen Baum als Baum erkennen. Diese grünbraunen Gebilde im Wald sind für uns Menschen eben nicht zusammenhanglose Ansammlungen von Stamm, Ästen, Blättern und Zweigen. Wir nehmen sie als Einheit, eben als Baum, wahr. Und wir erkennen den Baum auch dann noch als ein Ganzes, wenn im Herbst seine Blätter in anderen Farben leuchten oder wenn weder Blüten noch Früchte oder Blätter an ihm hängen.

Warum verhält sich das so?

Nun, einerseits verfügen wir über sehr gute Mustererkennungsmechanismen, andererseits werden wir als Kinder auch jahrelang darin geschult, bestimmte Dinge als Einheit wahrzunehmen, andere nicht. Was als Einheit gilt, unterscheidet sich im Übrigen von Kultur zu Kultur.

Die Fähigkeit, Strukturen und Muster in der Umwelt zu erkennen, schließt natürlich auch das Gegenstück mit ein – die Möglichkeit

Regelmäßigkeiten und Muster

Abb. 15 In Usbekistan kam im Mai 2002 ein schwarzes Lamm zur Welt, das auf der einen Seite ein weißes Muster mit dem arabischen Wort für Mohammed (im Bild), auf der anderen das Zeichen für Allah aufwies.

einer Fehlfunktion. Uns geht es hier um die Tendenz der Menschen, (teilweise fiktive) Muster und Ordnungen in der Welt zu finden und (übertrieben oft) Regelmäßigkeiten und Abhängigkeiten zwischen Ereignissen festzustellen. Ersteres bezieht sich auf Objekte (etwa wenn wir in Wolken Gestalten zu sehen vermeinen), Letzteres auf Ereignisse (etwa wenn Fußballtrainer nach einem gewonnenen Spiel ihren Pulli nicht mehr waschen und ihn bei allen folgenden Spielen anziehen, bis der Pulli irgendwann einmal nicht nur ganz penetrant zu riechen beginnt, sondern auch noch seine magische Kraft und die Mannschaft das Spiel verliert).

Wir verdeutlichen das Prinzip anhand eines Witzes. Ein Biologe, ein Physiker und ein Mathematiker sehen eine braune Kuh auf einer Weide stehen. Der Biologe meint, hier gebe es braune Kühe. Der

Abb. 16 Die Ostwand des Mount Rushmore

Physiker fügt an, wir wissen nur, dass es hier eine braune Kuh gibt, woraufhin der Mathematiker triumphierend präzisiert, dass sie nur wüssten, dass es hier eine Kuh gebe, deren eine Seite braun sei.

Dieser Witz illustriert sehr gut, wie Muster erkannt werden und wie anstrengend es ist, Informationen nicht automatisch zu ergänzen. Während der Biologe hier die lebensnahe Position vertritt, steht der Mathematiker für die korrekte, wissenschaftliche Haltung.

Die Fähigkeit zur Wahrnehmung von Gestalt und Ordnung ist zweifellos eine überlebensnotwendige Eigenschaft, anhand derer man sich in der Welt zurechtfindet. Weil Mustererkennung so extrem wichtig ist, sind wir so gut darin, überall Muster zu erkennen. Man könnte auch sagen, dass wir in diesem Bereich hypersensibel sind. Diese hohe Sensitivität hat aber als Kehrseite, dass Muster auch dort gesehen werden, wo sie gar nicht vorhanden sind. Unsere Detektoren sind gewissermaßen in eine Richtung verschoben.

Regelmäßigkeiten und Muster

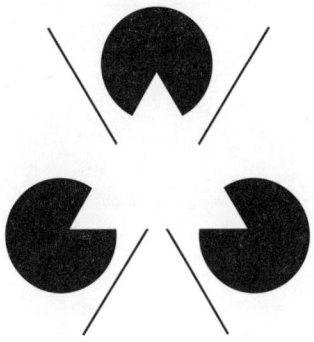

Abb. 17 Automatische Ergänzung eines Dreiecks

Diese Fehler kann man relativ leicht provozieren. Wir werden sie im Folgenden darstellen und erläutern. Wir beginnen mit optischen Täuschungen, die zwei Prinzipien demonstrieren.

In Abbildung 17 erkennen Sie bestimmt ein weißes Dreieck in der Mitte. Decken Sie nun mit einem Blatt Papier oder Ihren Fingern die vier Striche und die geöffneten Kreise ab, und die vorgestellte Linie des Dreiecks verschwindet. Das Weiß innerhalb des gedachten Dreiecks unterscheidet sich nun nicht mehr von jenem außerhalb. Sie haben die Form ergänzt.

Der Neckerwürfel (Abb. 18) bietet Ihrem Gehirn zwei Möglichkeiten. Ganz unbewusst entscheidet es sich jeweils für eine der beiden, wobei die Entscheidung von einer Sekunde auf die nächste wechseln kann: Der Punkt ist entweder vorne oder hinten.

Warum gaukelt uns unser Gehirn eine doppelte Möglichkeit vor? Das liegt daran, dass unser Gehirn so konstruiert ist, dass es sich immer für eine Möglichkeit entscheidet – es kann keine Möglichkeit in der Schwebe lassen. Und da das Ganze immer wieder neu vorgenommen wird, kippt die Figur.

Es gibt zahlreiche Versuche, die dieses Prinzip bestätigen. Das Gehirn nimmt während der Wahrnehmung zahlreiche Umarbeitungen vor, die ausgesprochen flexibel sind: Symmetrien werden verstärkt, die Gestalt vereinfacht, die Unterteilung verschärft, nicht passende

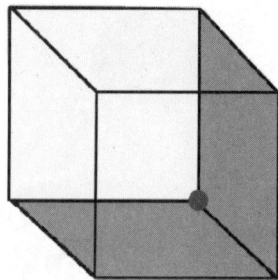

Abb. 18 Neckerwürfel – Eindeutigkeit der Interpretation

Details isoliert, Grenzlinien geschlossen, Ähnliches wiederholt und Schiefes begradigt.² Diese Prinzipien hat die Gestalttheorie herausgearbeitet. Ausgelassene Informationen werden zudem über den Kontext ergänzt. Das ist durchaus von Vorteil, etwa wenn Sie Gegenstände suchen, von denen nur ein Teil sichtbar ist, oder Ihr Blickfeld eingeschränkt ist. Auch den Verlauf eines Abgrunds, der links und rechts von einem Busch zu sehen ist, ergänzen Sie hinter dem Busch, was Ihnen einen schmerzhaften oder gar tödlichen Sturz ersparen kann. Für alle jagenden Lebewesen ist es zudem von fundamentaler Bedeutung, ihre Beute zu erkennen. Sie suchen die Umgebung nach nicht passenden Details ab, also etwa einen Vogel in einem Baum. Sowohl Jäger wie auch Beutetiere versuchen möglichst mit ihrer Umwelt zu verschmelzen, indem sie sich tarnen (Abb. 19). Umgekehrt ist es für Früchte vorteilhaft, erkannt und verspeist zu werden. Dementsprechend stark heben Früchte sich von ihrer Umgebung ab.

Allen Beispielen liegt die Fähigkeit der Wahrnehmung von Gestalt und Muster zugrunde. Wir kommen darauf zurück.

Neben dem Erkennen von Mustern zeigt das menschliche Denken eine ganz ähnliche, ebenso fundamentale Eigenschaft: die Vorstrukturierung der Welt. Wir erleben die Welt bereits als aufgetrennt in Objekte, Beziehungen und Ziele. Unser Denken geschieht immer und unvermeidlich innerhalb eines Kategoriensystems. Dies lässt sich selbst bei Kindern und anderen Völkern nachweisen. Das mensch-

Regelmäßigkeiten und Muster

Abb. 19   Als Blatt getarnte Gottesanbeterin im Laub

liche Denken funktioniert in einer Weise, dass es die wichtigsten wiederkehrenden Strukturen seiner Umwelt erkennt. Deshalb kommt uns folgende Einteilung auch ganz und gar unsinnig vor:

> «a) Tiere, die dem Kaiser gehören, b) einbalsamierte Tiere, c) gezähmte, d) Milchschweine, e) Sirenen, f) Fabeltiere, g) herrenlose Hunde, h) in diese Gruppierung gehörige, i) die sich wie Tolle gebärden, k) die mit einem ganz feinen Pinsel aus Kamelhaar gezeichnet sind, l) und so weiter, m) die den Wasserkrug zerbrochen haben, n) die von weitem wie Fliegen aussehen.»[3]

In der Tat ist die Einordnung verschiedener Elemente in Kategorien eine typische Aufgabe in Intelligenztests. Gleich ein Versuch: Welches Element passt nicht zu den anderen?

Löwe – Leopard – Tiger – Donau – Panther
Kirsche – Dänemark – Pakistan – Spanien – Mexiko
Opernhaus – Mozart – Rathaus – Schule – Postamt

Wir nehmen an, dass es Ihnen ausgesprochen leichtgefallen ist, jene Begriffe, die nicht zu den anderen vier passen, zu erkennen. Wir nehmen auch an, dass Sie blitzschnell die Kategorien verengt und erweitert haben. Nach *Löwe* (Raubkatze) und *Leopard* (afrikanische Raubkatzen) wurde Ihnen mit *Tiger* und *Donau* klar, dass die Kategorie «Raubkatze» gemeint ist. Ein ähnliches Zögern mag sich bei *Opernhaus* und *Mozart* (Musik) gezeigt haben, bevor *Rathaus* und *Schule* die Kategorie «Gebäude» eindeutig festlegten. Das spricht für ein gut ausgebildetes System der Kategorienbildung bei Ihnen wie auch bei allen anderen Menschen. Auch Kinder im vorsprachlichen Alter sortieren schon kategoriell Unpassendes spontan und unter Empörung um, weil sie es als «falsch» empfinden. Später halten Kinder es für lachhaft, das unpassende Element überhaupt nur in die Nähe der Gruppe einheitlicher Begriffe zu stellen.

Unser Ästhetikempfinden liefert ein weiteres Indiz dafür, dass Regelmäßigkeiten und Ordnungsliebe in uns Menschen genetisch verankert sind. Wir empfinden geordnete Strukturen als beruhigend und anziehend. So gut wie alle Häuser haben Fenster auf gleicher Höhe und in regelmäßigen Abständen zueinander. Solaranlagen werden mittig oder symmetrisch auf die Dächer montiert, und Zuschauerblöcke in Sportanlagen sind jeweils von gleicher Größe. Als umso raffinierter erleben wir die asiatische Ästhetik, die Asymmetrien als bewussten Gegensatz zur «langweiligen» Symmetrie perfektioniert hat.

Nachdem wir gezeigt haben, dass Menschen in Kategorien denken und es dementsprechend auch gelernt haben, Muster und Strukturen zu erkennen, kommen wir nun auf die Art und Weise dieses Vorgangs und auf die damit verbundenen Fehler zu sprechen.

Es gibt im Prinzip zwei Möglichkeiten, Muster und Strukturen zu erkennen. Entweder man erkennt die Ähnlichkeit des Objekts mit einem Prototypen (ein Rotkehlchen ist ein Singvogel, weil es dem Prototyp des Singvogels – der Amsel – ähnelt), oder man erkennt die Ähnlichkeit des Objekts zu anderen bereits bekannten Beispielen (das Rotkehlchen ist ein Singvogel, weil andere Singvögel auch zwei dünne Beine und Flügel haben und so schön zwitschern). Die Wahrheit liegt, wie so oft, wohl in der Mitte. Beide Möglichkeiten werden verwendet. Sie erinnern sich an die Heuristiken, die ebenfalls, je nach Aufgabentyp, variierten.

Auch die Prototypen können sich, je nach Umgebung, voneinander unterscheiden. So sind etwa die Vögel Südamerikas sehr viel bunter und variieren stärker in der Größe (Kolibris, Papageien), als dies in Europa der Fall ist. Ähnliches gilt für Schlangen: Wenn ein Europäer gebeten wird, eine Schlange zu zeichnen, wird wohl so etwas wie eine Kreuzotter dabei herauskommen. Ein Südamerikaner mag bei gleicher Aufgabenstellung eher an die sehr viel größere Python denken.[4]

Machen wir uns daran, ein Objekt zu kategorisieren, können uns dabei Fehler unterlaufen, etwa weil wir prototypische Vertreter beim Vergleich der Ähnlichkeiten überschätzen. So sieht der Delphin dem Prototyp Fisch zwar sehr ähnlich, ist aber ein Säugetier und gehört damit in eine ganz andere taxonomische Klasse von Tieren. Dieser Fehler ist in der weit verbreiteten, aber falschen Bezeichnung Walfisch noch immer enthalten.

Die Fähigkeit zur Gestaltwahrnehmung und Klassifikation ist beim Menschen ausgesprochen gut ausgebildet. Wir sind sehr gut im Erkennen von Mustern. Das ist kein Fehler, sondern sogar derart zentral für das Überleben, dass Vorgänge dieser Art weitgehend unbewusst und automatisch ablaufen. Erst Versuche, sie Computern beizubringen, brachten die enorme Leistungsfähigkeit unserer Mustererkennung zum Vorschein – und mit ihr die Schwierigkeiten, die bei einer künstlichen Nachahmung auftreten. Weil aber diese Fähigkeit so wichtig ist, ist sie auch zu höchster Empfindlichkeit gesteigert.

Und deswegen kommt es häufig zu Überreaktionen: Es werden auch dort Muster entdeckt, wo sie gar nicht vorhanden sind.

Fehler dieser Art durchziehen praktisch alle kognitiven Fähigkeiten. Es handelt sich um äußerst vielgestaltige, robuste Phänomene, die universal und schon sehr früh bei Kindern zu beobachten sind. Das Problem für die Wissenschaft besteht darin, dass Muster, Kategorien und Klassifikationen gerade dort von großer Bedeutung sind. Wissenschaftliche Experten sind hoch trainierte «Mustererkenner», die problemspezifische Schemata durch Tausende Wiederholungen finden und benennen. So bedarf es jahrelangen Trainings, auf Röntgenbildern Tumore zuverlässig zu erkennen, während der Laie nur verschwommene weiße und schwarze Flecken sieht. Und deshalb ist es in der Tat problematisch, wenn die Denkprozesse, die einer Schematisierung zugrunde liegen, zu Übersensitivität neigen und dementsprechend fehleranfällig sind.

Doch nicht nur Regelmäßigkeiten unterliegen fehlerhaften Einschätzungen des Menschen. Nah verwandt mit diesem Fehler ist die Neigung des Menschen, immer und überall kausale Zusammenhänge zu sehen (auch wenn diese nicht vorhanden sind). Um diese geht es im Folgenden.

2 Abhängigkeiten und Zusammenhänge

Baltimore, 1799, Winter.

«Ich reite noch eben über unsere Plantagen und prüfe, ob alles in Ordnung ist!»

Meine Frau war wie immer besorgt und rief mir noch nach: «Bleibe nicht zu lange, es ist eiskalt heute.»

Aber wie es immer ist, schließlich wurden es doch sechs Stunden, und am nächsten Tag, als ich von einem weiteren Ritt heimkam, spürte ich schon ein Kratzen im Hals, das die fällige Erkältung ankündigte. Ich dachte mir nichts dabei, aber in der Nacht wachte ich um zwei Uhr auf und konnte kaum mehr atmen. Meine Luftröhre

Abhängigkeiten und Zusammenhänge

musste wohl zugeschwollen sein. Schlucken konnte ich nichts mehr, nicht einmal Medizin. Aber es gab ja noch den immer wirkenden Aderlass, auf den ich schon mein ganzes Leben vertraut hatte. Mein Verwalter entnahm mir dann auch sofort auf meine Bitte hin einen Drittelliter Blut. Kurze Zeit später kam mein Arzt, Dr. James Craik, und ließ mich noch dreimal zur Ader; das waren zweimal Zweidrittelliter und, als das nichts half, noch einmal 1,2 Liter. Ich fühlte mich allerdings immer matter und schwächer. Ein weiterer Arzt, Dr. Dick, ließ mich im Laufe des Tages mit einem weiteren Liter zur Ader. Ich aber hatte mich in der Zwischenzeit mit meinem Tode schon abgefunden, da ich merkte, wie schwer mir jeder Atemzug fiel, auch fühlte ich mich zu keiner Bewegung mehr fähig. Eine merkwürdige Ruhe kam über mich.

Der Name dieses berühmten Mannes lautet George Washington, General und erster Präsident der Vereinigten Staaten. Er war eines der unzähligen Opfer, die am Aderlass starben, darunter vermutlich auch Mozart, der bereits mit 35 Jahren aus dem Leben schied. George Washington wurden innerhalb von etwa 10 Stunden fast 4 Liter von geschätzten 7 Litern (er war 1,90 m groß und 104 kg schwer) abgenommen. Die Wiederholung einer erfolglosen Maßnahme erinnert deutlich an unser Beispiel mit den Schnecken. Dass er ruhig und gefasst starb, ist aus medizinischer Sicht wohl eher dem Schock und der Schwäche durch den wiederholten Blutverlust zuzuschreiben, nicht aber einem erreichten Seelenfrieden, wie es seine Umgebung interpretierte.[5]

Kausalitätsdenken

Abseits dieses einen traurigen Todes starben über Jahrhunderte hinweg Tausende und Abertausende Kranke und Gesunde am Aderlass. Meist ging eine andere Krankheit voraus (Kehlkopfentzündung bei George Washington, vermutlich ein rheumatisches Fieber bei Mozart), gegen die der Patient dann, durch den Aderlass entscheidend geschwächt, keine Abwehrkräfte mehr aufbieten konnte. Immer wieder empfahlen Ärzte dieses Mittel, ohne dass dem Aderlass, wie wir heute wissen, jemals eine heilende Wirkung zugeschrieben werden konnte. Es fiel schlicht niemandem auf, dass es *praktisch nie einen positiven Zusammenhang* zwischen Aderlass und Heilung gab.[6] Unzählige Menschen starben, weil all die Ärzte nicht in der Lage waren, die Befunde von Aderlass und Krankheitsverlauf in den richtigen Zusammenhang zu bringen.[7]

Diesen kognitiven Fehler kann man experimentell nachweisen. Der norwegische Forscher Jan Smedslund hat 1963 in einem Versuch gezeigt, dass nur sieben von 87 Krankenschwestern den richtigen Zusammenhang zwischen dem Auftreten von Symptomen und der Krankheit erkannten.[8] Es wurde nur der positive Zusammenhang (Symptom da, also auch Krankheit da) beachtet. In ihrer Bedeutung für den Zusammenhang nicht erkannt und entsprechend nicht berücksichtigt wurden folgende Fälle: Die Symptome fehlen, und der Patient ist dennoch krank; die Symptome sind vorhanden, der Patient ist aber nicht krank; weder Symptome noch Krankheit sind vorhanden.

Nur alle vier Optionen zusammengenommen lassen jedoch echte Rückschlüsse darauf zu, ob die Symptome tatsächlich die Krankheit verursachen oder ob es sich lediglich um Zufallsphänomene handelt. Genau dies herauszufinden, war die eigentliche Aufgabe der Schwestern.

Dieser Befund spricht für eine evolutionäre Erklärung, da auch optimal erscheinende Mechanismen (das Erkennen von Kausalität) noch Stückwerkcharakter aufweisen. Die stärksten Verbindungen, die zwischen Ereignissen hergestellt werden, sind über Raum und Zeit motiviert. Der Mensch erwartet Regelmäßigkeiten und Abhängigkeiten, wenn Ereignisse in einer gewissen räumlichen und zeitlichen Nähe zueinander stehen. Menschen nehmen Kausalität wahr, wenn folgende vier Bedingungen erfüllt sind:

Abhängigkeiten und Zusammenhänge

1. Die Ursache tritt vor der Wirkung auf.
2. Ursache und Wirkung treten regelmäßig gemeinsam auf.
3. Ursache und Wirkung treten in zeitlich-räumlicher Nähe auf.
4. Ursache und Wirkung sind sich ähnlich.[9]

Unser Fallbeispiel der Mangelkrankheiten zeigt, dass man eventuell hier noch einen fünften Punkt hinzufügen kann: Die Ursache muss positiv (vorhanden) sein und nicht in einem Mangel bestehen.

Da das Kausalitätsverständnis bereits bei Kindern (wie in Kapitel 1.2 «Wie Kinder denken» beschrieben) stark ausgeprägt ist und der jeweiligen Ursache eine hohe Bedeutung zumisst, verwundert es nicht, dass auch die Wahrnehmung erwachsener Menschen in diesem Fall in Richtung hoher Sensitivität verschoben («verzerrt») ist. So wird des Öfteren auch dann auf Abhängigkeit und Zusammenhang geschlossen, wenn Ereignisse unverbunden und zufällig nebeneinander stehen. Auf die Scherzfrage: «Was ist das: Es regnet, und das Gartentor schwingt auf und zu?» lautet die Antwort ja auch: «Ein Zufall.» Trotzdem versucht man unwillkürlich, einen Zusammenhang zu finden.

Es braucht nicht viel Aufwand, um zwei Ereignisse miteinander zu verbinden. Einige Beispiele sollen das illustrieren. Israelische Pilotentrainer wurden aufgefordert, bei der Ausbildung bewusst mit Lob und Kritik zu arbeiten. Es dauerte nicht lange, und die Trainer stellten fest, dass sich die Leistungen nach Lob verschlechterten, nach Kritik hingegen verbesserten. Kritik und Lob waren also ihrer Meinung nach jeweils die *Ursache* der Leistungsänderung. Der *tatsächliche* Grund aber war ein anderer, nämlich die Regression zur Mitte. Besonders gute und besonders schlechte Leistungen stellen extreme Ausschläge dar, denen in aller Regel und unabhängig von Lob oder Kritik eine Regression zur Mitte folgt. Hätten die Trainer stattdessen die guten Leistungen kritisiert und die schlechten gelobt, hätte das am Ergebnis nichts verändert, weil es sich hier um ein unhintergehbares statistisches Prinzip handelt. Leider besitzen Menschen hierfür so gut wie keine Intuition. Die Regression zur Mitte beobachtet man auch bei Talenten und Spitzensportlern, die eine einmalige gute Leistung über die Zeit hinweg nicht bestätigen können.[10]

Anscheinend plausible Erklärungen für derartige Phänomene werden relativ rasch und leicht gefunden. Nobelpreisträgern etwa sagt man oft nach, sie würden nach ihrer großen Leistung nichts Wesentliches mehr zustande bringen. Dabei übersieht man, dass sie in der Regel gerade für eine einmalige Spitzenleistung, die aus dem Gros ihrer Leistungen herausragt, geehrt wurden. Niemand kann so etwas jährlich wiederholen!

Die literarische Postmoderne will dieses kausale Prinzip aufheben. Es werden Sachverhalte präsentiert, ohne dass der Autor den Zusammenhang herausstellt. Dies wirkt verwirrend, eben weil wir es gewohnt sind, in Zusammenhängen zu denken und vor allem Geschichten auf diese Weise zu lesen. Diese wurden ja eigens erfunden, um einen Sinn zu konstituieren. Oder wie der Kritiker Vivian Mercier nach der ersten Aufführung von Samuel Becketts «Waiting for Godot» (die von einer Pause unterbrochen war) schrieb: «This is a play where nothing happens – twice.»

Erstaunlich ist auch die Langlebigkeit kausaler Verknüpfungen. Selbst wenn ein Testleiter die vermutete oder nahegelegte Kausalverbindung im Anschluss an das Experiment als falsch nachweist, erfinden Versuchspersonen für die widerlegten «Tatsachen» auch noch im Nachhinein plausible Gründe. Sie versteifen sich auf bestimmte Theorien, so dass auch bedeutungslosen Einflüssen eine Wirkung zugeschrieben wird. So gibt es Versuche, bei denen die Versuchspersonen ein Los erhalten. Gruppe A wird es zugeteilt, Gruppe B darf es sich selbst auswählen. Anschließend wird es ihnen wieder weggenommen. Ersteren ist das Los bei einem Rückkaufversuch im Schnitt 1,96 Dollar wert, Letzteren hingegen 8,67 Dollar! Allein der Umstand, dass die Person das Los selbst ausgesucht hat, lässt sie der Meinung sein, sie hätten besser als der Versuchsleiter gewählt.[11]

Eine ganz ähnliche Beobachtung kennt jeder von sich selbst. Positive Ereignisse werden eher der eigenen Person, negative tendenziell der Situation zugewiesen; geht es um andere Personen, so erfolgt die Zuweisung umgekehrt. So ist man natürlich selbst für den Einser in Mathematik und Englisch verantwortlich, während der Vierer in Physik nur durch ungünstige Umstände zustande kam: Die Prüfung war unfair, der Lehrer hatte nicht richtig erklärt und andere Gründe mehr. Ebenso das bereits erwähnte Beispiel: «Den Weg habe *ich* aber gut gefunden, oder?» mit seinem bekannten Gegenstück: «Oh, jetzt haben *wir* uns aber verfahren.»

Wir fassen zusammen: Die Kausalwahrnehmung lässt sich leicht auslösen und ist anfällig für mehrere Fehler. In der Wissenschaft ist dies besonders problematisch, da diese stets darum bemüht ist, Zusammenhänge zwischen Phänomenen nachzuweisen, um sie in Gesetze fassen zu können. Dementsprechend ist es von großer Bedeutung, wenn diese kognitive Fähigkeit des Menschen grundsätzlich fehleranfällig ist und Forschungsergebnisse infolgedessen in ihrer Zuverlässigkeit zumindest gefährdet sind.

Ähnlichkeitsdenken

Wir wollen nun insbesondere auf den vierten Punkt der Kausalbedingungen eingehen, die Ähnlichkeit von Ursache und Wirkung. Aufgrund zahlloser Fälle in den Jahrmillionen unserer Evolution hat sich beim Menschen die grundsätzliche Annahme entwickelt, dass Wirkungen ihren Ursachen ähneln. Das ist in der Tat so oft der Fall, dass einigermaßen verlässlich großen, kleinen oder komplexen Ereignissen entsprechend große, kleine oder komplexe Ursachen zugeordnet werden können. Ein mächtiger Sturm kann Bäume entwurzeln, während ein leichter Wind nur Grashalme beugt; ein Anschlag auf die USA hat Krieg zur Folge, während eine abfällige Bemerkung über die Kleidung der Außenministerin nur zu einer Verstimmung in den Beziehungen führen mag. Erst seit einigen Jahren werden neben dem Klimawandel verstärkt Schmetterlinge für diverse Wirbelstürme verantwortlich gemacht. Die zeitliche und räumliche Entfernung sowie der Unterschied von Auslöser und Wirkung sind wahrscheinlich der

Grund, warum die Chaostheorie, die darüber in der Tat nachdenkt, für Laien so schwer fassbar ist. Das sagt gleichwohl nichts über ihre Gültigkeit aus.

Das Prinzip der Ähnlichkeit von Ursache und Wirkung findet man kulturübergreifend auf der ganzen Welt. Besonders deutlich wird dies an Beispielen, bei denen aufgeklärte Menschen wissen, dass hier gewiss keine kausale Beziehung vorliegt: So glauben manche Indianerstämme, dass Fuchslungen gegen Asthma helfen, weil Füchse starke Atemkräfte besitzen. Gelbwurz oder Kurkuma soll gerade wegen der gelben Farbe gut gegen Gelbfieber sein, Symptom und Heilmittel ähneln sich also. (Und sollte Gelbwurz doch einmal helfen, dann ist das eher auf den Placebo-Effekt als auf tatsächliche Heilkräfte der Pflanzen zurückzuführen.) Ganz entsprechend gehen Kannibalen davon aus, dass sie die Eigenschaften des Körperteils des verzehrten Feindes übernehmen: Hirn für Geisteskräfte, Hoden für Manneskraft usw.

Die Willkürlichkeit dieser Ansichten wird von der vergleichenden Ethnologie eingefangen: So wirkt sich der Verzehr von Eichhörnchen nach Vorstellung der Fang-Indianer fördernd auf eine Schwangerschaft aus, weil Eichhörnchen aus Löchern *heraus*schlüpfen. Bei den Hopi gibt es dagegen ein Tabu für Schwangere, Eichhörnchen zu essen, da diese in Löcher *hinein*schlüpfen. Und bei einem Stamm auf Hawaii müssen bei einer Geburt alle Körbe und andere geschlossene Objekte *geöffnet* werden.[12]

Wahrscheinlich haben Sie bei den letzten drei Beispielen geschmunzelt und den Aberglauben als lächerlich und unbegründet eingestuft. Bei den ersten Beispielen hingegen könnten wir uns vorstellen, dass Sie zumindest kurz darüber nachgedacht haben, ob nicht doch etwas dran ist. Schließlich ist das Wissen der Indianer uralt, und es gibt mehr Dinge zwischen Himmel und Erde, als unsere Schulweisheit sich träumen lässt. Wir suchen ja geradezu nach Zusammenhängen, um verstehen zu können. Allen Geschichten dieser Welt liegt genau dieses Prinzip zugrunde: Geschichten werden erzählt, damit der Zusammenhang zwischen Ereignissen klar wird. Am Ende ergibt alles einen Sinn. Und das stellt uns zufrieden.

Auch in unserer Kultur gibt es ganz analoge Beispiele: Sie mögen sich zwar nicht mit dem richtigen Zeitpunkt für den Verzehr eines Eichhörnchens beschäftigen, aber Sie haben doch bestimmt schon einmal besonders schwungvoll gewürfelt, wenn Sie eine hohe Würfelzahl benötigten. Und stehen nicht gerade in unserer Kultur einige Pseudowissenschaften hoch im Kurs? Etwa 77% der Deutschen lesen regelmäßig Horoskope, in denen es um sture Steinböcke, mutige Löwen und ausgeglichene Waagen geht. Aber wie hat Douglas Adams so schön gesagt: Warum sollten im All herumwirbelnde Steinbrocken mehr über mein Leben wissen als ich selbst?

Das ist nicht das einzige Beispiel. In der Graphologie drückt nach links geneigte Schrift Zurückhaltung aus, und das obere Drittel der Zeile repräsentiert die «hoch stehenden», die intellektuellen Fähigkeiten; die Aromatherapie wählt ätherische Öle oft nach einer angenommenen Ähnlichkeit; und die (Frisch-)Zellentherapie postuliert eine Verjüngung durch das Spritzen von jungem Tiergewebe.[13] In östlichen und arabischen Ländern wiederum werden für den Penis des Königstigers phantastisch hohe Preise geboten. Nashornhörner und Spargel sind als Aphrodisiaka wohl deswegen so begehrt weil sie «a big sticky-up hard thing»[14] sind. Diese Eigenschaft genügt, so der simple Aberglaube, um die entsprechende Wirkung zu haben! Die Homitoxikologie vertritt gar die Ansicht, dass Schweinefleischesser mit der Zeit Schweinen ähnlich werden. Gerade die letzten beiden Beispiele sind sehr nah an den heute verlachten Vorstellungen des Kannibalismus.

Ob indigen oder «zivilisiert», Menschen zeigen in diesen Bereichen ein sehr ähnliches Verhalten. Dies belegt die Universalität des Ähnlichkeitsdenkens, eines Grundbestandteils unserer Kausalitätsvermutung. Dementsprechend müssten sich Belege dafür auch bei Kindern finden lassen. Und in der Tat entwickeln Kinder schon sehr früh starke Kausalitätsverknüpfungen. Sie suchen aktiv nach kausalen Erklärungen für physikalische Ereignisse, merken sich kausal zusammenhängende und vergessen nichtkausale Ereignisse. Sie zeigen eine äußerst starke Verursacherfixierung, das heißt, auf die Frage «Warum bewegen sich Wolken?» lautet die Antwort häufig: «Weil die Wolke (oder Gott) es so will.» Da sich dieses Verhalten kulturübergreifend zeigt, kann man von einer Grundstruktur sprechen.[15] Das Ähnlichkeitsdenken mitsamt den damit verbundenen Fehlern ist universal, häufig und für viele Bereiche grundlegend. Und das ist ja nur vernünftig. Denn nur dort, wo eine Abhängigkeit (die durch Ähnlichkeit angezeigt wird) auch auftritt, kann man sich dies zunutze machen. Ohne einen bestehenden Zusammenhang kann man den Ausgang von B beim nächsten Mal nicht über eine Veränderung von A beeinflussen.

Doch so sinnvoll eine Verknüpfung von Ereignissen ist, so fatal ist diese Neigung, wenn man dort Zusammenhänge sieht, wo gar keine vorhanden sind. Dieses Verhalten ist die logische Folge der sensiblen Kausalitätsantenne und lässt sich bei Menschen wie Tieren beobachten. Ein bekanntes Beispiel ist die Skinner-Box. Der amerikanische Psychologe B. F. Skinner steckte Tauben in verdunkelte Schachteln. Jede Taube erhielt nach einer zufälligen Zeitspanne Futter. Als Skinner nach einiger Zeit die Verdunkelungen abnahm, beobachtete er bei jeder Taube ein ganz eigenes sonderbares Verhalten. Die Tauben hatten die zufällig erfolgte Futtergabe mit ihrem zu diesem Zeitpunkt erfolgten Verhalten in Verbindung gebracht und versuchten nun, die Futtergabe über das wiederholte Verhalten erneut zu provozieren: Eine Taube pickte in eine Ecke, die andere schwankte rhythmisch hin und her, die nächste drehte sich gegen den Uhrzeigersinn usw.

Studien zu diesem Verhalten ergeben bei Menschen ein ähnliches Bild: Zusammenhänge zwischen Abbildungen und sexueller Neigung beim Rorschach-Test werden von Ärzten «erkannt», obwohl nachgewiesenermaßen kein Zusammenhang besteht. Genaue Untersuchungen ergaben nämlich, dass die von Patienten gegebenen Antworten auf die gezeigten Bilder des Rorschachtests keinerlei Rückschlüsse zulassen – viele Ärzte ziehen sie dennoch. Immer wieder stellen Versuchspersonen beliebige Gesetzmäßigkeiten zwischen völlig zufälligen Reizen fest. Sie versteigen sich zu komplizierten Hypothesen und beharren sogar nach Aufklärung über die Zufälligkeit der Korrelationen auf «verborgenen Zusammenhängen, die selbst dem Versuchsleiter entgangen sind». Während des Zweiten Weltkriegs glaubte man, klare Muster der Bombenverteilung in London zu erkennen, die sich bei genauerer statistischer Analyse allerdings ebenfalls als zufallsverteilt erwiesen.

Sehr bekannt ist auch der Irrtum des Glücksspielers. Fast alle Menschen erwarten beim Roulette nach einer langen Folge einer Farbe eine höhere Chance für die andere. Sie gehen dabei von einem statistischen Ausgleich aus. Doch Rouletteräder oder Würfel haben kein Gedächtnis. Zwar ist es richtig, dass beide Farben statistisch gleich oft fallen, der Ausschnitt aus der Menge der Würfe (ca. 5–10) ist aber viel zu klein, als dass statistische Werte bereits zuverlässig wären. Es ist zudem keinesfalls so, dass in jedem Segment die Gesamtverteilung des Zufalls korrekt widergespiegelt wird. Das können etwa all jene bestätigen, die an jenem legendären 23. Juni 2003 im Spielkasino in Hamburg am Roulettetisch standen – die Kugel fiel sage und schreibe 21-mal hintereinander auf Rot. Wäre da jemand auf die Toilette gegangen und hätte dem Croupier gesagt: «Lassen Sie meinen Einsatz (sagen wir 10 Euro) einfach auf Rot stehen …», dann wäre er nach der Pinkelpause um 5 242 880 Euro reicher gewesen – wenn er denn so klug gewesen wäre, das Spiel dann auch zu beenden!

Von diesem Irrtum gibt es allein im Roulette beliebig viele Varianten. Tausende Personen, zum Teil hoch qualifizierte Mathematiker, sind sich sicher, ein unschlagbares Roulettesystem gefunden zu haben – denn sie haben ja ein *Muster* erkannt. Seitenlang wird im Internet das neue System heiß diskutiert, inklusive hochkomplexer statistischer Auswertungen der in den Kasinos gespielten historischen Zahlen, die diese frei verfügbar machen.

Wir halten fest: Das Phänomen ist kulturübergreifend, nur die jeweilige Ausprägung ist kulturbedingt und zufällig. Illusionäre Korrelationen sind wohl, wie Konrad Lorenz 1964 erkannte, auf die Empfindlichkeit des entsprechenden Detektors zurückzuführen. Dieser ist von der Evolution darauf getrimmt, Regelmäßigkeiten in der Welt zu erkennen und nutzbar zu machen.

Zusammenfassend lässt sich sagen, dass es für uns Menschen offenbar extrem leicht ist, kausale Erklärungen zu produzieren. Wir sind ausgesprochen gut darin, Zusammenhänge herzustellen. Wir sind sogar so gut darin, dass wir kausale Verbindungen übertrieben oft knüpfen. Das zeigt sich vor allem dann, wenn sich Korrelationen als illusionär entpuppen, wir aber trotzdem an teilweise sehr dürftigen kausalen Erklärungen verblüffend lange festhalten. Viele Pseudowissenschaften beruhen auf angeblichen kausalen, tatsächlich aber nicht vorhandenen Verbindungen zwischen Phänomenen: Einige Beispiele sind Irisdiagnostik, Fußreflexzonenmassage, Kirlian-Fotografie und Auramassage, die sich trotz vielfacher *gegenteiliger empirischer Belege* halten. Dieses menschliche Verhalten ist universal zu beobachten und legt eine evolutionäre Interpretation nahe. Die folgende Fallstudie zeigt unsere Probleme, die Ursache einer Wirkung zu finden, die gerade darin besteht, nicht vorhanden zu sein.

3 Fallstudie 6 (Medizin): Nur an Fehlern mangelte es nie – Die Entdeckungsgeschichte der Mangelkrankheiten

Essen ist in der heutigen Zeit schon lange nicht mehr nur Ernährung. Ob Ernährungspyramiden auf Lebensmittelschachteln, ob Gesundheitsreportagen in Zeitschriften und Fernsehen oder Berichte über Unterernährung in Afrika, das Thema Essen wird heute unweigerlich in Verbindung mit Gesundheit gebracht. Eine ausgewogene Ernährung wird empfohlen und auf den Anteil von Vitaminen oder Mineralstoffen zum Aufbau von Blut, Muskeln und Knochen hingewiesen.

Das war nicht immer so.

In dieser Fallstudie untersuchen wir die drei Krankheiten Skorbut, Beriberi und Pellagra.

Alle diese Krankheiten haben eines gemeinsam: Sie werden durch einen Mangel an Vitaminen verursacht. Sie unterscheiden sich von anderen Krankheiten, weil ihre Ursache in einem Defizit besteht. Man kann demnach den kausalen Auslöser nicht unmittelbar sehen – so wie es bei Bakterien, Knochenbrüchen oder Geschwüren der Fall ist. Es ist ja gerade das Ausbleiben der Vitamine, das die Krankheit verursacht. Natürlich unterliegen auch diese Krankheiten einer kausalen Beziehung. Doch die Suche nach der Ursache muss zunächst erfolglos bleiben, weil die Ursache ja gerade darin besteht, dass etwas nicht vorhanden ist.

Der Umgang mit diesen Mangelkrankheiten zeigt, dass Menschen nur sehr schwer aus ihrem standardisierten Denkschema von Ursache und Wirkung ausbrechen können. Die kognitiven Standardzuordnungen greifen nicht, wenn keine konkreten, fassbaren Ursachen gegeben sind. Wir tun uns leichter, selbst unsichtbare Gründe wie Bakterien als Auslöser zu begreifen als das Fehlen einer Sache. Wir fragen uns: Wie kann etwas, das nicht da ist, etwas bewirken? Die Antwort liegt gewissermaßen in der Umkehrung der Formulierung: Das Etwas, das nun fehlt, hat etwas bewirkt, als es noch da war. So formuliert, gibt es kaum Verständnisschwierigkeiten.

Wir werden sehen, wie lange es dauern kann, bis jemand auf diese verständliche Umformulierung verfällt. Wir werden ebenfalls sehen, wie konkurrierende Theorien trotz gravierender Schwächen vorgezogen wurden und wie diese letzteren, teilweise sehr abenteuerlichen Theorien durch übertriebene Kausalitäts- und Korrelationsvermutungen – eben die Merkmale der vierten Fehlerfamilie – entstanden sind. Bei allen vier Mangelkrankheiten wurden Theorien mit «positivem» Auslöser jenen Theorien, die einen Mangel als Auslöser angaben, vorgezogen, obwohl Letztere über bessere experimentelle Belege sowie durchweg konsistentere Erklärungen verfügten und zudem Heilung nachweisen konnten.

Aufgrund unserer Denkprozesse, die in den allzu engen Bahnen von Ursache und Wirkung verlaufen, gerieten Heilungsmethoden in zwei Fällen in Vergessenheit. In weiteren zwei Fällen konnten sich einwandfrei belegte Theorien nicht durchsetzen. Es wurden jeweils fehlerhafte Theorien vorgezogen, deren innere Widersprüche bekannt waren. Beides führte zu zahlreichen Todesfällen, die man leicht hätte verhindern können, da die Heilmethode seit 300 Jahren verbreitet und das Heilmittel leicht verfügbar war (Zitronen bei Skorbut, ungeschälter Reis bei Beriberi).

Heute ist das Prinzip der Mangelkrankheit bekannt. Dennoch denken wir noch immer in diesem anscheinend übermächtigen Schema von Ursache (positiver Auslöser) und Wirkung. Es ist deshalb notwendig und sinnvoll, um dieses Schema zu wissen, damit in anderen Bereichen, in denen dieses Denkmuster natürlich ebenso greift, ähnliche Fehler in Zukunft vermieden werden können. Wir beginnen unsere Darstellung mit Skorbut.

Skorbut – Das zahnlose Grinsen der Matrosen

Skorbut ist eine Mangelkrankheit, die durch fehlendes Vitamin C entsteht. Symptome sind Zahnfleischbluten, Muskelschwund und schließlich Tod durch Herzversagen. Skorbut gibt es seit Menschengedenken – wirklich aufmerksam wurde man jedoch erst auf diese Krankheit, als man längere Schiffsfahrten unternahm. Mit Beginn des 16. Jahrhunderts beobachtete man den Ausbruch der geheimnisvollen Krankheit nach etwa zwei Monaten auf See. Wenige Jahre später wusste man bereits um die heilende Wirkung von frischen Früchten, vor allem Orangen und Zitronen. Dennoch nahmen die Skorbutfälle mit der Ausweitung der Seefahrt zu. Besonders in den Jahren 1740 bis 1790 stellte der Vitamin-C-Mangel auf Schiffen ein großes Problem dar. 1753, also gut 250 Jahre nachdem Skorbut das erste Mal vermehrt aufgetreten war, stellte der britische Arzt James Lind in einem der ersten kontrollierten und dokumentierten Versuche der Medizin überhaupt fest, dass nur frische, saure Früchte Heilung bewirken, säurehaltige Flüssigkeiten wie Schwefelsäure hingegen nicht. Obwohl James Lind oft als Entdecker und Vertreter der Mangelhypothese gilt, findet sich in seinen Erklärungen tatsächlich *keine* Erwähnung eines Mangels. Er nahm vielmehr an, dass Skorbut durch Raumnot und blockierte Hautatmung in einem kalten, feuchten Klima (Meer) ausgelöst wird. Lind sah also keinen Mangel, sondern eine positive Ursache (Klima, Raumnot), deren Wirkung (Skorbut) durch die Säure von Zitronensaft und Gemüse abgeschwächt bzw. aufgehoben werden konnte.[16]

In den nächsten Jahrzehnten wurde der Zusammenhang zwischen der raschen Genesung von Skorbutkranken und der Aufnahme von frischem Obst oder Gemüse sehr deutlich gesehen. Der britische Arzt Gilbert Blane konstatierte 1781, «dass Gemüse und Obst den Ausbruch der Krankheit Skorbut unfehlbar verhindere oder heile». Erst dieses Wissen begünstigte und ermöglichte die küstenferne Seefahrt. James Cook wäre nicht zu einem der bekanntesten Erforscher der Südsee geworden (ab 1770), hätte er an die Teilnehmer seiner Expeditionen nicht Vitamin-C-reiches Sauerkraut ausgegeben. In den nächsten Jahren nahmen die registrierten Fälle von Skorbut rasch ab. Allein die englische Marine verbrauchte im Zeitraum von 1795 bis 1814 weit über sieben Millionen Liter Zitronensaft. Mit Erfolg! Skorbut schien eine Geißel der Vergangenheit, auch weil in den nächsten Jahrzehnten wiederholt bestätigt und nachgewiesen wurde, dass Skorbut durch den Verzehr von Gemüse oder Zitronen vermieden oder geheilt werden konnte.

Man kannte zwar – nach immerhin knapp 300 Jahren – den genauen Grund nicht, doch war immerhin das Gegenmittel bekannt. Aus heutiger Sicht muss es aber durchaus verwundern, dass man trotz aller Belege auf der Suche nach der richtigen Erklärung weiterhin im Dunkeln tappte. Bis auf Elliotson und Budd, die um 1850 als *einzige* Forscher Skorbut explizit als Mangelkrankheit definierten, schrieben alle anderen Mediziner Zitronen entweder eine *anti*skorbutische Wirkung zu oder bekannten ihre Unwissenheit. Von Skorbut als einer diagnostizierten Mangelkrankheit kann denn auch 1870, ganze 350 Jahre nach den ersten regelmäßigen Fällen der Krankheit, noch immer keine Rede sein.

Die Unwissenheit hatte Folgen. So wechselte die britische Marine die Versorgung ihrer Seeleute von Zitronen auf Limonen. Diese besitzen jedoch nur 20 bis 30% des Vitamingehalts von Zitronen. Skorbut wurde erneut zu einem häufigen Gast auf englischen Schiffen – und das, obwohl sich die englischen Matrosen «Limeys» schimpfen lassen mussten. Und gerade so, als handele es sich um eine neue Krankheit, erklärte man sie auch neu. Skorbut, so eine «moderne» Theorie, sei die Folge von verdorbenem Fleisch. Noch 1904 hielt Dr. Coplans fest:

> «Skorbut wird nicht durch den Genuss oder die Abstinenz einer bestimmten Art von Nahrung verursacht, sondern durch eine Infektion. Wird Nahrung unsauber zubereitet oder aufbewahrt, so kann sie als Träger dieser Infektion wirken.»[17]

Als Infektionsträger galten Bakterien, die Giftstoffe produzierten. Zahlreiche namhafte Forscher, Expeditionsteilnehmer, Professoren und Ärzte vertraten vehement diese Ansicht:

> «Die Annahme, dass ein Mangel an frischem Gemüse die Ursache dieser Krankheit ist, ist lächerlich.»[18]

Und so wurde etwa bei Polarexpeditionen in dieser Zeit nur darauf geachtet, kein verdorbenes Fleisch zu essen. Gemüse und Obst wurden nicht mehr beachtet – mit tödlichen Folgen.

Der Umschwung kam erst 1907, als es Holst und Frölich in Tierversuchen gelang, Skorbut auszulösen und wieder zu heilen. Um 1912 setzte sich die Theorie der Mangelkrankheit für Skorbut schließlich durch. Fünf Jahre später erfolgten Funks bahnbrechende Forschungen zu Mangelkrankheiten. Nun endlich hatte man das Rätsel gelöst, die Krankheit war endgültig besiegt.

Was lässt sich aus der Geschichte dieser Krankheit und dem Umgang der Forscher mit ihr lernen? Welche Fehler wurden begangen, und wie können diese in Zukunft vermieden werden? Drei Beobachtungen fallen auf:

- Das Mangelkonzept wird in über 300 Jahren wissenschaftlicher Auseinandersetzung mit den Symptomen bis auf zwei Ausnahmen nicht erwähnt und erst 1912 theoretisch formuliert.
- Eine Heilmethode gerät völlig in Vergessenheit, obwohl sie über ein Jahrhundert hinweg und teilweise auch in großem Maßstab von der britischen Flotte zuverlässig durchgeführt wurde. Die Heilwirkung frischen Obstes war theoretisch und statistisch lückenlos und einwandfrei geklärt. Trotzdem zweifelte man nach 1870 etwa vierzig Jahre lang an dieser Heilmethode.
- Eine gesicherte, höchst erfolgreiche Theorie wird relativ schnell für eine Konkurrenzerklärung aufgegeben, die sich schließlich als falsch erweist.

Diese Beobachtungen sind erklärungsbedürftig. Wir werden ihnen bei den anderen Fallbeispielen in ähnlicher Form begegnen.

Darüber hinaus ist zu bedenken: Schiffe sind isolierte Umgebungen mit geringen neuen Einflüssen. Frische Nahrungsmittel werden selten an Bord genommen, und eine Besserung von Skorbutsymptomen tritt bereits nach zwei Wochen ein (viel schneller etwa als bei Pellagra, einer anderen Mangelkrankheit). Deshalb verwundert die frühe Entdeckung der Korrelation zwischen dem Verzehr von Früchten und dem Abklingen von Skorbut nicht. Es verwundert aber die Blindheit gegenüber dem tatsächlichen Zusammenhang. Denn logisch ergeben sich *nur genau zwei Möglichkeiten:* Entweder enthalten frische Früchte etwas, das Skorbut entgegenwirkt, oder sie enthalten etwas, das Skorbutkranken gefehlt hat. Das Verblüffende ist nun, dass über 300 Jahre lang im Prinzip nur ein Ast dieser logischen Gabelung untersucht wurde, nämlich die Idee eines Stoffes mit antiskorbutischer Wirkung.

Der zweite Punkt scheint ebenso rätselhaft: Warum geriet eine erfolgreiche und mehrfach bestätigte Theorie in Vergessenheit? Warum ging die Gewissheit des Zusammenhangs zwischen frischem Obst und Skorbut in der Zeit von 1875 bis 1905 fast vollständig verloren? Und warum wurden die zwanzig skorbutfreien Jahre in der englischen Marine von 1795 bis 1814 nicht beachtet, als man entgegen aller Belege Skorbut als eine Krankheit erklärte, die durch Giftstoffe entsteht?

Zitronen hatten hundert Jahre lang erfolgreich gegen Skorbut gewirkt. Trotzdem zog man die Konkurrenztheorie vor, die nicht einmal einer oberflächlichen Überprüfung standhielt. Zunächst einmal springt der langsame Verlauf der Krankheit ins Auge, der für Lebensmittelvergiftungen atypisch ist.[19] Zudem stellte sich Skorbut ein, *obwohl* auf reines Fleisch geachtet wurde; und es kam zur raschen Erholung, *obwohl* «giftstoffhaltige» Grundnahrungsmittel weiterhin verzehrt wurden. Die Vergiftungshypothese wurde getestet, sie erwies sich klar als falsch, und dennoch hielt man an ihr fest.

Eine bereits besiegte Krankheit forderte also erneut Tausende Todesopfer. Und das ist doppelt merkwürdig. Denn ein Patient kümmert sich herzlich wenig um Theorien, solange er nur geheilt wird. Man mag den unglücklichen Wechsel von Zitronen auf Limonen beklagen, es erklärt aber nicht, warum der ratlose Arzt dem Patienten nicht einfach das bereits bekannte Heilmittel Zitronensaft verabreichte. Es erklärt auch nicht, warum eine ganze Reihe von Ärzten oder Kapitänen, ganz zu schweigen von den betroffenen Seeleuten, es unterließ, aus ihrer Erfahrung heraus einfach Zitronen zu essen. Geschadet hätte es gewiss nicht.

Die beste Erklärung ist einmal mehr eine evolutionäre Interpretation. Das besondere kausale Schema unseres Denkens verhindert in diesem Fall eine Erklärung, die als Ursache eine «Nichtursache» annehmen müsste. So etwas ziehen Menschen eben nur schwer, wenn überhaupt in Betracht. Dementsprechend leicht bzw. gerne wird eine solche Erklärung auch wieder aufgegeben. Wir besitzen eine starke Neigung, in kausalen Zusammenhängen mit positiven, konkreten Auslösern zu denken.

Noch einmal: Nur ein universales Denkmuster kann erklären, warum große greifbare und praktische Erfolge in diesem Fall wieder vergessen wurden. Im Folgenden wollen wir die historisch einmalige

Situation «Skorbut» verlassen und die Wirkung dieses universalen Denkmusters an weiteren Mangelkrankheiten belegen.

Beriberi – Das Schälchen Reis am Tag

Er hatte es tatsächlich geschafft. Vor wenigen Wochen war der begehrte Anruf aus Stockholm gekommen, und nun, im Winter 1929, hallte sein Name durch die königliche Akademie: Christiaan Eijkman. Er dachte an Sumatra zurück, an das Klima dort und an seine beiden Kollegen. Sie hatten zu früh aufgegeben, er war geblieben. Und doch konnte er nicht leugnen, dass auch er sich jahrelang in eine falsche Idee verrannt hatte.

Begonnen hatte alles 1886. Die Medizin kannte Beriberi schon lange, und doch wehrte sich diese rätselhafte Krankheit noch immer standhaft gegen alle Versuche, ihr das Geheimnis zu entreißen. Wie ein Bollwerk trotzte sie der Medizin. Bekannt waren damals nur die Symptome gewesen: zunehmende Taubheit in den Beinen, Schwäche und schließlich Tod durch Herzversagen. Noch um die Jahrhundertwende war jeder Dritte, der mit Beriberi in ein Krankenhaus kam, auch daran gestorben. Acht von zehn Kindern, die in den letzten zwanzig Jahren auf den Philippinen gestorben waren, hatte Beriberi dahingerafft.[20] Erschreckende Zahlen. Die Entscheidung der Königlichen Akademie, den Nobelpreis zwei Wissenschaftlern zu verleihen, die entscheidende Beiträge zur Vitaminforschung geleistet hatten, war mehr als nachvollziehbar. Eijkman nickte zustimmend und lächelte bei sich. Dank ihm und seinem Kollegen wusste man nun, dass kein Giftstoff und auch keine Bakterien die Krankheit hervorriefen, sondern ein Mangel an Vitamin B1. Dank ihnen konnte halb Asien aufatmen – mit Ausnahme natürlich der Betreiber von Reispoliermühlen. Eigentlich war es unglaublich, dass das Fehlen dieses wegpolierten, kleinen, ach so unscheinbaren Silberhäutchens, das das Reiskorn umschloss, einen halben Kontinent erkranken lassen konnte. Die feinen Leute bevorzugten geschälten Reis – und genau das war die Ursache. Denn die Schale war es, die das kostbare Vitamin enthielt.

Genau wie bei Skorbut hatte man einen Giftstoff oder Bakterien vermutet. Doch es konnte gar kein Giftstoff sein. Man hatte ihn nie isolieren können. Und die Lebens- und Essgewohnheiten in all jenen Gebieten, in denen Beriberi ausbrach, waren extrem verschieden. Zu verschieden. Hirsch hatte das Anfang der 1880er bemerkt und auch de Méricourt ein paar Jahre zuvor.

Auch die Idee einer Infektion war von Anfang an falsch gewesen. Andere Epidemien, wie die Choleraepidemie in den Jahren von 1877 bis 1879 in Japan, unterschieden sich zu deutlich von der Ausbreitung der Beriberi-Erkrankung. Und schließlich waren weder Ärzte noch Schwestern je betroffen – trotz ihres häufigen Kontakts zu den Kranken.

Eijkman schmunzelte. Im Nachhinein war man immer klüger. Und wie hatte man sich gegen die Wahrheit gesträubt! Wie hatte man ihn angegriffen! Takaki war es auch nicht besser ergangen. Der Japaner hatte schon 1887 den richtigen Riecher gehabt, als er die Ernährung der japanischen Marine umgestellt hatte. Er hatte zwar Proteinmangel vermutet, die Maßnahme aber war die richtige gewesen: Es waren nicht mehr über 1000 Seeleute im Jahr erkrankt, sondern nur noch drei! Und doch verwarfen die Professoren der Universität Tokio die Theorie der falschen Ernährung. Sie blieben bei der Ansicht, die sich so schnell nicht ändern sollte: Es war entweder Infektion, Gift oder mangelnde Hygiene.[21]

Das war auch seine Ansicht gewesen, damals, und auch er hatte Takaki angegriffen. Doch nun, da es nur noch wenige Minuten waren, bis er den Nobelpreis für Medizin erhalten würde, konnte er sich seine anfänglichen Fehler leicht eingestehen. Die lagen immerhin dreißig Jahre zurück.

Dreißig Jahre. Er und seine beiden Kollegen Pekelharing und Winkler waren kurz vor ihrer Reise nach Sumatra bei Robert Koch in Berlin gewesen. Zu dieser Zeit hatte man Bakterien für die Verursacher von allem und jedem gehalten. Kein Wunder, dass auch sie zunächst Bakterien als die Ursache für Beriberi hielten und die Hypothese mangelhafter Ernährung verwarfen. Bis heute konnte er sich nicht recht erklären, wie sie all die Hinweise hatten übersehen können. Sie hatten die Krankheit übertragen wollen und waren gescheitert. Und doch waren sie von ihrer Idee überzeugt gewesen. Er hatte Pekelharings Worte noch im Kopf: «[…] kaum ein Zweifel möglich, dass dieser Mikroorganismus die Ursache für Beriberi ist.» Winkler hatte ihm genauso wenig widersprochen wie er selbst. Und doch war es Wunschdenken gewesen, reines Wunschdenken.

Seine Kollegen waren daraufhin abgereist. Er war allein zurückgeblieben, um weitere Versuchsreihen durchzuführen. Und wie so oft in der Wissenschaft hatte ihm ein Zufall geholfen. Eines Tages hatte er festgestellt, dass die Umstellung von weißem zu braunem Reis Beriberi heilte. Und dass die ausschließliche Gabe von weißem Reis Beriberi auslöste.

Er erinnerte sich noch gut an seine damalige Verwunderung und Begeisterung. Damals hatte er noch keine Ahnung gehabt und angenommen, dass weißer Reis eine bessere Voraussetzung für Mikroorganismen und Giftstoffe bot, die dann wiederum zu den beobachteten Symptomen führten. Weil geschälter Reis ja auch von höherer Qualität war. Einige Zeit und zahllose überaus sorgfältige Versuchsreihen später hatte er den entscheidenden Faktor allerdings doch noch identifiziert: das Silberhäutchen am Reiskorn. Dies bestätigte sein Kollege Grijns durch sorgfältige jahrelange Studien bis 1901. Und das war alles andere als Zufall. Er hatte sich diese Auszeichnung durchaus verdient.

Damals war ihm klar geworden, dass im Silberhäutchen eine undefinierte, schützende Substanz enthalten sein musste. Er hatte diese Substanz einen Anti-Beriberi-Faktor genannt. Es sollten noch einige Jahre vergehen, bis er auf die zweite Möglichkeit verfiel: Die lebenswichtigen Substanzen, die darin enthalten waren, gingen mit dem Polieren des Reises verloren.

Ja, die folgenden Jahre waren sogar die schwierigsten gewesen. Aufgrund seiner Ergebnisse hatte der Arzt und Gesundheitsinspektor

Vorderman in allen Gefängnissen Sumatras eine Umfrage mit einem mehr als eindeutigen Ergebnis durchgeführt. Bei 96 000 Gefangenen und einer Ernährung mit hauptsächlich braunem Reis gab es ganze neun Krankheitsfälle, während es bei 150 000 Insassen und hauptsächlich weißem Reis 4200 Fälle gab! Bei weißem, gemischtem und braunem Reis errechneten sich die Verhältnisse 1:36, 1:416 und 1:10 000 kranker zu gesunden Insassen. Eigentlich vollkommen eindeutige Zahlen! Eine Korrelation zwischen Hygiene bzw. Luft und Beriberi wurde dagegen nicht gefunden. Infektion schied also genauso aus wie Giftstoffe, da ja alle Gefangenen das gleiche Essen erhielten.[22]

Und trotzdem war damit noch immer nicht diese eine unangenehme Frage beantwortet: Warum erkrankten nicht alle Personen, die weißen Reis aßen? Vorderman hatte gedacht, dass die Ernährung nur ein Grund unter mehreren war. Er selbst hatte damals noch immer die These von Beriberi als Infektionskrankheit vertreten, ja wie verblendet keinen Grund gesehen, von seiner Theorie abzuweichen. Und er war in guter Gesellschaft gewesen: Zahlreiche andere Mediziner hatten die Nahrungshypothese immer wieder verworfen, bis 1910 sogar. Er erinnerte sich nur zu gut an die Ergebnisse des ersten internationalen Treffens zu Beriberi in Manila in jenem Jahr – in der Rückschau ein Treffen von Ignoranten und Verblendeten!

Der Kern des Ganzen aber war dieses winzige Silberhäutchen, das nicht einen Wirkstoff gegen eine Infektion, sondern Vitamin B1 enthielt. Irren ist menschlich, dachte Eijkman, und Fehler machen wir alle. Schließlich hatten auch Pol und Grijns sogar nach ihren Studien immer noch an eine Infektion geglaubt, obwohl sie mit den Mungbohnen ein zweites Heilmittel in den Händen hielten. Der Versuch von 1901 war bekannt: Bei normaler Ernährung waren 33 % erkrankt, bei Desinfektion der Nahrungsmittel 42 % und bei Ernährung mit Mungbohnen 0 %. Bei einem Wechsel der Versuchsgruppen hatte sich das Bild umgedreht. Doch bis 1912 war an Mangelkrankheit nicht zu denken gewesen. Erst Funk hatte dieses Konzept postuliert und nachgewiesen. Und begonnen hatte alles mit seinem Silberhäutchen. Und dafür sollte er in wenigen Momenten den Nobelpreis aus den Händen des schwedischen Königs empfangen. Christiaan Eijkman lächelte stolz und sah den König den Saal betreten.

Wir verlassen Christiaan Eijkman an dieser Stelle und kehren zur evolutionären Interpretation der Ereignisse zurück. Wie bei Skorbut (und dem nächsten Beispiel Pellagra) fällt auch bei Beriberi auf, dass eine der beiden logisch gleichberechtigten Möglichkeiten zunächst gänzlich missachtet wurde. Alle Interpreten gingen von einer positiven Ursache und nicht von einem Mangel aus. Und selbst als nach großem Widerstand schließlich doch einseitige Ernährung als Ursache der Krankheit ausgemacht war, gab es nur die Zuschreibung einer positiven Korrelation: Reis (oder Bohnen) enthielten entweder Giftstoffe oder Heilmittel gegen die anderweitig verursachte Krankheit. Dieses Denkmuster finden wir bei allen Forschern, einschließlich Eijkman, Pol und Grijns, denen stichhaltige Beweise und erfolgreiche Heilmethoden vorlagen bzw. bekannt waren. Trotz aller Unwahrscheinlichkeiten vertraten auch sie die Auffassung, Beriberi werde von Bakterien oder Giftstoffen verursacht.

Das zeigt, dass dieses Denkmuster derart übermächtig ist, dass die richtige Theorie (Mangelernährung) ausgesprochen bereitwillig aufgegeben wurde. Im Gegensatz dazu missachteten Vertreter der Konkurrenzhypothesen einwandfreie Belege und nahmen selbst eklatante Widersprüche hin. Sie wussten um die sorgfältig gesammelten Versuchsergebnisse, die klar und deutlich zeigten, dass die Frische des Reises keine Rolle spielte, und sprachen sich dennoch für einen Giftstoff oder Bakterien als Verursacher aus.

Alles dies spricht für eine evolutionäre Deutung der Gegebenheiten. Unsere Erklärung gewinnt an Stärke durch die fast identische Struktur historisch verschiedener, aber konzeptuell analoger Fallbeispiele. Die falschen Konkurrenzerklärungen der hier dargestellten medizinischen Fälle haben eines gemeinsam: die kausale Betrachtungsweise mit einem positiven Auslöser. Das Standardschema der Kausalität fordert eine zeitlich-räumlich nahe, sichtbare und ähnliche *positive* Ursache.

Die *Ähnlichkeit* der Ursache wurde in den gewählten Beispielen vernachlässigt. Dieser Aspekt der kausalen Verknüpfung zeigt sich aber z. B. im anfänglich erheblichen Widerstand gegen die Keimtheorie. Man wollte nicht glauben, dass so kleine Tierchen eine derart große Wirkung hatten. Nur große Tiere, so die gängige Auffassung, konnten dem Menschen auch gefährlich werden. Ob dies historisch durchgängig so war, ist übrigens eine noch unbeantwortete Frage. Ein drittes Beispiel wird unsere Interpretation untermauern.

Pellagra – Ein spektakulärer Selbstversuch

Pellagra ist ebenfalls eine Vitaminmangelkrankheit. Fehlt dem Körper Niacin, sind Durchfall, Dermatitis und Demenz die Folge. Wir wollen im Weiteren kurz die fehlerhaften Theorien und die Entdeckung durch den Arzt und Epidemiologen Joseph Goldberger darstellen und dann genauer auf die scharfe Kritik an seiner Theorie eingehen.

Pellagra wurde erstmals im 18. Jahrhundert beschrieben und trat vor allem bei armen Bauern in Italien, Spanien, Frankreich und den USA auf, die sich hauptsächlich einseitig von Mais ernährten, aber kaum Obst, Gemüse oder Eier verzehrten, die Niacin enthalten. Heute kommt Pellagra in Industrienationen so gut wie nicht mehr vor, stellte aber noch bis in die 1920er Jahre eine beträchtliche Gefahr dar. Allein South Carolina berichtete über 30 000 Fälle bis 1912 (Sterberate: 40%). Für das Jahr 1914 wurden in den USA insgesamt 50 000 Fälle registriert.[23]

Wie bei Skorbut und Beriberi wurden als Ursachen der Pellagra entweder Giftstoffe in verdorbenen Nahrungsmitteln (hier: Mais) oder Bakterien angenommen. Zudem wird Pellagra im Zeitraum von 1784 bis 1916 immer wieder als Erbkrankheit charakterisiert, da sie oft in Familien zu beobachten war. Dabei wurde leider übersehen, dass sich die Mitglieder einer Familie nicht nur Gene teilen, sondern auch das Essen am Tisch – übrigens ein Umstand, der bis heute extreme methodische Schwierigkeiten mit sich bringt.

Die zweite, nicht so populäre Theorie vermutete eine Übertragung durch Insekten. Es gab hierfür keine bestätigenden Beweise, was die Vertreter der Theorie aber nicht weiter abschreckte.

Die dritte und einflussreichste Theorie führte Pellagra auf Giftstoffe zurück, die in verdorbenem Getreide – vor allem Mais – entstanden oder dort durch Mikroorganismen produziert wurden. Diese Idee hielt sich erstaunlich lange (von 1810 bis in die 1930er Jahre).

Auch im Falle von Pellagra ließ man sich nicht von den klassischen Gegenbelegen gegen eine Infektionsthese abbringen, die Sie bereits aus den anderen Fallbeispielen kennen (Blutübertragungen stecken nicht an; man findet keine Korrelationen zwischen dem Auftreten von Insekten und der Krankheit). 1893 schreibt ein Wissenschaftler:

«Die Pellagra ist eine Intoxicationskrankheit: diese Lehre, welche Lombroso aufgestellt und mit unermüdlichem Eifer verfochten hat, kann ernstlich nicht mehr angegriffen werden.»[24]

Und noch 1935 – volle zwanzig Jahre nach der überzeugenden Klärung der Ursachen – wurde ein Preis für eine Untersuchung zu virusinduzierter Pellagra vergeben.

Doch nicht alle falschen Schlüsse sind vergebens. So führte 1845 Theophile Roussel Pellagra auf verdorbenen Mais zurück und regte die französische Regierung zu Fruchtwechsel und verstärkter Tierhaltung an. Das war trotz falscher Theorie zufällig die richtige Maßnahme, so dass Mitte des 19. Jahrhunderts Pellagra in Frankreich so gut wie besiegt war. Auch bei Beriberi in Japan hatte man die falsche Ursache vermutet (Proteinmangel), aber zufällig die richtige Gegenmaßnahme getroffen. In Italien hingegen konnte Pellagra erst um 1930 (!) unter Kontrolle gebracht werden, obwohl die erfolgreichen Maßnahmen aus Frankreich seit Jahrzehnten bekannt waren.

Die Entdeckung der wahren Ursachen ließ allerdings noch auf sich warten. Um 1910 wurde Pellagra im Süden der USA zu einer derart ernsthaften Bedrohung, dass sich die Regierung gezwungen sah, Maßnahmen zu ergreifen. Zunächst sollten wissenschaftliche Komitees das Problem lösen. Die von 1909 bis 1911 eingesetzte *Illinois Pellagra Commission* gab bekannt, es bestehe kein Zusammenhang zwischen Pellagra und Ernährung – und spekulierte abseits aller Untersuchungen frei und falsch über Keime als Verursacher. Wenig später gelang der Regierung dann der entscheidende Glücksgriff. Man beauftragte Joseph Goldberger, Ursachen und Heilmethoden für Pellagra zu finden. Er widerlegte die Erklärungen über Vererbung, Infektion und verdorbenes Getreide und fand die tatsächlichen Zusammenhänge.

Joseph Goldberger war nicht zufällig ausgewählt worden. Er verfügte über große Erfahrung im Umgang mit Infektions- und anderen Krankheiten und genoss bei seinen Kollegen einen sehr guten Ruf. Goldberger war mit den Forschungen zu Skorbut und Beriberi vertraut, auch Funks bahnbrechende Arbeiten von 1912 waren ihm bekannt. *Schon nach wenigen Wochen* war Goldberger klar, dass Pellagra keine Infektionskrankheit sein konnte: Er unterstrich in seinen Notizen die Beobachtung, dass in Pellagra-Regionen weder Hirten noch Ärzte oder Krankenschwestern von der Krankheit betroffen waren. Bereits nach zwei Monaten führte er Pellagra auf mangelhafte Ernährung zurück und bestätigte diese Vermutung experimentell, indem er Kranke heilte und bei Gesunden Pellagra induzierte. Wenig später bewies er in Tierexperimenten, dass Pellagra durch Brauereihefe geheilt werden konnte. Das Rote Kreuz verteilte nach Überschwemmungen im Zeitraum zwischen 1927 und 1937 im Süden der USA über 250 Tonnen Brauereihefe und verhinderte so mehrere Tausend Pellagra-Fälle.

Doch obwohl Goldberger ein allseits respektierter Experte für Infektionskrankheiten war und die Theorie der Mangelkrankheiten seit 1912 bekannt war, wurden seine Ergebnisse scharf kritisiert und angezweifelt. Das ist nicht sofort einsichtig – Goldberger wurde später immerhin fünfmal für den Medizin-Nobelpreis vorgeschlagen. Wir greifen zu einem Vergleich: Nachdem Einstein 1905 die spezielle

Relativitätstheorie veröffentlicht hatte, Professor geworden war und die Anerkennung der Forschergemeinde genoss – hätte da jemand die allgemeine Relativitätstheorie, die er 1916 veröffentlichte, als Humbug und Spinnerei abgelehnt? Wohl nicht.

Aus diesem Grund fragen wir: Warum gab es so massiven und lang anhaltenden Widerstand trotz der erdrückenden, wissenschaftlich einwandfreien und praktisch lückenlosen Belege? Warum wurden die Schwächen anderer Pellagra-Theorien so lange nicht erkannt? Oder ignoriert, wenn man sie denn doch erkannte? Und warum wurden sie zugunsten unhaltbarer Theorien übergangen?

Unsere Hypothese lautet wiederum: Die Tendenz, Kausalität als Ursache-Wirkung zu denken, herrscht aus evolutionären Gründen bei Menschen so stark vor, dass Erklärungen, die diesem Schema nicht entsprechen, zunächst entweder nicht beachtet oder verworfen, zumindest aber mit großem Widerstand bedacht werden. Bereits die Vorstellung des Konzepts einer Mangelkrankheit gelang vielen Medizinern nicht. Die Gegner der Theorie Goldbergers waren sich sicher, dass es letztendlich Bakterien sein mussten, die Krankheiten wie Beriberi, Skorbut und Pellagra verursachten. Man ließ sich zwar nach einiger Zeit und wiederholt erfolgreichen Behandlungen von der Ernährung als Heilmethode überzeugen, doch als Ursache galten weiterhin Bakterien – auch bei den Entdeckern der Zusammenhänge (Goldberger, Eijkman). Der Widerstand gegen das Konzept blieb also bestehen. Ein Mangel als Ursache? Nein, das wollte nicht in die Köpfe der ansonsten fraglos fähigen und intelligenten Mediziner. Und auch als Niacin als der entscheidende Faktor bestimmt war, stufte man es nicht als fehlend ein. Man nahm stattdessen an, Niacin enthalte oder sei ein Anti-Pellagra-Faktor. Es wurde dementsprechend Vitamin P (P wie präventiv) genannt.

Die zuverlässige Heilung von Pellagra, der noch immer nicht gefundene angebliche Erreger, die beliebige Auslösbarkeit und die Falsifikation der Übertragung durch Keime waren starke Argumente. Dennoch hielten sie Goldbergers Gegner nicht davon ab, dessen Experimente für schlecht durchgeführt zu erklären und zu diskreditieren, obwohl diese im Gegenteil außergewöhnlich gründlich waren. Sogar Goldbergers Selbstversuch überzeugte seine Kritiker nicht: In einem spektakulären Experiment verabreichte Goldberger sich und weiteren fünfzehn Freiwilligen Haut, Urin, Kot, Blut und Nasenschleim von Pellagra-Kranken (die so genannten «filth parties»). Sieben Monate später hatte kein einziger Teilnehmer Pellagra entwickelt.

Die evolutionäre Interpretation, die das kognitive Denkschema der Kausalität in den Mittelpunkt stellt, erklärt die konkreten historischen Gegebenheiten am besten: das Beharren auf nicht vorhandenen Korrelationen und im Besonderen der scharfe Widerstand (Pellagra, Rachitis, Beriberi) gegen eine Mangeltheorie, das «Vergessen» der richtigen Erklärung sowie des Heilmittels (für Skorbut und Rachitis) und die merkwürdige Tatsache, dass selbst die Entdecker (Eijkman, Goldberger) nie von einem Mangel, sondern stets von einem Antifaktor sprachen. Insgesamt sprachen nur eine Handvoll Personen in der Geschichte der Vitaminmangelkrankheiten überhaupt von einem Mangel. Wenn aber praktisch alle Forscher, unabhängig von Zeit und Krankheit, das gleiche Verhalten an den Tag legen, so liegt die Vermutung nahe, dass es sich um ein angeborenes, sehr stark ausgeprägtes Verhalten bzw. Denkschema handelt.

Die Alternativen sind wenig überzeugend. Historische Deutungen wollen den Widerstand gegen Goldbergers Theorie durch die damals vorherrschende Keimtheorie und möglichen politischen Widerstand erklären. Beide Deutungen sind aber unzureichend. Die eine setzt die Bekämpfung von Pellagra mit der Bekämpfung von Armut gleich und erklärt dies als politisch ungewollt. Doch erstens reagierte Frankreich bereits ab 1845 mit durchschlagendem Erfolg auf Roussels Rat; hier ist ein politischer Widerstand nicht zu erkennen. Zweitens sind Maßnahmen gegen Armut politisch populär, ein politischer Widerstand demnach nicht einsichtig. Und drittens ist Brauereihefe – ein Heilmittel gegen Pellagra – relativ billig. 1927 wurden nach einer Flutkatastrophe in Mississippi sechs Tonnen Brauereihefe an etwa 40 000 Pellagra-Kranke verteilt, die bald darauf gesundeten. Pro Patient und pro Tag kostete das etwa 3 Cent.

Die zweite historisch orientierte Erklärung hängt mit den beträchtlichen medizinischen Erfolgen von Louis Pasteur, Joseph Lister und Robert Koch zusammen. Diese berühmten Mediziner hatten in ihrer Zeit die Keimtheorie so stark gemacht, dass sie praktisch einen Alleinerklärungsanspruch in Anspruch nehmen konnte. Trotzdem gab es auch in jener Zeit Krankheiten, die nicht über die Keimtheorie erklärt wurden (etwa Rachitis). Davon abgesehen existieren immer Krankheiten, die aufgrund klarer Gegenbelege nicht in ein einziges Schema passen. Es ist Aufgabe von Wissenschaftlern, das zu erkennen. So unterscheiden sich Knochenbrüche von Cholera-Epidemien doch ganz erheblich. Und so ist Pellagra (wie andere Mangelkrankheiten auch) völlig untypisch für Infektionskrankheiten.

Beide Erklärungen halten also einer genaueren Prüfung nicht stand. Noch schwieriger wird es, wenn man Skorbut, Beriberi und Pellagra unter einen Hut bringen will. Das ist nahezu unmöglich, weil eine «Schublade» namens Mangelkrankheiten damals überhaupt nicht existierte: Skorbut befand sich in der Schublade Seefahrt des 18. Jahrhunderts, Beriberi wurde unter Südostasien abgelegt, und Pellagra war ein Problem ärmerer Bauern im Süden Europas und der USA. Die Zitronen auf See standen in keiner Verbindung mit Hühnerfütterexperimenten in den Wäldern auf Sumatra oder der Gesundheit der Südstaaten-Bauern in den USA um 1920. Erst unser heutiges Konzept rückt diese Krankheiten zusammen. Das bedeutet, dass die Medizin damals Beriberi, Pellagra und Skorbut sowohl nach Zeit und Ort als auch nach Einordnung, Krankheitsursachen und Bekämpfung unterschied. Dessen ungeachtet treten in allen Fällen die gleichen Verhaltensweisen und Fehler auf. Historisch lässt sich das nicht gut erklären, evolutionstheoretisch hingegen schon.

So spannend die Medizingeschichte auch ist, wir wollen Sie nun keinesfalls mit allen Entdeckungsgeschichten von Mangelkrankheiten dieser Welt langweilen. Nur so viel: Auch bei Rachitis finden sich vergessene Heilmethoden, Widerstand und eine lange Liste falscher Erklärungsversuche:

> «Die Geschichte der Rachitis ist deprimierend: Einwandfreie klinische Beobachtungen zu Heilmethoden werden über 150 Jahre hinweg immer wieder vergessen.»[25]

Gerade die falschen Erklärungen, die ein zweites Mal aufkommen, nachdem sie schon einmal widerlegt waren, zeigen die Mächtigkeit des dahinterstehenden kausalen Denkmusters.

4 Was würde Darwin dazu sagen? Eine evolutionäre Erklärung der Fehlerfamilie

Wir wollen nun die in diesem Kapitel beschriebenen Fehler zu einem Gesamtbild zusammensetzen. Im ersten Teil ging es um Musterergänzung, also um die räumliche Verbindung von Objekten, im zweiten Teil um Kausalität und Korrelationen, wodurch Ereignisse zeitlich zueinander in Bezug gesetzt werden. Beides sind angeborene Fähigkeiten, um Strukturen zu entdecken und zu verstehen. Ihre Notwendigkeit ergibt sich aus der Beschaffenheit der Umwelt, die sowohl Regelmäßigkeiten als auch Zufälligkeiten aufweist. Will man sich schnell orientieren, sind Strategien notwendig, die auch bei mangelnder Information die entscheidenden Zusammenhänge erkennen oder ergänzen.

Eines ist allen Mechanismen dieser Fehlerfamilie (universal verwendete Kategorien, prototypische Verarbeitung, Verknüpfung über Ähnlichkeit, Korrelationswahrnehmung) deshalb gemeinsam: Sie sind auf schnelle und leicht durchführbare Vergleiche und Zuordnungen zugeschnitten. Die hohe Sensitivität (leichte Auslösbarkeit, Überempfindlichkeit) belegt die enorme Bedeutung dieser Mechanismen. Wir können die Grundregeln dieser evolutionären Anpassung wie folgt beschreiben:

Was würde Darwin dazu sagen?

1. **Ziel:** Nutze Regelmäßigkeiten jeglicher Art aus der Umgebung zu deinem Vorteil aus.
2. **Suche:** Verknüpfe aktiv Reize. Ergänze aktiv Formen. Suche bei allen Phänomenen nach Mustern und Regelmäßigkeiten.
3. **Bewertung und Einordnung der Hinweise:** Belege zeitliche oder räumliche Nähe und Ähnlichkeit mit einem Bonus für eine mögliche Verknüpfung. Nutze konkrete Ähnlichkeitsvergleiche mit Prototypen als Maßnahme zur Strukturierung.
4. **Ende:** Erfolgreiches Ende, wenn eine Verknüpfung oder Ergänzung hergestellt ist. Wenn keine der Bedingungen für eine Verknüpfung oder Ergänzung gegeben ist, breche ab und suche neu.

Nachdem wir nun verstanden haben, wie diese Denkmuster funktionieren, wollen wir natürlich auch wissen, warum dies der Fall ist. Was ist ihre Funktion? Worin liegt ihr evolutionärer Vorteil?

Die Antwort wurde bereits angesprochen. Wir nutzen Regelmäßigkeiten unserer Umwelt, um uns schneller zu orientieren. Wenn wir unsere Umwelt als strukturiert und in Kategorien geordnet wahrnehmen, dann ist es uns leichter möglich, schnell und der Situation angemessen zu handeln. Wir haben dann von wenigen Informationen auf das Gesamtbild geschlossen und müssen uns nicht mehr um weiteren Informationsgewinn kümmern. Dies ist von Vorteil, weil die Informationssuche Kapazitäten beansprucht und Denkressourcen verbraucht. Ein einfaches Beispiel verdeutlicht das: Auf einer unserer Wanderungen haben wir einen Kirschbaum in Blüte gesehen. Nun können wir beruhigt darauf schließen, dass dort, wie bei den anderen vierhundert Kirschbäumen auch, in wenigen Monaten reife Früchte an den Zweigen hängen. Wir müssen das nicht jeden Tag neu überprüfen. Das wäre Unsinn und würde nur unnötig Zeit verbrauchen. In vielen Dingen handeln wir nach dem Grundsatz: Wo Rauch ist, ist auch Feuer. Jeder weiß, dass es jeden Tag um acht und um siebzehn Uhr vermehrt zu Staus kommt, weil viele Personen gleichzeitig zur Arbeit bzw. nach Hause fahren. Diese vernünftige Erwartung müssen wir nicht jeden Tag überprüfen.

Vor allem in Situationen unter Zeitdruck sind solche Vorüberlegungen und schnellen Schlüsse entscheidend. Wer schnell denkt und danach handelt, ist im Vorteil. Und das Denken in Kategorien ermöglicht sofortigen, enormen Informationsgewinn: Sind ähnliche Exemplare einer Kategorie gegeben, kann man von bekannten Eigenschaften auf noch unbekannte Exemplare schließen. Ein Beispiel: Ich weiß, dass Autos gefährlich sind; ich nehme also an, dass auch LKWs nicht nur ähnlich aussehen, sondern auch ähnlich gefährlich sind. Es reicht zudem aus, die Gefährlichkeit eines Autos zu testen – wer dann noch lebt, kann man diese Erkenntnis auf alle Fahrzeuge übertragen und muss den Test nicht wiederholen.

Ohne Vorausurteile, ohne eine Erwartung wiederkehrender Regelmäßigkeiten in der Welt gäbe es für Lebewesen nur Chaos. Alles wäre eine Überraschung und jeder Handgriff ein ständig neues Versuch-und-Irrtum-Verhalten. Das aber ist nicht nur kostspielig und aufwändig, es ist auch mit zahlreichen Risiken verbunden. Ein Gehirn, das nach dem *Tabula-rasa*-Prinzip funktionierte, wäre allein durch die bloße Zahl kombinatorischer Möglichkeiten, einen Reiz mit einer beliebigen Reaktion zu beantworten, völlig handlungsunfähig. Und das wäre fatal. Stellen Sie sich nur einmal vor, Sie wollten eine Kreuzung überqueren. Diese vergleichsweise einfache Handlung würde sich als völlig unmöglich herausstellen, wenn Sie keine Regelmäßigkeiten erwarteten und keine Muster und Strukturen in den Bewegungen der Autos erkennen würden. Wenn Sie nicht verstünden, dass jedes Auto stets die rechte Fahrbahn benutzt, dass jedes Auto in eine Richtung fährt und dabei in etwa seine Geschwindigkeit beibehält, dann müssten Sie das bei jedem einzelnen Auto für jeden einzelnen Moment prüfen. Wenn Sie noch nicht einmal eine in etwa gleichmäßige Geschwindigkeit und das Beachten roter Ampeln annehmen könnten, weil Sie jedes einzelne Auto prüfen müssen, dann könnten Sie niemals Ihre eigene Geschwindigkeit mit der der anderen Verkehrsteilnehmer in Bezug setzen. Ja, Sie würden wahrscheinlich noch nicht einmal so weit kommen, weil Sie ja erst prüfen müssten, ob ein Auto überhaupt der stärkere Verkehrsteilnehmer ist. Wir brechen die

Beschreibung der Probleme hier ab. Es wird klar, wie selbstverständlich Mustererkennung und Erwartungen von Regelmäßigkeit in der Welt für uns sind.

Diese Denkfunktion ermöglicht es also Menschen überhaupt erst, sich zurechtzufinden und zu handeln. Die Welt weist zahllose Regelmäßigkeiten auf. Und wenn Menschen etwa dem Glücksspielerirrtum (Serien gleichen sich aus) unterliegen, dann hat das seinen guten Grund. Denn viele *natürliche* Ereignisse wie Stürme oder Dürren haben eine charakteristische Zeitspanne. Ab einem gewissen Zeitpunkt wird es immer wahrscheinlicher, dass sie ein Ende finden. In der künstlichen Welt der Spielkasinos wird dann auf Würfel und Rouletteräder zu Unrecht das angewendet, was auf Dürren und Stürme so hervorragend passt. Der amerikanische Psychologe Steven Pinker formuliert das so:

> «Ein scharfsinniger Beobachter *sollte* den Glücksspielerirrtum begehen und versuchen, das nächste Eintreten eines Ereignisses aufgrund seiner bisherigen Geschichte vorauszusagen.»[26]

Es verwundert keinesfalls, dass Menschen (überall, auch im Spielkasino) Strategien anwenden, die ihnen bis heute das Überleben gesichert haben. Denn um zu überleben, müssen Lebewesen die Regelmäßigkeiten der Welt wahrnehmen und verarbeiten können. Dass die veränderte Umwelt die Spieler, die sich schwerlich anders verhalten können, als auf ihre evolutionär entwickelten Intuitionen zu vertrauen, in diesem Fall in den Ruin treiben kann, ist eine traurige Fußnote. Es unterstreicht aber die von uns immer wieder erwähnte Bedeutung des Kontextes. Eine Verhaltensweise, die für ihre spezifische Umwelt hervorragend geeignet ist, kann in einem anderen Kontext zu fatalen Fehlern führen.

Die Regelmäßigkeitserwartung ist so fundamental, dass das gesamte Tierreich sie in Form angeborenen Verhaltens (Instinkten) genetisch fixiert und weitergibt. Diese Beobachtung legt nicht nur die Bedeutung dieses Verhaltens nahe, sondern zeigt auch, dass die Welt in der Tat Regelmäßigkeiten aufweist. Man kann durchaus sagen, dass kausale Strukturen für das Funktionieren von Leben grundlegend sind. Organismen nutzen dieses Prinzip wieder und immer wieder. Auf einen bestimmten Reiz folgt immer die gleiche Reaktion. Die Natur steuert das über bedingte Reflexe (das berühmteste Beispiel ist hier der Pawlow'sche Hund, der eine Glocke hörte, wenn es Futter gab; nach einer Weile speichelte er auch, wenn *nur* die Glocke ertönte), angeborene Auslösemechanismen bei Schlüsselreizen (Elternvögel reagieren auf weit aufgesperrte Schnäbel der Jungen und Tschilpen; der Kuckuck hat diesen «Code» geknackt und «bemerkt», dass viele Vögel sich leicht täuschen lassen) oder Prägung (Gänseküken akzeptieren das erste Lebewesen nach dem Schlüpfen als Mutter; so konnte Konrad Lorenz zur Ersatzmutter werden). Auch Trauma oder Assoziation sind solche kausalen Verbindungen.

Wir haben bereits bei Phobien eine Verschiebung der menschlichen Wahrnehmung festgestellt. Das gilt auch für die Wahrnehmung von Kausalität und Mustern. In diesem Fall ist die Balance zwischen den Extremen «Ereignisse haben keine Ursache oder sind überwiegend zufällig» und «Es gibt auf jeden Fall eine Ursache für Ereignisse, und ich glaube, ich habe sie schon entdeckt» stark verschoben. Es ist offenbar evolutiv günstiger, also für das Überleben zweckmäßiger, wenige Zusammenhänge zu übersehen und dafür viele Fehlalarme in Kauf zu nehmen, als die Anzahl der Fehlalarme zu senken. Selbst wenn der Preis dafür entgangene Zusammenhänge sind.

Dennoch hat die Evolution einen Mechanismus zur Vermeidung von Fehlern entwickelt. Zweifellos wäre es unangebracht, wenn Reize und Ereignisse miteinander verbunden werden, die sich nur zufällig in zeitlicher oder räumlicher Nähe befinden, aber in gar keiner Abhängigkeit zueinander stehen. Deswegen werden bevorzugt ähnliche Reize miteinander verknüpft. Gerade diese Zufälligkeit von Reizen hat Skinner mit Tauben und Ratten demonstriert. Eine zufällige Handlung wurde mit Futter belohnt – und schon wiederholten Tauben genau diese Handlung; so kann man übrigens Tauben das Tischtennisspielen beibringen.

Was würde Darwin dazu sagen?

Wenn Funktion und Verhalten bzw. Mechanismus sich decken, ist das stets ein starkes Indiz für Anpassung und damit auch für einen evolutionären Hintergrund. Für die Verknüpfung von Ereignissen über Kausalität und Korrelation scheint das unbestritten der Fall zu sein. Diese Verhaltensweisen sind so basal, dass sie bereits bei einfachsten Lebewesen in Form von Reiz-Reaktions-Folgen vorliegen. Zwar zeigt sich erst bei Primaten Einsicht in Ursache-Wirkungs-Zusammenhänge, aber kausale Erwartungen sind universal vorhanden.

Die in diesem Kapitel vorgestellten Denkmuster und ihre Fehler sind allgegenwärtig. Man könnte sogar spekulieren, ob das Unwissen über die gewaltigen energetischen Systeme, die hinter Naturkatastrophen wie Orkanen oder Überschwemmungen stehen, nicht mit ein Grund für den animistischen Götterglauben war. Große Wirkungen brauchen auch große Verursacher, eben Götter. Hingegen haben Menschen enorme Schwierigkeiten, kausale Verknüpfungen bei zeitlich auseinanderliegenden oder sich unähnlichen Ursachen und Wirkungen zu erkennen. Vor allem medizinische Fallstudien führen das deutlich vor Augen. Hier zeigen sich immer wieder Schwierigkeiten, Ursachen für Krankheiten mit langen Inkubationszeiten zu finden oder winzige Keime als Verursacher verheerender Seuchen anzunehmen.

_____ Kapitel 6

Was nun? Fazit und Ausblick

Liest man die Fachliteratur zu den von uns beschriebenen Beispielen, so kehren ein paar Fragen immer wieder: «Wie konnte das passieren?», «Sind wir denn alle blind?» und vor allem: «Wie konnte so viel Schaden aus so guten Absichten entstehen?»

Wir haben versucht, eine Antwort auf das wiederholte Versagen der Menschen zu finden und das teilweise seltsame Verhalten zu erklären. Es ist erstaunlich, dass wir damit oftmals unbegangene Wege eingeschlagen haben, denn die mitunter erheblichen Auswirkungen vieler Fehler legen eigentlich ein großes Interesse an einer Aufklärung nahe.

1 Was lernen wir daraus?

Aus diesem Grund haben wir uns eine Reihe von Fallstudien und Experimenten angesehen und die beobachteten Verhaltensweisen in Fehlerfamilien eingeteilt. Im Anschluss daran haben wir eine evolutionäre Erklärung vertreten, da sich die experimentell nachgewiesenen Fehler in ähnlicher oder identischer Form in Wissenschaftsgeschichte und Alltag finden lassen. Sie treten zu ganz unterschiedlichen Zeiten, bei ganz unterschiedlichen Menschen und in allen Disziplinen auf.

Natürlich gibt es viele weitere Einflüsse auf unser und auf wissenschaftliches Denken überhaupt. Denken und Problemlösen bleiben aber die zentralen Bestandteile unserer Anstrengungen, die Welt zu verstehen. Wir hoffen, Sie mittlerweile davon überzeugt zu haben, dass die von uns klassifizierten Fehler immer wieder und unabhängig von Epochen und Weltsicht an allen Orten der Welt auftauchen. Sie sind in Labor und Alltag weitgehend gleich. Leider genügen viele taugliche Alltagsstrategien nicht den strengen Anforderungen der Wissenschaft. Ob man das Fach wechselt, den Kontinent oder das

Jahrhundert, ob man Laien oder Experten betrachtet, ob man eine Theorie oder auch ihr Gegenteil beweisen will, welche Methode man auch wählt – eines bleibt gleich: die Muster, nach denen Fehler begangen werden. Ob man in Frankreich um 1850 mit Schädelmessung oder im 21. Jahrhundert in den USA mit IQ-Tests beweisen will, dass Weiße klüger als Schwarze sind, oder ob man diese These 1988 widerlegen will, wir sehen dabei jeweils die gleichen Fehler. Und schließlich gibt es noch ein weiteres gutes Argument für evolutionäre Erklärungen: den Nachweis der gleichen Strukturen sowohl in verschiedenen Kulturen und Epochen als auch bei Kindern.

Mit unserer Argumentation wollen wir zeigen, dass Kognition in der Tat auch ein biologisches Phänomen ist und der Evolution unterliegt. Der Großteil der in diesem Buch beschriebenen kognitiven Fehler lässt sich auf einige Grundmuster zurückführen: Die Anpassung über Jahrmillionen erfolgte an jeweils spezielle Funktionen. In einer anderen Welt, einem veränderten Kontext erweist sich dann dieses spezifische Werkzeug als nicht mehr optimal geeignet. Die beschriebenen Fehler sind nichterfüllte Funktionen und entstehen, wenn der frühere biologische Zweck und die jetzige Anforderung an die Funktion voneinander abweichen. Darüber hinaus können Fehler auch als unerwünschte Nebenprodukte guter Strategien und Verhaltensweisen auftreten.

Sind nun alle Fehler, die wir begehen, «kognitiv» und «evolutionär bedingt»? Müssen wir uns deshalb resigniert in unser Schicksal fügen, da man sowieso nichts machen kann? Nein, das ist der falsche Schluss. Die Gründe dafür werden wir in diesem Kapitel besprechen. An dieser Stelle wollen wir noch einmal darauf hinweisen, dass es neben den kognitiven natürlich noch eine ganze Reihe anderer Ursachen für Fehler gibt. Diese aber sind nicht Thema unseres Buches. Für die hier ausschließlich behandelten kognitiven Fehler hingegen gilt: kein Grund zur Resignation! Sowenig unser Wissen um eine optische Illusion diese zum Verschwinden bringt, so wenig können wir unsere verzerrten Denkmuster entzerren. Dennoch handeln Sie nicht aufgrund Ihrer Wahrnehmung, sondern aufgrund Ihres *Wissens*. Und das ist der springende Punkt. Wenn Sie um Ihre kognitiven Fehler wissen, dann können Sie darauf reagieren. Unsere Fehleranalyse macht auf solche Verzerrungen aufmerksam, beschreibt sie im Detail und fordert, diesen *Verzerrungsindex* in der täglichen wissenschaftlichen Arbeit sowie im Alltag zu beachten. Denn nur dann haben wir immerhin die Chance, nicht länger blindlings in jene Fallen zu tappen, von deren Existenz wir wissen. Auch wenn die Fehler und Fallen genau wie die optischen Täuschungen bestehen bleiben, so gibt es doch durchaus die Möglichkeit, diese Fehler zu korrigieren und die Fallen zu umgehen.

2 «Ein jeder kehr' vor seiner Tür ...»

Und weil das so ist, haben natürlich auch wir diese Möglichkeiten genutzt. Vielleicht haben Sie ja schon die ganze Zeit über den Verdacht, dass wir recht locker über die Fehler anderer schreiben, aber in der uns angeborenen Blindheit unsere eigenen nicht bedenken. Sie haben ganz recht: Eine Untersuchung über Fehler muss sich auch über die eigenen Fehler Gedanken machen und darüber, wie man sie besser vermeidet.

Das wollen wir nun tun.

Idealerweise erfolgt eine Untersuchung von Schwächen durch Außenstehende. Wir haben immerhin zu zweit gearbeitet und unsere Ergebnisse immer wieder Dritten zur Diskussion vorgelegt.[1] Natürlich ist unsere Darstellung besonders anfällig für Fehler der ersten Fehlerfamilie. So kommt durch die *Hartnäckigkeit der ersten Hypothese* eines evolutionären Erklärungsmodells eine starke *Erwartungshaltung* zustande. Diese Tendenz könnte durch die Wahl *passender, bestätigender* Belege – also eine selektive Auswahl der Fallstudien – noch bestärkt werden. Möglicherweise *ignorierten* wir *Gegenbelege*, etwa besser passende historische Interpretationen evolutionär gedeuteter Daten. Ebenso kann es gut sein, dass wir *uns nicht* hinreichend um eine *Falsifikation* der Hypothesen *bemüht haben*. Weiterhin laufen wir Gefahr, die erarbeiteten Strukturmerkmale von Fehlern auch dort zu sehen, wo sie nicht vorhanden sind.

Wir bitten Sie als Leser, darüber zu urteilen. Wenn Sie Lücken oder Sprünge in unserer Darstellung entdeckt haben, teilen Sie uns das bitte mit. Wir werden uns darum bemühen, Ihre Einwände nicht zu ignorieren oder umzudeuten.

Anfällig sind wir natürlich auch bezüglich der vierten Fehlerfamilie. Uns ist durchaus bewusst, dass wir ein so komplexes System wie das Unternehmen Wissenschaft im Wesentlichen auf das menschliche Denken und Problemlösen reduziert haben. Das heißt, wir haben es stark *vereinfacht* dargestellt. So haben wir wenige Zeilen weiter oben geschrieben «Der Großteil der in diesem Buch beschriebenen kognitiven Fehler lässt sich auf einige Grundmuster zurückführen». Auch wenn wir damit ein Muster und nicht eine einzelne Ursache meinen, ist das natürlich sehr vereinfachend.

Eine weitere Vereinfachung ist die folgende: Obwohl wir betonen, dass es zahlreiche Einflussfaktoren auf wissenschaftliches Arbeiten gibt, die auch untereinander in Wechselwirkung stehen, beschäftigen wir uns ausschließlich mit kognitiven Schwächen. Wir weisen ihnen eine zentrale Rolle zu, ohne Wechselwirkungen näher zu betrachten. Alles andere würde zwar auch die Kräfte eines größeren Forschungsteams bei Weitem übersteigen; unser Vorgehen ist aber natürlich nicht ganz einwandfrei.

Wir bekennen uns darüber hinaus auch schuldig, viele unterschiedliche Phänomene *auf nur eine Ursache* zurückgeführt zu haben, nämlich auf kognitive Schwächen.

Und schließlich kümmern wir uns zwar um die wichtigsten und schwerwiegendsten Fehler, nicht aber um alle. Wir haben uns auf jene Fehler konzentriert, die für das wissenschaftliche Arbeiten von Bedeutung sind, also Hypothesenbildung, Datenaufnahme und Interpretation. Fehler aus der Ökonomie und Persönlichkeitspsychologie haben wir nicht betrachtet. Dennoch ist uns natürlich klar, dass sich neben den biologischen Einflüssen selbstverständlich auch andere finden. So arbeiten Forscher etwa in einem soziokulturellen

Netz von Überzeugungen und Hintergrundannahmen. Ihr Handeln wird nicht selten von einem gewissen Rechtfertigungsdruck gegenüber Vorgesetzten oder Geldgebern und natürlich von der Sorge um den eigenen Arbeitsplatz geleitet. Auch das Gegenstück der Fehler, besonders erfolgreiche Handlungsstrategien, haben wir nicht erörtert.

Dennoch können wir durchaus einige Punkte zu unserer Verteidigung anführen. Zum einen treten einige typische Probleme im Umgang mit komplexen Systemen nur bei dem Versuch auf, diese Systeme zu *steuern*. Da wir beschreiben und erklären, aber nicht versuchen, einen bestimmten Zielzustand zu erreichen, treten diese Probleme bei uns auch nicht auf.

Zudem ist unsere Argumentation zweifach empirisch abgesichert: zum einen über Fallstudien, zum anderen über Experimentalergebnisse aus den Erfahrungswissenschaften. Die Bandbreite, Häufigkeit und Ähnlichkeit der in der Wissenschaft vorkommenden Denkmuster mit experimentell ermittelten Fehlern gibt dieser Methode recht: Es besteht in der Tat eine enge Verbindung von Kognitionspsychologie, Evolutionstheorie und Wissenschaftsgeschichte.

Da wir nicht die Gründe von Theorien, sondern die Mechanismen untersuchen, sind unsere Erkenntnisse nur geringfügig von den Vorstellungen einer bestimmten Epoche abhängig. Für die Fragestellung des Buches ist nicht entscheidend, ob ein niedriger IQ *Folge* (heutige Vermutung) oder *Ursache* (frühere Vermutung) eines kurzen Schulbesuchs ist, sondern welche *Mechanismen* dafür verantwortlich sind, dass die jeweiligen Forscher so von ihren Meinungen überzeugt waren und sind.

Drittens haben wir einer möglichen Verfälschung der Analyse durch eine selektive oder die Hypothese begünstigende Auswahl der Beispiele vorgebeugt, indem der historische Schnitt sowohl *diachron* (Schädel- und Intelligenzmessung) als auch *synchron* (Mangelkrankheiten) sowie *disziplinübergreifend* erfolgt.

Und auch die wahrscheinlich wirkungsvollste Vorsorge gegen Fehler haben wir durchgängig ergriffen: Wir haben Ihnen stets Alternativerklärungen präsentiert und es Ihnen damit freigestellt, bei der Konkurrenz anzuheuern. Zudem haben wir aus unseren Thesen auch Voraussagen abgeleitet. Diese haben sich bestätigt. Eine Überprüfung durch andere Forscher mit anderen Fallstudien ist leicht möglich. Genau diese Voraussagen sind ein großes Plus im Vergleich zu anderen Studien. An dieser Stelle seien sie noch einmal genannt:

- Fehler werden als unerwünschte Effekte (z. B. Nebenwirkung, überholte Nützlichkeit) oder Beschränkungen einer vorteilhaften Anpassung aufgefasst. Funktion und Zweck der vorteilhaften Anpassung sind in einem anderen Kontext erkennbar.
- Die (vorteilhafte) Hauptfunktion eines solchen Verhaltensmusters weist eine dazu passende Struktur auf. Optimierungen zielen auf die Hauptfunktion.
- Wenn die Funktion einer Anpassung im Labor getestet wird, dann ist die Testleistung umso besser, je größer die Ähnlichkeit der Testumgebung mit der realen Welt ist.
- Zwischen verschiedenen Verhaltensmustern kann es zu Zielkonflikten und Kompromissen kommen. Sich widersprechende Funktionen (z. B. Schnelligkeit und Gründlichkeit) müssen von einer oder mehreren Komponenten erfüllt werden.
- Aus Ökonomiegründen (z. B. Kapazität) verwenden wir im Denken einfache Faustregeln und nicht komplizierte Rechenverfahren.
- Diese Faustregeln sind so ausgelegt, dass die kostspieligsten Fehler vermieden werden.

Die Biologie untersucht die Baupläne verschiedener Tiere und schließt auf frühere Formen. Entsprechend konnten wir evolutionär geprägte Denkmuster, die Baupläne unseres Denkens, nachweisen sowie ihren Einfluss deutlich machen. Dieser zeigt sich vor allem, wenn fehlerfrei funktionierende Verhaltensweisen in einem anderen Kontext plötzlich versagen.

Wir haben gezeigt, wie groß der Einfluss dieser *einen* Facette (Fehler) unserer kognitiven Ausstattung auf Wissenschaft und Alltag sein kann. Dementsprechend darf man von einer vollständigen kognitiven Landkarte, die auch Besonderheiten, Stärken und Wechselwirkungen verzeichnet, Beträchtliches erwarten.

Ebenso würden wir uns freuen, wenn weitere Studien zeigen könnten, warum sich einige Fehler einmal deutlicher und einmal schwächer ausgeprägt zeigen; wie stark Individualität, Ausbildung und Motivation (vgl. kalte Fusion) zum Fehler beitragen und welche Rolle intuitive Überzeugungen (vgl. Rassismus) oder Zeitgeist spielen.

Wir können unsere kognitiven Fehler nicht vermeiden, wir können uns aber ihrer bewusst sein. Wir können sie erwarten, erkennen und entweder Hilfsmittel zur Vermeidung benutzen oder sie im Nachhinein beheben. Das aber ist nur mit einer konkreten Fehleranalyse möglich. Aus diesem Grund haben wir die Fehler noch einmal in einer Übersicht zusammengestellt.

Besonders abhängig zeigen wir uns vom Kontext

– bei negativen oder positiven Formulierungen;
– bei Einschätzungen irreführender «Ankerpunkte»;
– bei Manipulation des Ausgangspunktes unserer Überlegungen und
– bei Risikoabschätzungen.

Unser Umgang mit komplexen Systemen wird erschwert durch

– Übergeneralisierungen, die von einem oder wenigen Fällen auf alle schließen;
– unsere generelle Vermutung, alles sei doch recht einfach, und die daraus folgende Reduktion der Komplexität durch Ignorieren von Wechsel-, Fern- und Nebenwirkungen;
– unsere Tendenz, Netzwerke als Ansammlungen unverbundener Einzelsysteme wahrzunehmen und zu behandeln;
– unsere Eigenart, Probleme stets nur auf eine Ursache mit linearen Lösungen zurückzuführen;

«Ein jeder kehr' vor seiner Tür ...»

- unsere Tendenz, einen dynamischen Prozess wie einen Zustand regeln zu wollen;
- unsere Eigenart, Probleme nicht nach Dringlichkeit, sondern nach Auffälligkeit und nicht mit passenden, sondern mit gut beherrschten Methoden zu lösen;
- unser lineares Denken, das nicht mit dem exponentiellem Wachstum der Natur zurechtkommt;
- unsere natürlichen Problemlösungsverfahren, die Aufwand gegen Leistung abwägen und dadurch in einigen Fällen Fehler erzeugen müssen;
- die oben genannten Fehler der Wahrnehmung und Datengenerierung.

Für Theorien, Hypothesen und Daten sind besonders einschlägig:

- die Hartnäckigkeit der ersten Hypothese, der Vorrang vor allen folgenden eingeräumt wird;
- das Beharren auf Überzeugungen über einen angemessenen Zeitraum oder ein gerechtfertigtes Maß hinaus;
- das fehlende Bemühen um Falsifikation und die Tendenz, Hypothesen nur zu bestätigen, aber nicht zu widerlegen;
- das Ignorieren oder Umdeuten widersprechender Belege, die wiederum durch eine verfälschende Erwartungshaltung zustande kommen;
- die Blindheit gegenüber eigenen Fehlern.

Die Wahrnehmung wird verzerrt durch

- eine übertriebene Tendenz zur Wahrnehmung von Ordnungen und Strukturen;
- eine übertriebene Kausalitäts- und Korrelationsvermutung bei ähnlichen sowie bei raum-zeitlich nahen Ereignissen;
- eine unzulässige Kausalitätsvermutung bei sich ähnelnder Ursache und Wirkung;

- den Rahmeneffekt, der bloßen Formulierungsvarianten eine Bedeutung einräumt;
- den Ankereffekt, der die Einschätzung an einen beliebigen, oft irrelevanten anderen Wert knüpft.

Das klingt zunächst hoffnungslos – nach vielen Fehlern und keiner Rettung. Es ist aber nur eine systematische Liste möglicher Fehler. Eine ähnlich lange und grausame Liste würde sich ergeben, wenn Sie die Anforderungen aufzählen, die ein Autohersteller erfüllen muss, bis er sein Produkt verkaufen kann: Sicherheit, Geschwindigkeit, Ästhetik, bezahlbare Rohstoffe, Werbung, Gewerkschaften, Löhne, qualifizierte Arbeiter, Konkurrenz usw. Wie Sie wissen, werden trotz all dieser Probleme täglich Autos verkauft. Warum sollten es nicht auch wir schaffen, unsere kognitiven Probleme in den Griff zu bekommen? Wenn man die Schwierigkeiten kennt, wenn man weiß, wo die Fehler lauern, dann kann man sich Methoden überlegen, sie zu minimieren, zu umgehen oder zu überwinden.

Damit sind wir am Ende unserer Darstellung von Denkfehlern angelangt. Wir haben unser Ziel erreicht, wenn es uns gelungen ist, Sie davon zu überzeugen, dass Menschen tatsächlich einige blinde Flecken im Denken besitzen. Ja, mehr noch, dass diese Sackgassen im Denken einen nicht zu unterschätzenden Einfluss im Alltag und in der Wissenschaft ausüben. Wichtig ist auch, dass diese Fehler selbst bei allen guten Vorsätzen und trotz Kontrollmaßnahmen oder Bemühens um Objektivität gar nicht oder nicht vollständig ausgeschaltet werden können. Diese Erkenntnis führt unmittelbar zur interessantesten Frage aller Fehlerforschung: Wie kann man die entdeckten Fehler *vermeiden*?

Dieser Frage widmet sich der nun folgende, abschließende Teil des Buches. Auch wenn die Antwort auf diese Frage eigentlich einen weiteren Band benötigte, wollen wir doch einige Vorschläge für ein Gebiet skizzieren, das von der Forschung bislang kaum beachtet wurde. Auf den ersten Blick scheint hier zwar einiges vorhanden zu sein, aber bei näherem Hinsehen entpuppt sich vieles als bloße Vermutung bzw. Hinweis auf eine Handvoll Untersuchungen, die ihrerseits die Robustheit von Fehlern eingestehen müssen.

Doch eines ist klar: Aus seinen Fehlern kann man nur lernen, wenn man versteht, warum man sie gemacht hat und wie sie zustande gekommen sind. Ein Blick auf eine der größten Katastrophen der Menschheit und das dortige Fehlermanagement zeigt uns überdies, dass die normale Reaktion auf Fehler darin besteht, «menschliches Versagen» zu diagnostizieren, aber nicht zu hinterfragen, warum es dazu kommt. Üblicherweise werden nach einem Fehler die technischen Systeme noch redundanter angelegt. Das packt aber das Problem nicht bei der Wurzel, denn technische Systeme lassen sich ausschalten – wie in Tschernobyl mehrfach geschehen!

3 Fallstudie 7 (Technik): «Lassen Sie uns nur machen!» – Der Super-GAU von Tschernobyl[2]

Eigentlich war es ein ganz normaler Tag, wenn auch einer ohne wirkliche Routine. An diesem Tag, dem 26. April 1986, sollte ein Experiment stattfinden. Wir sollten testen, ob die Kühlsysteme des Reaktors 4 von Tschernobyl selbst bei Ausfall der externen Stromversorgung genügend Strom bekamen, bevor die Dieselaggregate hochfuhren. Wirklich nichts sprach dafür, dass an diesem Tag die größte technische Katastrophe der Menschheit stattfinden würde.

Ich erinnere mich noch gut: Da standen wir alle im zentralen Kontrollraum und strotzten nur so vor Selbstbewusstsein. Warum auch nicht – wir waren schließlich ein erfahrenes Team von Experten. Und doch waren die fatalen Weichen für die Katastrophe schon gestellt: Zum einen war natürlich der Typ des Kernkraftwerkes (RBMK) nicht garantiert sicher. Die Absicherungen, die es gab, ließen sich alle abschalten – was wir ja auch taten.

Wir hatten uns nicht einmal davon überzeugt, dass der Reaktor in einem stabilen Betriebszustand war. Es war uns sogar egal, ob er über eine Reaktivitätsreserve verfügte und ob das Notkühlsystem bereit

6. Was nun? Fazit und Ausblick

Abb. 20 Das Atomkraftwerk Tschernobyl in der Ukraine nach der Kernreaktorkatastrophe vom 26. April 1986

war. Nichts davon war der Fall. Darüber hinaus waren bei uns verantwortliche Positionen mit Leuten besetzt, die keine Kernphysiker waren und von Prozessen und Problemen eines Kernkraftwerkes nicht wirklich Ahnung hatten. Und das galt auch für einige Techniker.

Dann begannen wir. Zunächst fuhren wir die Leistung des Reaktors herunter, bis auf 30 Megawatt thermischer Energie. Das war viel zu wenig, nur etwa 5% der normalen Leistung. Der normale Betriebsbereich lag zwischen 900 und 3000 Megawatt, die vorherige Schicht hatte uns den Reaktor mit 1700 Megawatt übergeben. Zwei Physiker wiesen Akimow, unseren Leiter, auch darauf hin. Doch Akimow brüllte los und stauchte die beiden so richtig zusammen. Also hielt auch ich meinen Mund. Nach einer Weile gelang es uns, das Kernkraftwerk bei immer noch kümmerlichen 200 Megawatt zu «stabilisieren».

Der Super-GAU von Tschernobyl

Akimow ließ die Reaktivitätsreserve unter den zulässigen Wert verringern. Er wollte damit etwas schneller über den Xenon-Berg kommen, eine Art «Vergiftung» des Reaktors. Doch damit machte er leider auch das Havarieschutzsystem unwirksam. Und als dann überall rote Lampen blinkten, ließ er das Warnsystem einfach abschalten: «Bei dem Lärm und dem Geblinke», meinte er verächtlich, «kann ja kein Mensch arbeiten!»

Er setzte das Experiment fort. Dazu mussten wir – im Rückblick erscheint es wie der pure Wahnsinn – nicht nur die Warnsignale abklemmen, sondern auch den Reaktorschutz blockieren. Sonst hätten uns die Sicherheitssysteme bei instabilem Reaktorkern (200 Megawatt) überhaupt nicht weiterarbeiten lassen. Und damit nicht genug: Auch das Notkühlsystem schalteten wir ab. Einigen Technikern, darunter mir, wurde immer mulmiger zumute. Wir hatten alle Sicherungen ausgeschaltet, und das bedeutete: Ein Fehler, und Tschernobyl fliegt in die Luft.

Und dann ging alles plötzlich ganz schnell. Allen – auch Akimow und Djatlow – musste aufgrund der Messwerte klar sein: Wir fahren den Reaktor gerade voll gegen die Wand – ich sah es in den nervösen Blicken der Kollegen.

Dann verdampften auf einen Schlag 50 Tonnen Kernbrennstoff (in Hiroshima waren es gerade einmal 5 Tonnen). Überall brannte es. Die gigantischen, 100 Tonnen schweren Graphitblöcke, die zur Dämpfung der Kernreaktion eingesetzt wurden (als eine Art Bremse) und sich vorher fatalerweise verklemmt hatten, hüpften jetzt einfach heraus. Das Licht ging aus, Staub rieselte von der Decke.

Und da saßen wir dann. Der Staub lag überall, und wir wussten, dass etwas Furchtbares passiert sein musste. Wenn in einem Atomkraftwerk 100 Tonnen schwere Graphitblöcke durch die Luft hüpfen und auch die 2000 Tonnen schwere Abdeckung einfach herausgehoben wird, dann weiß jeder, was los ist. Akimow und Djatlow aber behaupteten, nicht der Reaktor, sondern etwas anderes sei explodiert. Auf Druck der Experten schickten sie zwei Leute aus unserer Mannschaft zum Reaktor. Diese Männer kamen – und das wussten wir – tödlich verstrahlt zurück. Wir sahen die beiden wandelnden Leichen entsetzt an und hörten, wie einer meinte: «Den Zentralsaal gibt es nicht mehr. Die Explosion hat alles zerstört. Über uns war nur noch Himmel. Aus dem Reaktor kommt Feuerschein ...»[3]

Wir schauten verstört zu Akimow und Djatlow – was würden sie jetzt tun? Sie aber erklärten, die beiden hätten nicht richtig hingesehen, nicht der Reaktor, sondern der Havariebehälter sei explodiert.

Immerhin erkannte man, dass es überall brannte. Man befahl, Wasser einzuleiten, um die Brände zu löschen. Bei einer Kernexplosion ist das natürlich eine völlig falsche, weil untaugliche Maßnahme. Aber so denkt der Mensch wohl. Gegen Feuer hilft Wasser.

Wären wir nicht so verblendet gewesen, hätten wir in diesen ersten entscheidenden Minuten viele Menschenleben retten können. Und gerade da machten wir alles falsch.

In der nächsten halben Stunde kamen weitere Personen in den Kontrollraum, um zu berichten, dass der Reaktor zerstört sei. Keinem dieser Leute glaubte Akimow. Erst nach einer ganzen Weile ließ die geballte Macht der Anzeichen auch für Akimow und Djatlow keinen anderen Schluss mehr zu. Nun endlich begriffen sie, dass der Reaktor zerstört war. Doch was taten sie? Sie schickten einen erfahrenen Physiker, um noch einmal nachzusehen! Er wurde kreidebleich. Denn Akimow verlangte nichts anderes von ihm, als dass er in seinen Tod ging. Ich weiß nicht, was er dachte. Ich weiß nur, dass er wusste, dass er in den Tod ging. Er ging trotzdem. Als er wiederkam, berichtete er, was ohnehin schon klar war und mit seinem Tod nur bestätigt werden würde, denn bei dieser Strahlungsintensität würde er innerhalb der nächsten Stunden oder Tage eines qualvollen Todes sterben. Akimow geriet gänzlich außer sich, brüllte und tobte und tat schließlich alles als Unsinn ab. Dann setzte er die Wassereinspeisung in den «Reaktor» fort. In den Reaktor, den es längst nicht mehr gab.

Die nächsten Stunden waren ein Trauerspiel: Akimow und Djatlow verleugneten die Realität und unterschätzten eine Gefahr nach der anderen. Ja, sie machten sie sogar lächerlich und spielten sie herunter.

Der Super-GAU von Tschernobyl

Und dann wollten wir natürlich feststellen, wie stark wir verstrahlt waren. Es gab überall Messgeräte, doch die standen alle auf «über Maximum der Skala» – und deshalb hielten wir sie für kaputt!

Hätten Sie das geglaubt? Wir haben es nicht und wollten es auch nicht. Wir waren uns einig: Die angezeigte Strahlendosis konnte nicht sein, irgendetwas stimmte nicht mit all diesen Geräten. Wir waren kein bisschen besser als Akimow. Heute wissen wir, dass die Geräte in Ordnung waren. Ja, noch schlimmer, für diese enormen Strahlenhöhen gab es im ganzen Kernkraftwerk nur zwei Messgeräte, und die waren unerreichbar! Die schlimmste Strahlung lag bei etwa 20000 Röntgen pro Stunde – schon 100 Röntgen pro Stunde über mehrere Stunden hinweg sind tödlich. Kein Wunder, dass die Geigerzähler «über Maximum der Skala» anzeigten: Die wahren Werte waren über 5000-mal so hoch!

Das ist die traurige Geschichte des Unglücks von Tschernobyl. Der Wind trug die Strahlung nach Russland, nach Skandinavien und Mitteleuropa. Bis heute sind Fische, Wildschweine, Pilze und vieles mehr so stark verstrahlt, dass die Verbote der Gesundheitsbehörden weiterhin in Kraft bleiben. Leider können wir Menschen die Strahlung nicht sehen – und genau das wurde so vielen zum Verhängnis. Ich erinnere mich noch an all die Berichte von Helfern und Feuerwehrleuten, von den Soldaten: Sie glaubten den Physikern nicht, sie wussten nichts von «Strahlung»; selbst die reaktoreigene Feuerwehr nicht. Sie nahmen ihre Masken ab, weil es so heiß war, und einige fassten sogar die hoch kontaminierten Graphitbrocken mit bloßen Händen an. Daraufhin erlitten sie schwere Verbrennungen oder starben. Es dauerte ein paar Tage, bis zumindest die rudimentärsten Schutzmaßnahmen beachtet wurden. Hunderttausende starben oder wurden krank – so genau weiß man das nicht. Und all die Reaktoren, die noch unsicherer sind als Tschernobyl, produzieren weiterhin Strom. Und eines Tages, eines Tages ...

Eine Analyse des Supergaus von Tschernobyl lässt auch Licht auf einige Denkfehler fallen, die bei diesem Unfall deutlich hervortreten.

So findet man:

- Die Anschaulichkeit der ablaufenden Prozesse war nicht gegeben, das heißt, die Operatoren hatten kein Bild des zu regelnden Netzwerks vor Augen; es war unklar, wie viele Brennstäbe sich bei welchen Aktionen im Reaktor befinden;
- eine Zustandsregelung statt einer Prozessregelung, was zu extremen Ausschlägen des Energieniveaus, der Wassertemperatur usw. führte;
- Überdosierung unter Zeitdruck;
- Kausalketten statt Kausalnetzen, das heißt, es wurde nur eine Ursache für Wirkungen verantwortlich gemacht;
- Unterschätzung exponentieller Abläufe (vor allem deren Beschleunigung);
- die Überschätzung der eigenen Fähigkeiten, da ja, so die eigene Selbsteinschätzung, in einer Gruppe von ausgewiesenen Fachleuten keine Fehler passieren können.[4]

In diesem Schlusskapitel interessiert uns der *Umgang* mit Fehlern, nicht mehr, wie bisher, die Analyse. Und da stoßen wir von Verleugnen bis Herunterspielen auf die ganze unschöne Palette von Verhaltensweisen, wodurch Fehler nicht anerkannt und deshalb nicht analysiert werden können. Ein Beispiel dafür ist das Leugnen der sowjetischen Führung, dass auch technische Fehler zu dem Unfall beigetragen haben, denn das hieße ja zuzugeben, dass auch die anderen Reaktoren dieses Typs unsicher wären. Den betreffenden Reaktortyp gab es noch dutzendweise, mit der Konsequenz, dass gegebenenfalls die Abschaltung der einzelnen Kraftwerke nötig geworden wäre, was politisch und energietechnisch eine Katastrophe bedeutet hätte. Aber auch die westlichen Experten sind hier keinen Deut besser. Sie versicherten in den Tagen nach dem Unfall kollektiv, die unsichere russische *Technik* sei schuld (die also genau das Gegenteil behaupteten), während ein solcher Unfall in Europa und den USA undenkbar sei. Denn erstens gab es eine ganze Reihe von Reaktorunfällen auch im Westen, zweitens ist das, was wir menschliches Versagen nennen, überall möglich, und drittens sind westliche Kernkraftwerke technisch zwar völlig anders gebaut als der Tschernobyl-Typ, aber deshalb nicht unbedingt sicherer. Denn die russischen Reaktoren verfügen beispielsweise über ein Kammersystem, das es in dieser Form im Westen nicht gab. Es ließ eine totale Kernschmelze durch die automatische Trennung der Spaltprodukte fast unmöglich werden. Zumindest in dieser Hinsicht sind westliche Kernkraftwerke demnach sogar gefährlicher.

Bei so schwerwiegenden Fehlern rückt natürlich die Frage nach einer möglichen Fehlervermeidung in den Mittelpunkt des Interesses.

4 «Das hätte nicht sein müssen ...» – Wie man Fehler vermeiden kann

Festzuhalten bleibt zunächst, dass sich die meisten Untersuchungen auf die *Beschreibung* von Fehlern beschränken. Warum kaum jemand den Versuch unternimmt, sich auch der Fehlervermeidung zu widmen, ist unklar. Möglicherweise lässt die Robustheit von Fehlern und der hohe Prozentsatz der Versuchspersonen, die Fehler begehen, alle weitergehenden Versuche als vergeblich erscheinen. Hier ist auf jeden Fall ein hoher Forschungsbedarf gegeben.

Resignation ist dagegen nicht angebracht. Sie werden merken, wie Sie allein schon durch die Lektüre dieses Buchs aufmerksamer gegenüber den hier beschriebenen Phänomenen werden. Aus eigener Erfahrung können wir bestätigen: Einige Strategien der Fehlervermeidung kann man zumindest teilweise erlernen.

Bei Fehlern wie dem *Umdeuten von Belegen* oder einer *verfälschenden Erwartungshaltung* ist eine Selbstkontrolle dagegen so gut wie unmöglich. Hier greifen nur externe Maßnahmen: Simulationen, statistische Absicherung oder Arbeit in der Gruppe und Kontrolle durch Mitarbeiter. In der Wissenschaft kann man zusätzlich Proben zufällig verteilen oder mit Doppelblindversuchen arbeiten.

Zur Steigerung der Effizienz führt das Beherzigen der folgenden Ratschläge:

- Erwarte allgemein eine hohe Fehlerrate.
- Benutze standardmäßig sämtliche sinnvollen Kontrollen und Überprüfungen, die zur Verfügung stehen.
- Berücksichtige, dass viele Fehler nur schwer zu vermeiden sind.
- Prüfe Forschungsergebnisse immer auf die hier beschriebenen Fehler.

Wenn Sie, wie wir das getan haben, Denkfehler zudem auf ihre ursprüngliche Funktion zurückführen, dann können Sie den sinnvollen Einsatzbereich leichter abstecken. Erst wenn Sie den Fehler verstanden haben, können Sie auch Maßnahmen zur Fehlervermeidung sinnvoll betreiben. Ohne ökologische Validität besteht immer die Gefahr, reine «Laborfehler» zu untersuchen.[5]

Interessanterweise lässt sich fast die gesamte Methodik der Wissenschaft als Fehlervermeidung verstehen. Die oben genannten Experimentaltechniken (zufällige Verteilung von Proben, Doppelblindversuche, ständige Kontrollen auf jeder Ebene) zeigen, dass Wissenschaftler *wissen*, dass sie extrem fehleranfällig sind. Dementsprechend versuchen sie, dies zu korrigieren. Dazu zählen auch die Kontrolle und Nachprüfbarkeit der eigenen Ergebnisse durch andere Forscher, insbesondere sofern sie die Grundlage weiterer Forschungsarbeiten bilden.

Problematisch sind dabei die von uns beschriebenen, fehlerbehafteten Denkstrukturen; denn sie lassen sich nur schwer durch solche Verfahren ausmerzen.

Wichtig ist unseres Erachtens die angesprochene Kontextabhängigkeit. Viele Fehlerforscher empfehlen die Berücksichtigung von *Alternativen*.[6]

Dies sind eher kognitionswissenschaftlich orientierte Ansätze. Die technische Fehlerforschung beklagt zwar auch das fast völlige Fehlen von Vermeidungsstrategien, macht aber einige Anmerkungen.[7]

Wie man Fehler vermeiden kann

Fehler können durch drei Mechanismen erkannt werden: durch die eigene Person, durch Feedback aus der Umgebung oder durch andere Personen. Die ersten beiden scheiden für wissenschaftliche Vermeidungsstrategien aus, da Selbstüberwachung unzuverlässig und nur schwer konsistent möglich ist und Feedback in komplexen und *neuen* Forschungsumgebungen kaum korrekt oder zwingend interpretierbar ist. Infrage kommt also vorwiegend Fehlerentdeckung durch *andere*. So kommen etwa 70 bis 90% der Fehler auf diesem Wege im technischen Bereich zum Vorschein, etwa bei Simulationen des Betriebs von Atomkraftwerken. Dies gilt auch für die Medizin: Bei Röntgenuntersuchungen von Lungenkrebs werden ungefähr 20–50% der kleineren Tumore übersehen. Kontrolliert jedoch ein zweiter Arzt die Diagnose, so halbiert sich die Fehlerrate. Durch Feedbacktraining und Lernen an falschen Diagnosen lassen sich Irrtümer noch einmal enorm senken.[8]

Zumindest für die wissenschaftliche Fehlerentdeckung und -vermeidung ist damit die Richtung vorgegeben. Momentan dominiert hier die Methode des *peer-reviews*, also die Überprüfung durch Fachkollegen, die allerdings ihre Schwächen hat.

Weitere Vorschläge zur Fehlerentdeckung basieren auf dem Vorgehen von *Experten*. Menschen treffen Entscheidungen meist aufgrund von Entscheidungsbäumen, das heißt, sie suchen einzelne Äste eines geistigen Plans (in Form eines Baumes) für die richtige Diagnose ab. Entscheidungen treffen sie anhand unterschiedlicher Symptomspektra (Was liegt vor, was nicht?). Diese Bäume lassen sich sichtbar darstellen, minimieren, vereinfachen, reduzieren. Im technischen Bereich geht das über so genannte «zwingende Funktionen»: Der Autoschlüssel *muss* stecken, sonst startet das Auto nicht.[9] Solche Zwänge könnte man vermehrt einsetzen, zusätzlich ließen sich Sperren und Warnungen (wie sie in der Technik bei Debuggern vorkommen) oder Fragen (Benutzerinteraktion) einbauen.

Aus mehreren Gründen reicht das aber nicht aus. Zum einen lässt sich ein Verbot gegen fehlerträchtige Verfahren nicht so einfach aussprechen, da es oft der einzige, zumindest der einzig durchführbare

Zugang zu einem Problem ist (beispielsweise die Reduktion in Einzelsysteme). Zum anderen sind Expertenstrategien von Laien nur schwer einzusetzen. Dennoch versucht man seit einiger Zeit, so genannte «Expertensysteme» vor allem in der Medizin einzusetzen. Darunter versteht man Software, die über menschliches Expertenwissen in Form von Regeln verfügt und auf diesem Weg etwa «intelligente» Krankheitsdiagnosen stellen kann. In mancher Hinsicht (Trefferquote, Genauigkeit, Unbeeinflussbarkeit) übertreffen diese Systeme mittlerweile sogar Menschen.

Aus den genannten Gründen ist es unabdingbar, dass Fehlervermeidungsstrategien durch Problemlösungsverfahren ergänzt werden. Geeignete Methoden können bestimmte problematische Situationen einfach umgehen oder bekämpfen, indem sie ihre Stärken gerade in diesem Bereich besitzen.

Aber auch hier gibt es erstaunlicherweise noch erheblichen Forschungsbedarf. Denn obwohl gut bekannt ist, welche Problemlösungsverfahren Menschen anwenden – und das sind, selbst bei sehr unterschiedlichen Bereichen, erstaunlich wenige –,[10] ist uns eine Aufstellung von Problemlösungsverfahren nicht bekannt – weder hinsichtlich ihrer Wirksamkeit noch als systematische Ordnung aufgrund ihrer Zuordnung zu Problemklassen.

Das verwundert, vor allem weil der Vorteil einer solchen Aufstellung klar vor Augen steht: Wer seine Fehler schneller entdeckt und wirksamer beseitigt, erhöht die Effizienz seiner Arbeit um ein Vielfaches. Doch leider herrscht diesbezüglich ein fast einhelliger Konsens: Kreativität und wissenschaftliches Problemlösen gelten als individuelle und «mysteriöse» Prozesse, die sich nicht systematisieren lassen. Doch das stimmt einfach nicht. TRIZ, ein System zur Lösung technischer Probleme, hat über 22 000 Patente untersucht und auf etwa 30 elementare Grundmuster zurückgeführt.[11] Dies sollte sich auf Wissenschaft wie Alltag übertragen lassen.

Ein Beispiel aus der Technik soll die hohe Wirksamkeit solcher oft banal anmutender Operationen veranschaulichen. Oft besteht eine Problemlösung aus der Auflösung eines Widerspruchs: Ein LKW *sollte hoch* sein, um gute Sicht zu garantieren und eine große Ladefläche zu ermöglichen. Gleichzeitig *sollte* er *nicht hoch* sein, um unter niedrigen Brücken durchfahren zu können und den Luftwiderstand zu verringern. Die abstrakte Standardlösung für solche Fälle liegt vor: Trenne die sich widersprechenden Anforderungen in der Zeit oder im Raum. Die naheliegende konkrete Lösung ist die zeitweise Absenkung des LKW-Kopfes etwa über Hydraulik.

Genau das gleiche Prinzip findet man auch in der Wissenschaft, z. B. der Medizin: Ein oral verabreichtes Medikament soll seinen Wirkstoff mit maximaler Effizienz abgeben, aber nicht bereits im Magen. Hier trennt die verzögerte Wirkstofffreigabe über eine sich erst langsam im Dünndarm auflösende Kapsel die einander widersprechenden Anforderungen, diesmal in der Zeit.

Daraus geht hervor, dass einfache elementare Operationen Lösungen für ganze Problemreihen anbieten. Die bemerkenswert hohe Zahl der Patentanmeldungen der TRIZ-Schule lassen auf ein ebenso hohes Potenzial für eine Übertragung auf die Wissenschaft schließen.

Zu guter Letzt wollen wir einige konkrete Fortschritte benennen. Wir haben verschiedene Neueinführungen von Arten vor allem in Australien und die Feuerbekämpfung im Waldmanagement als ziemlich hoffnungslose Beispiele für menschliches Versagen angeführt. Aber gerade diese beiden machen in letzter Zeit doch Hoffnung: Mittlerweile setzen etwa die Verantwortlichen des *Yellowstone*-Nationalparks auf eine erfolgreiche und natürliche Feuerbekämpfung, und auch in Australien sprach man sich aufgrund der Situation im Viktoriasee gegen die Einführung des Nilbarsches aus. Und wer einmal durch die Gepäckkontrollen in Neuseeland musste (das ja bekanntlich eine Insel mit einem besonders labilen Ökosystem ist), wo selbst die Schuhe gewaschen werden, um die Wahrscheinlichkeit einer Einschleppung fremder Arten zu minimieren, der sieht vielleicht doch ein Licht der Hoffnung am Ende des Tunnels.

Unser Fazit lautet deshalb: Fehler sind überall – sie fallen nur meistens nicht auf, weil sie verschwiegen, versteckt und umetikettiert werden. Aber naturgemäß treten Fehler im gesamten Spektrum menschlicher Tätigkeit auf. Negative Schlagzeilen machen vor allem besonders gefährliche Fehler (in Kernkraftwerken wie Tschernobyl), besonders teure (Raumfahrzeuge, die wegen eines dummen Softwarefehlers explodieren oder verglühen) oder besonders ärgerliche, weil unnötige (diesen Fehlertyp hebt z. B. das jährliche Schwarzbuch des Bundes der Steuerzahler hervor).

Eine Kategorie Fehler haben wir in besonderem Maße herausgestellt: Fehler im Denken, die unserer Meinung nach außerordentlich tückisch sind, einmal, weil sie extrem schwer zu vermeiden sind, und zum anderen, weil sie viele andere, schwere Folgefehler nach sich ziehen.

Erstaunlicherweise gibt es gerade im Bereich der Fehlervermeidung kaum konkrete Ansätze – obwohl Fehler in Entwicklung, Forschung und Planung extreme Auswirkungen haben können: Wir haben das am Beispiel zerstörter Ökosysteme ausgeführt.

Was nun Ihren Alltag anbetrifft, kann Entwarnung gegeben werden: Sie verfügen über eine Reihe leistungsstarker Mechanismen zur Entscheidungsfindung, die innerhalb eines gewissen Rahmens gut funktionieren. Zu den in diesem Buch beschriebenen Ausfällen kommt es, wenn dieser Rahmen verlassen wird. Das ist im Alltag nicht so oft der Fall. Nichtsdestotrotz ist es natürlich eine große Hilfe, häufige Fehler zu kennen und sich in fehleranfälligen Situationen fragen zu können, ob man eventuell gerade einen Fehler begeht. Auf diese Weise kann man sein rationales Hintergrundwissen dazu nutzen, Intuitionen, die für andere Fälle richtig sind, zu korrigieren. Und möglicherweise ziehen Sie Trost aus der Tatsache, dass es ja allen anderen Menschen genauso geht. Natürlich nicht allen – sollten Sie zufällig internationaler Schachgroßmeister sein, dann sehen Sie bei vielen Problemen die rationalste Strategie mit einem Blick.[12]

Wir hoffen, dass Sie nach Lektüre dieses Buches Ihre Umgebung mit anderen Augen sehen. Als Trost nach der Besprechung so vieler Fehler können wir Ihnen jedoch versichern, dass wir Menschen Vehler anscheinend nie ganz werden vermeiden können!

Anhang

Anmerkungen

Kapitel 1 Irren ist menschlich

1 Die klassische Untersuchung zum Rahmeneffekt findet man bei Tversky & Kahneman (1981). Eine Meta-Analyse von 136 Studien zum Rahmeneffekt bei Kühberger (1998).
2 Die meistzitierte Untersuchung zum Rahmeneffekt in der Medizin findet man bei McNeil et al. (1982). Eine Überblicksstudie über 44 Artikel bei McGettigan et al. (1999).
3 Kriterien für gute Theorien stellt Vollmer (1993) zusammen.
4 Diese Kritik stammt am überzeugendsten von Feyerabend (1976).
5 Eine Einführung in die Stammesgeschichte der Menschen bieten Henke & Rothe (1999).
6 Roth (2001).
7 Diese und weitere Informationen zur Stammesgeschichte findet man bei Plankensteiner (1992). Allerdings bleibt festzustellen, «[...] daß ein direkter Rückschluß vom Encephalisationsgrad auf die intellektuelle Leistungsfähigkeit der plio-pleistozänen Hominiden nicht möglich ist» (Brandt (2000), S. 26).
8 Silverman & Eals (1992).
9 Alexander (1987).
10 «Die Belege für einen starken genetischen Beitrag zur allgemeinen kognitiven Fähigkeit (g) [g = Generalfaktor der Intelligenz] sind eindeutiger als für jeden anderen Bereich der Psychologie.» Plomin et al. (1999), S. 136.
11 Vollmer (1975/2002), S. 102; gleichzeitig eine hervorragende Einführung in die Evolutionäre Erkenntnistheorie.
12 Diese und viele andere gut belegte Beispiele findet man bei Buss (2004).
13 Saal et al. (1989).
14 Williams (1966), S. 16 (übersetzt von den Autoren).
15 Krist et al. (1998).
16 Krist (1997).
17 Goswami (2001); gleichzeitig eine gut lesbare und umfassende Einführung in die Kindesentwicklung.
18 Kuhn et al. (1988).
19 Dies ist die aktuelle Zahl des statistischen Bundesamtes von 2007.
20 Dagegen werden Fehler aus Ökonomie und Persönlichkeitspsychologie (z. B. emotionales Denken, fundamentaler Zuschreibungsfehler oder Wunschdenken) ausgeschlossen. Auch das Gegenstück der Fehler, besonders erfolgreiche Handlungsstrategien, werden wir nicht behandeln.
21 Das bedeutet jedoch nicht, dass die beschriebenen (universalen) Denkmuster in sämtlichen Situationen auch tatsächlich wirksam sind. Bestimmte Denkmuster sind für einige Situationen typisch und dort häufig anzutreffen. Denn immerhin gibt es ja auch Beispiele von Menschen, die diese universalen Fehler nicht begangen haben. Persönlichkeit, Erfahrung und individuelles Expertenwissen sind nur einige Gründe dafür. Zudem dürften Ausprägung und Interaktion der Denkheu-

ristiken von Fall zu Fall unterschiedlich ausfallen; jedes Denkschema ist nur eines unter vielen.

Kapitel 2 Informationsgewinn in unbekannter Umgebung

1 Huxley (1932/1977), S. 60.
2 Kühberger et al. (1999) testen 40 wirksame Studien auf Unterschiede in den Einzelfaktoren.
3 Ein sehr unterhaltsames Buch hierzu stammt von Beck-Bornholdt & Dubben (2001) mit dem Titel «Der Hund, der Eier legt». Die Graphik stammt auch daraus.
4 Dieses klassische Experiment findet sich bei Tversky & Kahneman (1974).
5 Sehr unterhaltsam bietet Plous (1993) diese und viele weitere Fehler dar.
6 Tversky & Kahneman (1974), S. 1130.
7 McNeil et al. (1982).
8 McNeil et al. (1982), S. 1261 (erstes Zitat) und S. 1262 (zweites Zitat), übersetzt von den Autoren.
9 Banks et al. (1995).
10 Bogin (2006).

Kapitel 3 Komplexe Probleme

1 Dörner (1989).
2 Dörner (1989) ist sehr unterhaltsam und gut lesbar mit vielen Alltagsbeispielen.
3 Dörner (1989), S. 127 f.
4 Vester (1988). Die Graphik ist leicht verändert nachgezeichnet.
5 Wir stützen uns hier auf Bergstrom et al. (2009).
6 Eine neutrale, sachliche und informative Zusammenstellung alternativer Heilmethoden finden Sie bei Federspiel & Herbst (1996).
7 Dörner (1989).
8 Dörner (1989).
9 Dörner (1989), S. 188 ff.
10 Goldschmidt (1997), S. 270 (übersetzt von den Autoren).
11 Dörner (1974), S. 159.
12 Mathematisches Glossar (2004).
13 von Ditfurth (1976).
14 Eine hervorragende (aber technische) Diskussion von Heuristiken können Sie bei Payne et al. (1993) nachlesen. Eine der führenden Forschungsgruppen auf dem Gebiet «simpler und robuster» Heuristiken ist die ABC-Forschungsgruppe um Gerd Gigerenzer. Die beste Zusammenfassung ist hier das Buch «Simple heuristics that make us smart», herausgegeben von Gigerenzer und Todd.
15 Die hier betrachteten Heuristiken bezeichnet man als *weighted-additiv*-(WADD-)Heuristik, als *equal-weight*-Heuristik (auch Dawes' Regel genannt), als lexikographische Heuristik und als *elimination-by-aspects*-(EBA-)Heuristik. Details kann man bei Payne et al. (1993) nachlesen.
16 Einen Vergleich verschiedener echter Aufgaben und wie gut Heuristiken sie lösen, bieten Czerlinski et al. (1999).
17 Rieskamp & Hoffrage (1999).
18 Gigerenzer & Goldstein (1999), S. 95 (übersetzt von den Autoren).

19 Eine sehr verständliche Darstellung dieser Thematik finden Sie bei Vollmer (1975/ 2002), S. 161–165.
20 Plous (1993), S. 95, umschreibt hier Herbert Simons Wortneuschöpfung «satisficing»; ein Wort, das aus «to satisfy» (befriedigen) und «to suffice» (genügen) zusammengesetzt wird.
21 Einen umfassenden Überblick über die Problematik von Neuankömmlingen (Neophyten) mit vielen Beispielen finden Sie bei Kowarik (2003).
22 Eine kurze Übersicht (frei im Internet verfügbar) hierzu bieten Aarn & Unmack (2007).
23 Kowarik (2003) bzw. USDA Forest Service (2005) bzw. Pimentel et al. (2005).
24 Low (1999). Low ist übrigens auch als eine sehr kenntnisreiche und gut lesbare, spannende Lektüre für Neueinführungen von Arten zu empfehlen.
25 Wir stützen uns im Folgenden vor allem auf Griffiths et al. (1993), Cowie (2001), Mead (1961), Cook (1989).
26 Ogutu-Ohwayo (1990).
27 Witte et al. (1992).
28 Das berühmteste Beispiel für diesen Mechanismus der Evolution sind zweifellos die Darwinfinken, die eine eng verwandte Gruppe von Arten sind. Anfangs wenig spezialisiert, haben sie sich durch Auffächerung in viele Spezialistenarten gespalten. Durch ihre enorme Vielfalt an Schnäbeln haben sie sich jeweils an eine spezielle Nahrung angepasst.
29 Langston (1995), S. 296 (übersetzt von den Autoren).
30 Low (1999).
31 Low (1999). Selbst Krokodile sterben, wenn sie die giftige Kröte fressen, was schon zu erheblichen Rückgängen geführt hat.
32 Seynsche (2006).
33 Low (1999), S. XXVI (übersetzt von den Autoren).
34 Langston (1995), S. 3 und S. 6 (übersetzt von den Autoren).
35 USDA Forest Service (1990), S. 2.16/2.17, eigene Berechnungen.
36 Langston (1995), S. 189 (übersetzt von den Autoren).
37 Bright (1913).
38 USDA Forest Service (2005).
39 Clark & Minta (1994).
40 Little (1995).
41 Langston (1995), S. 150 f. (übersetzt von den Autoren); Beispiele dafür sind USDA Forest Service (1990), S. 2.16; 3.11 und 4.20.
42 USDA Forest Service (1990).
43 USDA Forest Service (2003), insbesondere S. 4.8, 3.18, 4.11, 4.87.
44 USDA Forest Service (2005).
45 Wickman (1992), S. ii (übersetzt von den Autoren).
46 Langston (1995), S. 291 (übersetzt von den Autoren).
47 Langston (1995), S. 295 (übersetzt von den Autoren).

Kapitel 4 Handlungsfähigkeit durch Kohärenz
1 Das hat nichts mit der in Kapitel 2 angesprochenen Risikovermeidung zu tun. Die hier besprochene Handlungsheuristik ist allgemeiner.

Anmerkungen

2 Unsere Darstellung stützt sich auf das erhalten gebliebene Schiffstagebuch von Columbus (1980) und auf Lange (1980).
3 Brössler (2009).
4 Luchins & Luchins (1950).
5 Nisbett & Ross (1980), S. 192 (übersetzt von den Autoren).
6 Die Daten sind aus Thorwald (1956) entnommen.
7 Wason (1960).
8 Wason (1968).
9 z. B. Oaksford & Chater (1994).
10 Cosmides & Tooby (1992).
11 Dieser entscheidende Zusatz kommt von Gigerenzer & Hug (1992).
12 Skrabanek & McCormick (1992).
13 Descartes (1637/1926), S. 1/2 (übersetzt von den Autoren).
14 Die Details sind aus der Sendung hitec mit dem Titel «Verrechnet – Die Anatomie des Irrtums» vom 6. 10. 2008 entnommen. Abrufbar unter http://www.3sat.de (Mediathek).
15 Diese und viele weitere interessante Beispiele finden Sie bei Schönwandt (1986).
16 Plous (1993) ist wohl die beste und amüsanteste Zusammenstellung kognitiver Fehler – leicht lesbar referiert er viele Studien und beinhaltet auch einen Test.
17 Vallone et al. (1985).
18 Hahn & Straßmann (1979), S. 75; vgl. auch S. 67 und S. 69.
19 Warren (1970).
20 Rosenthal (1969).
21 Diese höchst faszinierende Untersuchung führten Moseley et al. (2002) durch. Allerdings gilt dieser Eingriff in das Knie unter Nichtorthopäden als Eingriff mit sehr geringen Erfolgschancen.
22 Einen kurzen Überblick über die Placeboforschung gibt Turner et al. (1994). Den Unterschied zwischen teueren und billigen Medikamentenplacebos finden Sie bei Waber et al. (2008). Auch Farbe und Form spielen eine wichtige Rolle.
23 Die folgende Darstellung stützt sich im Wesentlichen auf die höchst lesenswerte, weil sehr kritische Arbeit von Gould (1988), «Der falsch vermessene Mensch».
24 Wir ersetzen die in der Literatur verwendeten Ausdrücke «Schwarze», «Weiße» ausdrücklich nicht durch die heutig gebräuchlichen Begriffe, um die historische Authentizität beizubehalten.
25 Tobias (1970).
26 Die benutzte französische Originalliteratur ist: Broca (1861), Broca (1862), Broca (1873).
27 Broca (1861), S. 153 (übersetzt von den Autoren).
28 Broca (1862), S. 109, vgl. auch S. 113 (übersetzt von den Autoren).
29 Broca (1862), S. 111 (übersetzt von den Autoren).
30 Montessori (1913), S. 258; die entsprechende Stelle lautet: «Deshalb ist die Gehirnkapazität von Frauen jener der Männer überlegen!» (übersetzt von den Autoren).
31 Wir stützen uns hauptsächlich auf Gould (1988) und auf Yoakum & Yerkes (1920).
32 Yoakum & Yerkes (1920), S. 195 (übersetzt von den Autoren).
33 Brigham (1930), S. 164 f. (übersetzt von den Autoren).

34 Ein besonders negatives Beispiel ist hier Rushton & Osborne (1995) oder auch Lynn (1990). Einen kritischen Überblick über die begangenen Fehler in diesem Bereich bieten Schiff & Lewontin (1986).
35 Neben Schiff & Lewontin (1986) sind als weitere scharfsinnige Kritiker vor allem Kamin & Omari (1998) und Tobias (1970) zu nennen.
36 Sarich & Miele (2004), S. 225 (übersetzt von den Autoren).
37 Rushton & Ankney (1995), ohne Seitenangabe (übersetzt von den Autoren).
38 Rushton (1997), S. 175 (übersetzt von den Autoren).
39 Jensen & Johnson (1994), S. 330 (übersetzt von den Autoren).
40 Diese Erklärungen sind aus Rushton (1997), Jensen (1998) und Jensen & Johnson (1994) zusammengestellt.
41 Lynn & Owen (1994).
42 Beide Untersuchungen sind sehr lesenswert: Huizenga (1994) und Taubes (1993), vgl. auch Gratzer (2000).
43 Dieses Beispiel ist aus Beck-Bornholdt & Dubben (2001) übernommen, die wiederum den Titel «Das Ziegenproblem» von Gero von Randow als Quelle zitieren.
44 Bockris in Taubes (1993), S. 275 (übersetzt von den Autoren).
45 Martin in Taubes (1993), S. 197 (übersetzt von den Autoren).
46 Huizenga (1994) nennt diese drei Wunder.
47 Auch wenn bei diesen Konzernen erkennbar ist, dass ein Umdenken in Richtung erneuerbarer Energien stattfindet. So erfolgte bereits im Jahr 2000 die Umbenennung von BP, ehemals British Petroleum, in Beyond Petroleum. Auch die Internetauftritte der Ölmultis künden längst von einem Umbau in «grün» und «nachhaltig» wirtschaftende Firmen.
48 Sanbonmatsu et al. (1998).

Kapitel 5 Strukturen und Ordnung

1 Zwei Links dazu: www.slashfood.com und www.neatorama.com. Die Suche nach «Jesus» bzw. «mary chocolate» o. Ä. erbringt die relevanten Bilder und Artikel. Eine normale Suchmaschinensuche fördert noch viele weitere solcher Seiten zum Vorschein.
2 Vgl. dazu Eibl-Eibesfeldt (1997).
3 Und in der Tat ist diese Einteilung von Jorge Luis Borges (in Borges (1966), S. 212) frei erfunden, obwohl er sie dem Sinologen Franz Kuhn zuschreibt. Obwohl Foucault diese Einteilung in seiner «Ordnung der Dinge» fälschlicherweise als echt zitiert, ist sie doch fiktiv. Das bestätigt unsere Thesen – so ein Kategoriensystem ist Menschen völlig fremd.
4 Die Prototypentheorie wurde von Rosch entwickelt. Siehe Rosch (1973) und Rosch (1978).
5 Die medizinischen Umstände des Todes von George Washington können Sie unter http://www.earlyamerica.com/review/2005_winter_spring/washingtons_death.htm nachlesen.
6 In einigen sehr seltenen Fällen ist Aderlass natürlich ein wirksames Heilmittel. Bis heute angewendet wird der Aderlass bei Blutbildungsstörungen wie der Polyglobulie oder der Porphyria cutanea tarda.
7 Dieses bemerkenswerte Beispiel stammt von Nisbett & Ross (1980).

Anmerkungen

8 Smedslund (1963).
9 Das hat bereits Hume (1748/1993) scharfsinnig erkannt. Die neuere Forschung, etwa von Goswami (2001), bestätigt ihn voll und ganz.
10 Diese Untersuchung stammt von Kahneman & Tversky (1973).
11 Nisbett & Ross (1980).
12 Klix (1993), Riedl (1981).
13 Federspiel & Herbst (1996).
14 Adams & Carwardine (1990), S. 85.
15 Keil (1979) bzw. Kälble (1997).
16 Wir stützen uns bei der Untersuchung von Skorbut hauptsächlich auf Carpenter (1986) und auf Weatherall (1990).
17 Coplans in Carpenter (1986), S. 152 (übersetzt von den Autoren).
18 Dr. Villemin in Carpenter (1986), S. 127 (übersetzt von den Autoren).
19 Es gibt allerdings andere Vergiftungen, die durchaus schleichend verlaufen: etwa Blei- oder Quecksilbervergiftungen.
20 Auch hier ist Carpenter eine ausgezeichnete Quelle: Carpenter (2000).
21 Swazey & Reeds (1978).
22 Olpp (1932).
23 Für Pellagra stützen wir uns hauptsächlich auf Kraut (2003) und Roe (1973).
24 Tuczek (1893), S. 7.
25 Bicknell & Prescott (1953), S. 517 (übersetzt von den Autoren).
26 Pinker (1998), S. 428. Ein sehr lesenswerte, gut informierte und verständliche Darstellung.

Kapitel 6 Fazit und Ausblick

1 Darunter ein Arzt, eine Linguistin, ein Jurist, eine Expertin für erneuerbare Energien, eine Übersetzerin, ein Mathematiker und eine Lehrerin. Vielen Dank an dieser Stelle an Wolf Arnold, Heide Fiebrandt, Anne Frey, Inneke Klick, Hannes Rusch, Benedikt Salleck und Sonja Simon! Fachspezifische Darstellungen legten wir jeweils Experten vor.
2 Diesen erschütternden Bericht eines unmittelbar nach dem Unglück Anwesenden, der mit zahlreichen Augenzeugen sprach, finden Sie bei Medwedew (1991).
3 Medwedew (1991), S. 116.
4 Dörner (1989).
5 Czerlinski et al. (1999) heben in einer scharfen Debatte mit der *heuristics-and-biases*-Schule um Gilovich & Griffin (2002) diesen Punkt deutlich hervor.
6 Das tun etwa Platt (1964) und Arkes (1981).
7 Hier ist vor allem der «Fehlerpapst» James Reason zu nennen: Reason (1994).
8 Diese Zahlen berichten Forrest & Friedman (1981), Quekel et al. (1999) und Kripalani et al. (2001).
9 Reason (1994).
10 Newell & Simon (1972) haben hier bahnbrechende Arbeit geleistet.
11 Altschuller (1984/1998).
12 Diese Untersuchung über rationale Schachgroßmeister findet sich bei Palacios-Huerta & Volij (2006). Im Internet unter http://www.econ.brown.edu/fac/ipalacios/pdf/CENTIP08.pdf.

Weiterführende Literatur

Die folgenden Titel sind meist Einführungen in das entsprechende Thema mit vielen weiteren Verweisen. Alle sind gut informiert geschrieben, leicht lesbar und höchst lehrreich. Die bibliographischen Daten entnehmen Sie bitte dem Literaturverzeichnis.

Für eine wissenschaftliche Darstellung der Fehlerthematik, zusätzliche Erläuterungen und Hintergründe von Fehlern verweisen wir auf die Dissertation «Der blinde Fleck – Kognitive Fehler in der Wissenschaft und ihre evolutionsbiologischen Grundlagen» von Ulrich Frey. An dieser Stelle möchte ich mich bei der DFG für die Förderung dieses Projekts bedanken.

Fehler

Beck-Bornholdt und Dubben (2001): Der Hund, der Eier legt. Erkennen von Fehlinformation durch Querdenken. – Sehr amüsant belegt dieses Buch plastisch an vielen Beispielen die Fehleranfälligkeit der Menschen.

Dörner (1989): Die Logik des Misslingens. Strategisches Denken in komplexen Situationen. – Ein gut verständlicher Klassiker über die enormen Schwierigkeiten, die Menschen haben, wenn sie versuchen, komplexe Probleme zu lösen.

Plous (1993): The Psychology of Judgment and Decision Making (nur in englischer Sprache erhältlich). – Ebenfalls ein sehr guter Überblick über die kognitive Fehlerforschung.

Schönwandt (1986): Denkfallen beim Planen. – Ein sehr guter Überblick über viele Fehler.

Kognitionspsychologie

Gigerenzer, Todd und die ABC Research Group (1999): Simple Heuristics That Make Us Smart (nur in englischer Sprache erhältlich). – Die wohl wichtigste Sammlung von Texten der Forschungsgruppe um Gigerenzer und Todd. Bietet viel Wissenswertes über Heuristiken.

Pinker (1998): Wie das Denken im Kopf entsteht. – Gute Darstellung der verschiedenen Forschungsansätze in der Kognitionspsychologie von einem Bestsellerautor der Wissenschaften.

Evolutionspsychologie, Evolutionsbiologie und Evolutionäre Erkenntnistheorie

Buss (2004): Evolutionäre Psychologie. – Hochinformative und aktuelle Präsentation der wichtigsten Forschungsergebnisse im Bereich der evolutionären Psychologie mit vielen verblüffenden Experimenten.

Eibl-Eibesfeldt (1997): Die Biologie des menschlichen Verhaltens. Grundriß der Humanethologie. – Einführung in das Gebiet der Verhaltensforschung durch einen ihrer Begründer.

Voland (2000): Grundriss der Soziobiologie. – Das hochinteressante Standardwerk der Soziobiologie mit vielen weiteren Verweisen.

Vollmer (1975/2002): Evolutionäre Erkenntnistheorie. Angeborene Erkenntnisstrukturen im Kontext von Biologie, Psychologie, Linguistik, Philosophie und Wissenschaftstheorie. – Sehr klar und verständlich geschriebener Klassiker der Evolutionären Erkenntnistheorie.

Entwicklungspsychologie
Goswami (2001): So denken Kinder. Einführung in die Psychologie der kognitiven Entwicklung. – Schöne Einführung in die Entwicklungspsychologie von Kindern.

Wissenschaftstheorie
Vollmer (1993): Wissenschaftstheorie im Einsatz. Beiträge zu einer selbstkritischen Wissenschaftstheorie. – Gut verständliche Einführung in einige wichtige Themen und Probleme der Wissenschaftstheorie.

Wissenschaftsgeschichte (Fallstudien)
Tschernobyl:
Medwedew (1991): Verbrannte Seelen. Die Katastrophe von Tschernobyl. – Erschütternde Darstellung der Katastrophe von Tschernobyl durch einen Augenzeugen.
Intelligenzmessung:
Gould (1988): Der falsch vermessene Mensch. – Hervorragende und kritische Behandlung der Geschichte der Intelligenz- und Schädelmessung. Unbedingt lesenswert!
Einführung neuer Arten:
Low (1999): Feral Future. The Untold Story of Australia's Exotic Invaders (nur in englischer Sprache erhältlich). – Hervorragend recherchierte und spannend zu lesende Darstellung der Problematik und Gefahren neuer Arten.
Kalte Fusion:
Huizenga (1994): Kalte Kernfusion. Das Wunder, das nie stattfand.
Taubes (1993): Bad Science. The Short Life and Weird Times of Cold Fusion (nur in englischer Sprache erhältlich). – Beide Titel bestechen durch klare Darstellung, einen kritischen Blick und lesen sich spannend.
Vitaminmangelkrankheiten:
Carpenter (1986): The History of Scurvy and Vitamin C.
Carpenter (2000): Beriberi, white rice, and vitamin B. A disease, a cause, and a cure (eher wissenschaftlich und nur in englischer Sprache erhältlich). – Eine chronologische Zusammenstellung der Forschungsergebnisse auf dem Gebiet der Vitaminmangelkrankheiten, geschrieben von einem Experten.

Literaturverzeichnis

Aarn, A. und Unmack, P. J. (2007): *Gambusia (Damnbusia) holbrooki, der ‹Killerfisch›*. DGLZ Rundschau Sonderdruck 34, S. 1–9.
Adams, D. und Carwardine, M. (1990): *Last Chance To See*. London: Pan Books.
Alexander, R. D. (1987): *The Biology of Moral Systems*. New York: De Gruyter.
Altschuller, G. S. (1984/1998): *Erfinden: Wege zur Lösung technischer Probleme*. Memmingen: Memminger Verlagsdruckerei.

Arkes, H. R. (1981): *Impediments to accurate clinical judgement and possible ways to minimize their impact.* Journal of Consulting and Clinical Psychology 49(3), S. 323–330.

Banks, S. M., Salovey, P., Greener, S., Rothman, A. J., Moyer, A., Beauvais, J. und Epel, E. (1995): *The Effects of Message Framing on Mammography Utilization.* Health Psychology 14(2), S. 178–184.

Beck-Bornholdt, H.-P. und Dubben, H.-H. (2001): *Der Hund, der Eier legt: Erkennen von Fehlinformation durch Querdenken.* Reinbek: Rowohlt.

Bergstrom, D. M., Lucieer, A., Kiefer, K., Wasley, J., Belbin, L., Pedersen, T. K. und Chown, S. L. (2009): *Indirect effects of invasive species removal devastate World Heritage Island.* Journal of Applied Ecology 46, S. 73–81.

Bicknell, F. und Prescott, F. (1953): *The Vitamins in Medicine.* London: William Heinemann.

Bogin, B. (2006): *Modern Human Life History: The Evolution of Human Childhood and Fertility,* S. 197–230. Herausgegeben von Hawkes, K. und Paine, R. R.: The Evolution of Human Life History. Santa Fe: School of American Research.

Borges, J. L. (1966): *Das Eine und die Vielen: Essays zur Literatur.* München: Hanser.

Brandt, M. (2000): *Gehirn – Sprache – Artefakte: Fossile und archäologische Zeugnisse zum Ursprung des Menschen.* Holzgerlingen: Hänssler.

Brigham, C. C. (1930): *Intelligence tests with immigrant groups.* Psychological Review 37, S. 158–165.

Bright, G. A. (1913): *Umatilla National Forest Annual Silvical Report: The relative merits of western larch and Douglas-fir in the Blue Mountains, Oregon.* http://www.fs.fed.us/r6/uma/history/index.htm. Zuletzt geprüft am 20. 2. 2006.

Broca, P. (1861): *Sur le volume et la forme du cerveau suivant les individus et suivant les races.* Bulletins de la Société d'anthropologie de Paris 2, S. 139–207.

Broca, P. (1862): *Sur la capacité des crânes parisiens des diverses époques.* Bulletins de la Société d'anthropologie de Paris 3, S. 102–116.

Broca, P. (1873): *Sur les cranes de la caverne de l'Homme mort (Lozère).* Revue d'Anthropologie 2, S. 1–53.

Brössler, D. (2009): *Sinnloses Raster. Studie: Terrorfahndung nach ethischen Kriterien bringt nichts.* Süddeutsche Zeitung 119, S. 1.

Buss, D. M. (2004): *Evolutionäre Psychologie.* München: Pearson.

Carpenter, K. J. (1986): *The History of Scurvy and Vitamin C.* Cambridge: Cambridge University Press.

Carpenter, K. J. (2000): *Beriberi, white rice, and vitamin B: A disease, a cause, and a cure.* Berkeley: University of California Press.

Clark, T. W. und Minta, S. C. (1994): *Greater Yellowstone's Future: Prospects for Ecosystem Science, Management, and Policy.* Moose, Wyoming: Homestead Publishing.

Columbus, C. (1980): *Schiffstagebuch.* Leipzig: Reclam.

Cook, A. (1989): *Factors Affecting Prey Choice and Feeding Technique in the Carnivorous Snail EUGLANDINA ROSEA FERUSSAC.* Journal of Molluscan Studies 55(4), S. 469–477.

Cosmides, L. und Tooby, J. (1992): *Cognitive Adaptations for Social Exchange,* S. 163–228. Herausgegeben von Barkow, J. H., Cosmides, L. und Tooby, J.: The

Adapted Mind: Evolutionary Psychology and the Generation of Culture. New York: Oxford University Press.

Cowie, R. H. (2001): *Can snails ever be effective and safe biocontrol agents?* International Journal of Pest Management 47(1), S. 23–40.

Czerlinski, J., Gigerenzer, G. und Goldstein, D. G. (1999): *How Good Are Simple Heuristics?*, S. 97–118. Herausgegeben von Gigerenzer, G., Todd, P. M. und ABC Research Group: Simple heuristics that make us smart. New York: Oxford University Press.

Descartes, R. (1637/1926): *Discours de la Méthode*. Paris: J. Vrin.

Dörner, D. (1974): *Die kognitive Organisation beim Problemlösen*. Bern: Huber.

Dörner, D. (1989): *Die Logik des Mißlingens: Strategisches Denken in komplexen Situationen*. Reinbek: Rowohlt.

Eibl-Eibesfeldt, I. (1997): *Die Biologie des menschlichen Verhaltens: Grundriß der Humanethologie*. München: Piper.

Federspiel, K. und Herbst, V. (1996): *Stiftung Warentest: Die andere Medizin: Nutzen und Risiken sanfter Heilmethoden*. Braunschweig: Westermann.

Feyerabend, P. K. (1976): *Wider den Methodenzwang: Skizze einer anarchistischen Erkenntnistheorie*. Frankfurt am Main: Suhrkamp.

Forrest, J. V. und Friedman, P. J. (1981): *Radiologic errors in patients with lung cancer*. Western Journal of Medicine 134(6), S. 485–490.

Gigerenzer, G. und Goldstein, D. G. (1999): *Betting on One Good Reason: The Take The Best Heuristic*, S. 75–95. Herausgegeben von Gigerenzer, G., Todd, P. M. und ABC Research Group: Simple heuristics that make us smart. New York: Oxford University Press.

Gigerenzer, G. und Hug, K. (1992): *Domain-specific reasoning: Social contracts, cheating, and perspective change*. Cognition 43(2), S. 127–171.

Gilovich, T. und Griffin, D. (2002): *Introduction – Heuristics and Biases: Then and Now*, S. 1–18. Herausgegeben von Gilovich, T., Griffin, D. und Kahneman, D.: Heuristics and Biases: The Psychology of Intuitive Judgment. Cambridge: Cambridge University Press.

Goldschmidt, T. (1997): *Darwins Traumsee: Nachrichten von meiner Forschungsreise nach Afrika*. München: Beck.

Goswami, U. (2001): *So denken Kinder: Einführung in die Psychologie der kognitiven Entwicklung*. Bern: Huber.

Gould, S. J. (1988): *Der falsch vermessene Mensch*. Frankfurt am Main: Suhrkamp.

Gratzer, W. (2000): *The Undergrowth of Science: Delusion, Self-deception, and Human Frailty*. Oxford: Oxford University Press.

Griffiths, O., Cook, A. und Wells, S. M. (1993): *The diet of the introduced carnivorous snail Euglandina rosea in Mauritius and its implications for threatened island gastropod faunas*. Journal of the Zoological Society of London 229, S. 79–89.

Hahn, O. und Straßmann, F. (1979): *Über den Nachweis und das Verhalten der bei der Bestrahlung des Urans mittels Neutronen entstehenden Erdkalimetalle*, S. 65–77. Herausgegeben von Wohlfarth, H.: 40 Jahre Kernspaltung: Eine Einführung in die Originalliteratur. Darmstadt: Wissenschaftliche Buchgesellschaft.

Henke, W. und Rothe, H. (1999): *Stammesgeschichte des Menschen: Eine Einführung*. Berlin: Springer.

Huizenga, J. R. (1994): *Kalte Kernfusion: Das Wunder, das nie stattfand*. Braunschweig: Vieweg.

Hume, D. (1748/1993): *Eine Untersuchung über den menschlichen Verstand*. Hamburg: Meiner.

Huxley, A. (1932/1977): *Brave New World*. London: Grafton.

Jensen, A. R. (1998): *The g factor: the science of mental ability*. Westport: Praeger.

Jensen, A. R. und Johnson, F. W. (1994): *Race and sex differences in head size and IQ*. Intelligence 18(3), S. 309–333.

Kahneman, D. und Tversky, A. (1973): *On the psychology of prediction*. Psychological Review 80, S. 237–251.

Kälble, K. (1997): *Die Entwicklung der Kausalität im Kulturvergleich*. Wiesbaden: Westdeutscher Verlag.

Kamin, L. J. und Omari, S. (1998): *Race, head size, and intelligence*. South African Journal of Psychology 28(3), S. 119–128.

Keil, F. C. (1979): *Semantic and Conceptual Development: An Ontological Perspective*. Cambridge, Massachusetts: Harvard University Press.

Klix, F. (1993): *Erwachendes Denken: Geistige Leistungen aus evolutionspsychologischer Sicht*. Heidelberg: Spektrum, Akademischer Verlag.

Kowarik, I. (2003): *Biologische Invasionen: Neophyten und Neozoen in Mitteleuropa*. Stuttgart: Ulmer.

Kraut, A. M. (2003): *Goldberger's War: The Life and Work of a Public Health Crusader*. New York: Hill and Wang.

Kripalani, S., Williams, M. V. und Rask, K. (2001): *Reducing Errors in the Interpretation of Plain Radiographs and Computed Tomography Scans*, S. 376–384. Herausgegeben von Shojania, K. G., Duncan, B. W., McDonald, K. M. und Wachter, R. M.: Making Healthcare Safer: A Critical Analysis of Patient Safety Practices. Rockville: Agency for Healthcare Research and Quality.

Krist, H. (1997): *Die Entwicklung der intuitiven Physik als Internalisierungsprozeß*, S. 93–109. Herausgegeben von Rümmele, A., Pauen, S. und Schwarzer, G.: Kognitive Entwicklungspsychologie: Aktuelle Forschungsergebnisse. Lengerich: Pabst.

Krist, H., Natour, N., Jäger, S. und Knopf, M. (1998): *Kognitive Entwicklung im Säuglingsalter: Vom Neo-Nativismus zu einer entwicklungsorientierten Konzeption*. Zeitschrift für Entwicklungspsychologie und Pädagogische Psychologie 30, S. 153–173.

Kühberger, A. (1998): *The Influence of Framing on Risky Decisions: A Meta-analysis*. Organizational Behaviour and Human Decision Processes 75, S. 23–55.

Kühberger, A., Schulte-Mecklenbeck, M. und Perner, J. (1999): *The Effects of Framing, Reflection, Probability, and Payoff on Risk Preference in Choice Tasks*. Organizational Behaviour and Human Decision Processes 78(3), S. 204–231.

Kuhn, D., Amsel, E. und O'Loughlin, M. (1988): *The Development of Scientific Thinking Skills*. Orlando, Fla.: Academic Press.

Lange, W. P. (1980): *Ich war am Rande des Paradieses ... Das Leben des Christoph Kolumbus*.

Langston, N. (1995): *Forest Dreams, Forest Nightmares: The Paradox of Old Growth in the Inland West*. Seattle: University of Washington Press.

Little, C. E. (1995): *The Dying of the Trees: The Pandemic in America's Forests.* New York: Viking Penguin.

Low, T. (1999): *Feral Future: The Untold Story of Australia's Exotic Invaders.* Chicago: University of Chicago Press.

Luchins, A. S. und Luchins, E. H. (1950): *New experimental attempts at preventing mechanization in problem solving.* Journal of General Psychology 42, S. 279–291.

Lynn, R. (1990): *New evidence on brain size and intelligence: A comment on Rushton and Cain and Vanderwolf.* Personality and Individual Differences 11(8), S. 795–797.

Lynn, R. und Owen, K. (1994): *Spearman's Hypothesis and Test Score Differences Between Whites, Indians, and Blacks in South Africa.* Journal of General Psychology 121(1), S. 27–36.

Mathematisches Glossar (2004): *Mathematisches Glossar – Definition Heuristik.* http://soft-pc3.zib.de/MathInd/fkz03MAM5DA/glossaries/math.shtml. Zuletzt geprüft am 4. 10. 2005.

McGettigan, P., Sly, K., O'Connell, D., Hill, S. und Henry, D. (1999): *The Effects of Information Framing on the Practices of Physicians.* Journal of General Internal Medicine 14, S. 633–642.

McNeil, B. J., Pauker, S. G., Sox, H. C. und Tversky, A. (1982): *On the elicitation of preferences for alternative therapies.* New England Journal of Medicine 306(21), S. 1259–1262.

Mead, A. R. (1961): *The Giant African Snail: A Problem in Economic Malacology.* Chicago: University of Chicago Press.

Medwedew, G. (1991): *Verbrannte Seelen: Die Katastrophe von Tschernobyl.* Wien: Hanser.

Montessori, M. (1913): *Pedagogical Anthropology.* London: William Heinemann.

Moseley, J. B., O'Malley, K., Petersen, N. J., Menke, T. J., Brody, B. A., Kuykendall, D. H., Hollingsworth, J. C., Ashton, C. M. und Wray, N. P. (2002): *A Controlled Trial of Arthroscopic Surgery for Osteoarthritis of the Knee.* New England Journal of Medicine 347(2), S. 81–88.

Newell, A. und Simon, H. A. (1972): *Human Problem Solving.* New Jersey: Prentice Hall.

Nisbett, R. E. und Ross, L. (1980): *Human inference: Strategies and shortcomings of social judgment.* New Jersey: Prentice Hall.

Oaksford, M. und Chater, N. (1994): *A rational analysis of the selection task as optimal data selection.* Psychological Review 101(4), S. 608–631.

Ogutu-Ohwayo, R. (1990): *The decline of the native fishes of lakes Victoria and Kyoga (East Africa) and the impact of introduced species, especially the Nile perch, Lates niloticus, and the Nile tilapia, Oreochromis niloticus.* Environmental Biology of Fishes 27(2), S. 81–96.

Olpp, G. (1932): *Hervorragende Tropenärzte in Wort und Bild.* München: Verlag der ärztlichen Rundschau Otto Gmelin.

Palacios-Huerta, I. und Volij, O. (2006): *Field Centipedes.* http://home.cerge-ei.cz/ortmann/trentocourse/Palacios_Huerta_Volij_Field_Centepedes.pdf. Zuletzt geprüft am 29. 10. 2008.

Payne, J. W., Bettman, J. R. und Johnson, E. J. (1993): *The adaptive decision maker.* Cambridge: Cambridge University Press.

Pimentel, D., Zuniga, R. und Morrison, D. (2005): *Update on the environmental and economic costs associated with alien-invasive species in the United States.* Ecological Economics 52, S. 273–288.

Pinker, S. (1998): *Wie das Denken im Kopf entsteht.* München: Kindler.

Plankensteiner, M. (1992): *Von Neuronen über Ganglien zu Gehirnen: Die phylogenetische Entwicklung des Gehirns bis zu den ersten Säugetieren.* Essen: Die Blaue Eule.

Platt, J. R. (1964): *Strong inference: Certain systematic methods of scientific thinking may produce much more rapid progress than others.* Science 146(3642), S. 347–353.

Plomin, R., DeFries, J. C., McClearn, G. E. und Rutter, M. (1999): *Gene, Umwelt und Verhalten: Einführung in die Verhaltensgenetik.* Bern: Huber.

Plous, S. (1993): *The Psychology of Judgment and Decision Making.* New York: McGraw-Hill.

Quekel, L. G. B. A., Kessels, A. G. H., Goei, R. und van Engelshoven, J. M. A. (1999): *Miss Rate of Lung Cancer on the Chest Radiograph in Clinical Practice.* Chest 115, S. 720–724.

Reason, J. (1994): *Menschliches Versagen: Psychologische Risikofaktoren und moderne Technologien.* Heidelberg: Spektrum, Akademischer Verlag.

Riedl, R. (1981): *Die Folgen des Ursachendenkens,* S. 67–90. Herausgegeben von Watzlawick, P.: Die erfundene Wirklichkeit. München: Piper.

Rieskamp, J. und Hoffrage, U. (1999): *When Do People Use Simple Heuristics, and How Can We Tell?,* S. 141–167. Herausgegeben von Gigerenzer, G., Todd, P. M. und ABC Research Group: Simple heuristics that make us smart. New York: Oxford University Press.

Roe, D. A. (1973): *A Plague of Corn: The Social History of Pellagra.* London: Cornell University Press.

Rosch, E. (1973): *Natural categories.* Cognitive Psychology 4(3), S. 328–350.

Rosch, E. (1978): *Principles of categorization,* S. 28–48. Herausgegeben von Rosch, E. und Loyd, B.: Cognition and categorization. Hillsdale, New York: Lawrence Erlbaum Publishers.

Rosenthal, R. (1969): *Interpersonal Expectations: Effects of the Experimenter's Hypothesis,* S. 182–277. Herausgegeben von Rosenthal, R. und Rosnow, R. L.: Artifact in Behavioral Research. New York: Academic Press.

Roth, G. (2001): *Fühlen, Denken, Handeln: Wie das Gehirn unser Verhalten steuert.* Frankfurt am Main: Suhrkamp.

Rushton, J. P. (1997): *Race, Intelligence, and the Brain: The Errors and Omissions of the ‹Revised› Edition of S. J. Gould's The Mismeasure of Man (1996).* Personality and Individual Differences 23(1), S. 169–180.

Rushton, J. P. und Ankney, C. D. (1995): *Brain Size Matters: A Reply to Peters.* Canadian Journal of Experimental Psychology 49(4), o. S.

Rushton, J. P. und Osborne, R. T. (1995): *Genetic and Environmental Contributions to Cranial Capacity in Black and White Adolescents.* Intelligence 20, S. 1–13.

Saal, F. E., Johnson, C. B. und Weber, N. (1989): *Friendly or sexy? It may depend on whom you ask.* Psychology of Women Quarterly 13, S. 263–276.

Sanbonmatsu, D. M., Posavac, S. S., Kardes, F. R. und Mantel, S. P. (1998): *Selective hypothesis testing*. Psychonomic Bulletin and Review 5(2), S. 197–220.
Sarich, V. und Miele, F. (2004): *Race: The Reality of Human Differences*. Boulder: Westview Press.
Schiff, M. und Lewontin, R. (1986): *Education and Class: The Irrelevance of IQ Genetic Studies*. Oxford: Clarendon Press.
Schönwandt, W. (1986): *Denkfallen beim Planen*. Braunschweig: Vieweg.
Seynsche, M. (2006): *Neophyten: Ein Fall für die Einwanderungsbehörde*. Frankfurter Allgemeine Zeitung 5, S. 66.
Silverman, I. und Eals, M. (1992): *Sex Differences in Spatial Abilities: Evolutionary Theory and Data*, S. 533–549. Herausgegeben von Barkow, J. H., Cosmides, L. und Tooby, J.: The Adapted Mind: Evolutionary Psychology and the Generation of Culture. New York: Oxford University Press.
Skrabanek, P. und McCormick, J. (1992): *Torheiten und Trugschlüsse in der Medizin*. Mainz: Kirchheim.
Smedslund, J. (1963): *The concept of correlation in adults*. Scandinavian Journal of Psychology 4, S. 165–173.
Swazey, J. P. und Reeds, K. (1978): *Today's medicine, tomorrow's science: Essays on paths of discovery in the biomedical sciences*. http://newman.baruch.cuny.edu/digital/2001/swazey_reeds_1978/chap_03.htm. Zuletzt geprüft am 30. 8. 2004.
Taubes, G. (1993): *Bad Science: The Short Life and Weird Times of Cold Fusion*. New York: Random House.
Thorwald, J. (1956): *Das Jahrhundert der Chirurgen*. Stuttgart: Steingrüben.
Tobias, P. V. (1970): *Brain-size, grey matter and race – fact or fiction?* American Journal of Physical Anthropology 32(1), S. 3–26.
Tuczek, F. (1893): *Klinische und anatomische Studien über die Pellagra*. Berlin: kein Verlag.
Turner, J. A., Deyo, R. A., Loeser, J. D., von Korff, M. und Fordyce, W. E. (1994): *The importance of placebo effects in pain treatment and research*. Journal of the American Medical Association 271(20), S. 1609–1614.
Tversky, A. und Kahneman, D. (1974): *Judgment under uncertainty: Heuristics and biases*. Science 185(4157), S. 1124–1131.
Tversky, A. und Kahneman, D. (1981): *The framing of decisions and the psychology of choice*. Science 211(4481), S. 453–458.
USDA Forest Service (1990): *Umatilla Forest Land and Resource Management Plan*. http://www.fs.fed.us/r6/uma/projects/index.shtml. Zuletzt geprüft am 15. 2. 2006.
USDA Forest Service (2003): *Forest Plan Monitoring and Evaluation Report: Malheur, Umatilla, Wallowa-Whitman National Forests*. http://www.fs.fed.us/r6/uma/projects/monitor/. Zuletzt geprüft am 10. 3. 2006.
USDA Forest Service (2005): *Projects and Policies: Four Threats*. http://www.fs.fed.us/projects/four-threats/. Zuletzt geprüft am 13. 2. 2006.
USDA Forest Service (2005): *Research and Development 2004 Annual Report*. http://www.fs.fed.us/research/pdf/2004-annual-report.pdf. Zuletzt geprüft am 10. 3. 2006.

Vallone, R. P., Ross, L. und Lepper, M. R. (1985): *The hostile media phenomenon: Biased perception and perceptions of media bias in coverage of the Beirut massacre.* Journal of Personality and Social Psychology 49(3), S. 577–585.

Vester, F. (1988): *Leitmotiv vernetztes Denken: Für einen besseren Umgang mit der Welt.* München: Heyne.

Vollmer, G. (1975/2002): *Evolutionäre Erkenntnistheorie: Angeborene Erkenntnisstrukturen im Kontext von Biologie, Psychologie, Linguistik, Philosophie und Wissenschaftstheorie.* Stuttgart: Hirzel.

Vollmer, G. (1993): *Gelöste, ungelöste und unlösbare Probleme: Zu den Bedingungen wissenschaftlichen Fortschritts.* Stuttgart: Hirzel.

von Ditfurth, H. (1976): *Der Geist fiel nicht vom Himmel. Die Evolution unseres Bewußtseins.* Hamburg: Hoffmann und Campe.

Waber, R. L., Shiv, B., Carmon, Z. und Ariely, D. (2008): *Commercial Features of Placebo and Therapeutic Efficacy.* Journal of the American Medical Association 299(9), S. 1016–1017.

Warren, R. M. (1970): *Perceptual restoration of missing speech sounds.* Science 167(3917), S. 392–393.

Wason, P. (1960): *On the failure to eliminate hypotheses in a conceptual task.* Quarterly Journal of Experimental Psychology 12(3), S. 129–140.

Wason, P. (1968): *Reasoning about a Rule.* Quarterly Journal of Experimental Psychology 20, S. 273–281.

Weatherall, M. (1990): *In search of a cure: a history of pharmaceutical discovery.* Oxford: Oxford University Press.

Wickman, B. E. (1992): *Forest health in the Blue Mountains: the influence of insects and disease.* http://216.48.37.142/pubs/9032. Zuletzt geprüft am 19. 3. 2006.

Williams, G. C. (1966): *Adaptation and Natural Selection.* Princeton: Princeton University Press.

Witte, F., Goldschmidt, T., Wanink, J., van Oijen, M. J. P., Goudswaard, P. C., Witte-Maas, E. L. M. und Boutton, N. (1992): *The destruction of an endemic species flock: quantitative data on the decline of the haplochromine chichlids of Lake Victoria.* Environmental Biology of Fishes 34(1), S. 1–28.

Yoakum, C. S. und Yerkes, R. M. (1920): *Army Mental Tests.* New York: Henry Holt and Company.

Bildnachweis

akg-images: Abb. 20; akg-images/Günter Lachmuth: Abb. 16; Associated Press: Abb. 14, Abb. 15; dpa/picture alliance: Abb. 13; Getty Images/Hulton Archive: Abb. 9; NPL/Arco Images: Abb. 19; Phoenix Art Museum, Arizona/Bridgeman Art Archive: Abb. 8; Ulrich Frey: Abb. 2, Abb. 5, Abb. 6, Abb. 10, Abb. 11; aus: Hans-Peter Beck-Bornholdt/Hans-Hermann Dubben: Der Hund, der Eier legt. Erkennen von Fehlinformation durch Querdenken, Reinbek 2001: Abb. 4; aus Ian Tattersall: Puzzle Menschwerdung. Auf der Spur der menschlichen Evolution, Heidelberg/Berlin 1997: Abb. 1; Time & Life Pictures/Getty Images: Abb. 3.